い出て撮影を許され、それを解読し底本として『観経疏之抄』（遊行寺本『他筆抄』）をこのたび刊行する運びとなった。遊行寺ご当局のご配慮に深く感謝申し上げるとともに、今後これを宗学研究に活かしてご好意にお応えしたいと念願する次第である。

【凡例】

一、本書は、神奈川県藤沢市の時宗総本山遊行寺（清浄光寺）に所蔵されている『観経疏之抄』（『他筆抄』）九冊の中の『観経玄義分抄中』一冊を影印して翻刻し、さらに書き下し文と註を加えたものである。（以下遊行寺本と略称する）

一、この遊行寺本は、遊行五代上人他阿安国が筆写したものと伝えられ、安国が遊行寺に止住した嘉暦二年（一三二七）から入滅した延元三年（一三三八）の間に書写されたとすれば、證空入滅後約九十年後のこととなり、『他筆抄』最古の写本とされてきた天文五年（一五三六）写の大谷大学蔵本『観経疏抄』（以下大谷大学蔵本と略称する）より約二百年も古い現存最古の写本と考えられる。

一、遊行寺本は楷書体で丁寧に書かれているが、筆者独自の字体もみられる。翻刻にあたっては、原本をできる限り正確にまた忠実に写し取ることを目指し、筆者独自の字体も活字が得られる限りは使用して、原本の雰囲気を伝えることに努めた。

例　経＝経　散＝散　答＝答　尒＝尓（爾）　後＝後　哉＝哉　余＝余　等＝等

　　箇＝箇　料＝料　発＝発　所＝所　得＝得　辺＝辺　譬＝譬　寂＝寂

　　悩＝悩　於＝於　几・凡＝凡　悉＝悉　含＝含　変＝変　指＝指　貌＝貌

　　極＝極　寿＝寿　備＝備（衆＝衆）　摂＝摂　途＝途　処＝処　説＝説

　　對＝対　約＝約　互＝互　輩＝輩　斉＝斉　隔＝隔　除＝除　定＝定

　　違＝違　最＝最　断＝断　到＝到　惑＝惑　段＝段　檀＝檀　率＝率

　　網＝網　茎＝茎　帰＝帰　隠＝隠　興＝興　致＝致　置＝置　沈＝沈

　　改＝改　區＝区（區）　足＝足

一、遊行寺本には虫損や綴じ損じの部分があり、字数を推測して■■を宛てた。書き下しにあたっては大谷大学蔵本・江戸中期写の浄橋寺蔵本を参照して補った。

一、原文で返り点は㆒で示されているが（欠けている所もある）、送り仮名は返った字の所に示されず、㆒の所に示されている。その場合㆒のついている字の送り仮名と区別するため、一行左へ寄せて示されている。

一、書き下し文は文語体としたが、かなづかいは現代かなづかいとし、漢字の字体は原則として当用漢字字体表によることとした。

なお、読みやすくするために適宜漢字を平がなにあらためた。

例　是・之・此・斯↓これ・この・ここ・かく　仍・只・唯↓ただ　有↓あり　無↓なし

然・而↓しかして・しかれば・しかるに　其↓それ・その　云何・如何↓いかん

如此↓かくのごとく・かくのごとし

一、書き下しにあたっては、文意にもとづいて適宜改行、改頁をした。

『観経疏之抄』玄義分中

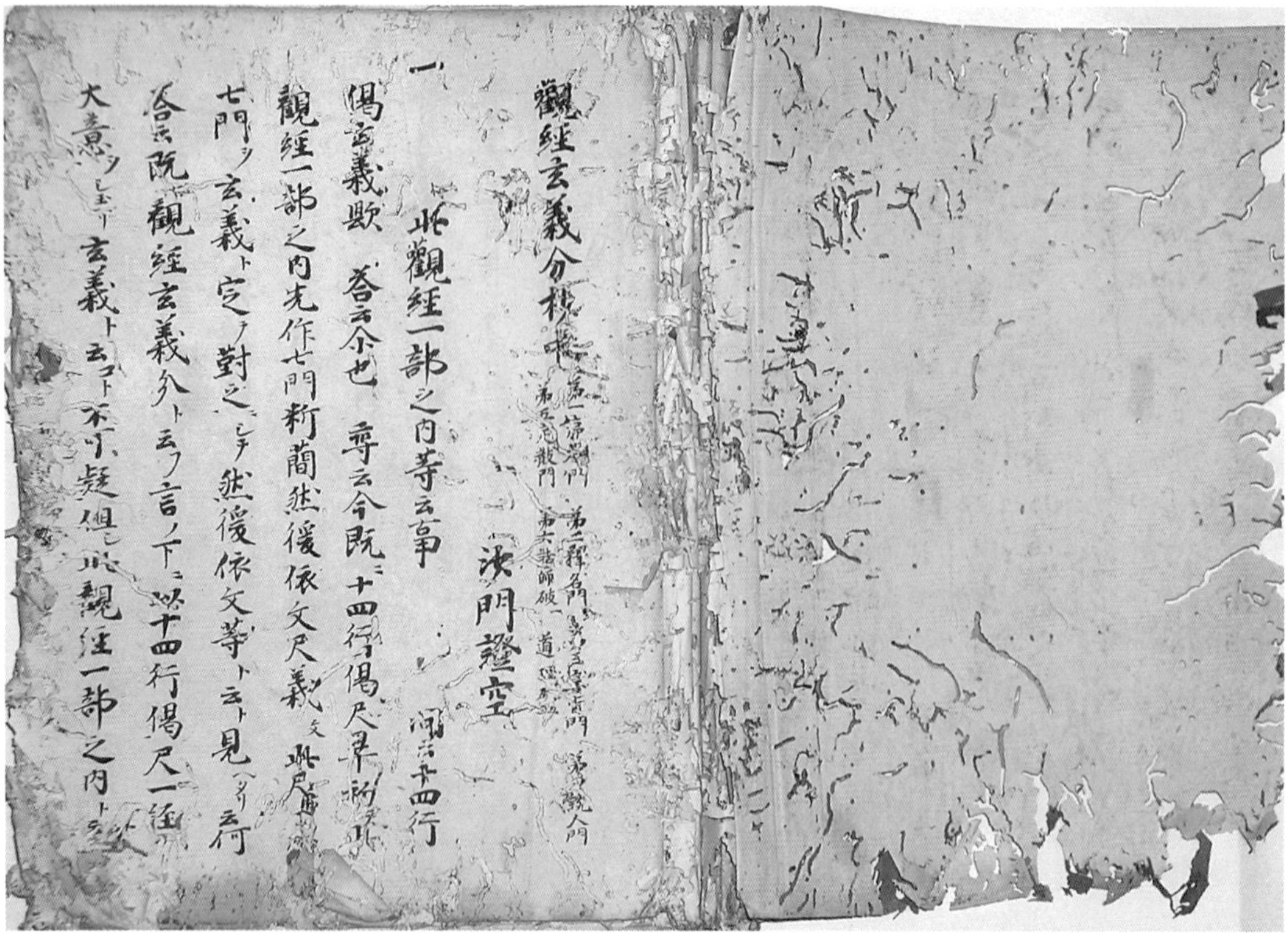

（表紙裏）

（二丁右）

観經玄義分抄中　第一序題門　第二釋名門　第三宗旨門　第四諡人門
第五定散門　第六諸師破一　道理破二
沙門證空

一　此観經一部之内等云事　問云十四行
偈玄義歟　荅云尒也　尋云今既《ニ》十四行偈尺畢初《ニハ》此
観經一部之内先作七門料簡然後依文尺義《文》此尺《意》[redacted]
七門《ヲ》玄義《ト》宊《テ》對之《ニ》一《シテ》然後依文等《ト》云《ト》見《ヘタリ》云何
荅云既《ニ》観經玄義分《ト》云《フ》言《ノ》下《ニ》以十四行偈一尺一經《ノ》
大意一《ヲシ玉ヘリ》玄義《ト》云《コト》不可疑一但《シ》此観經一部之内《ト》云

【二丁右】

観経玄義分抄中　第一序題門　第二釈名門　第三宗旨門　第四説人門
第五定散門　第六諸師破一　道理破二
沙門證空

一、「此観経一部之内」[*1]等云う事
問いて云わく、「十四行偈」は玄義か。答えて云わく、しかなり。尋ねて云わく、今既に「十四行偈」を釈し畢《おわ》りて、初めには「此観経一部之内先作七門料簡然後依文釈義」文。この釈の意《こころ》[*2]は、七門を玄義と定んで、これに対してしかる後、文に依りて等と云うと見えたり、いかん。答えて云わく、既に『観経玄義分』と云う言《ことば》の下に、「十四行偈」をもって一経の大意を釈したまえり。玄義と云うこと疑うべからず。

＊1　「此觀經一部之內。先作七門料簡。然後依文釋義。」（『大正新修大蔵経』（以下『大正蔵』と略称する）巻三七「觀無量壽佛經疏」・二四六頁上）
＊2　「意」を大谷大学蔵本より補う

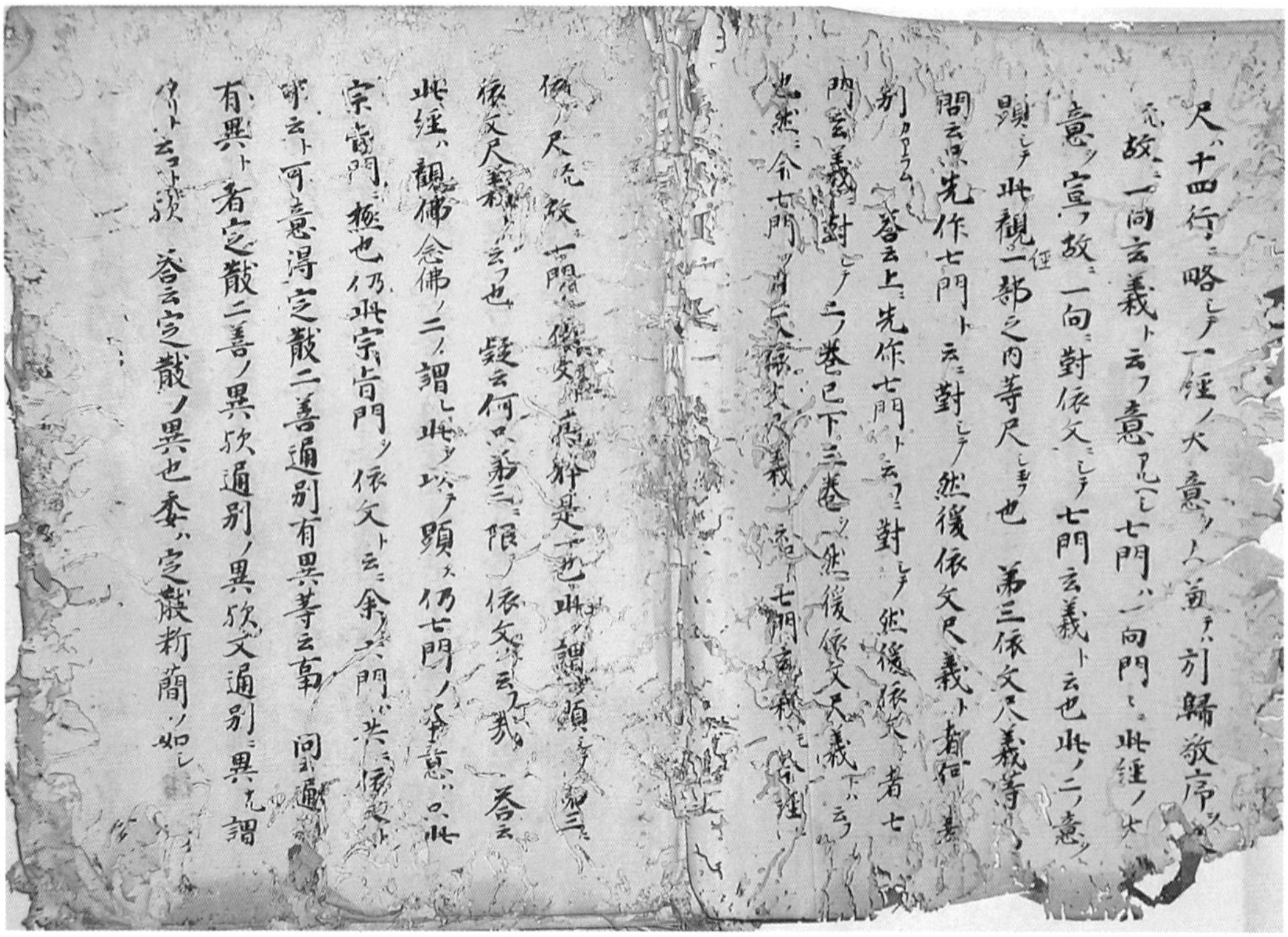

（二丁左）

尺《ハ》十四行略《ニシテ》一経《ノ》大意《ヲ》ノへ兼《テハ》引歸敬序《ヲ》尺《スル》
故《ニ》一向玄義《ト》云《フ》意《アルベシ》七門《ハ》一向門々《ニ》此経《ノ》大
意《ヲ》宣《フ》故《ニ》一向《ニ》對依文《ニシテ》七門玄義《ト》云也此《ノ》二《ノ》意《ヲ》
顕《シテ》此観○《経》一部之内等尺《シ玉フ》也　第三依文尺義等■■
問云只先作七門《ト》云《ニ》對《シテ》然後依文尺義《ト》者何■差
別《カアラム》　答云上《ニ》先作七門《ト》云《フニ》對《シテ》然後依文《ト》者七
門玄義《ニ》對《シテ》一《ノ》巻已下三巻《ヲ》然後依文尺義《トハ》云《フ》
也然《ニ》今七門《ノ》内《ニ》又依文尺義《ト》云《コトハ》七門玄義《モ》今経《ニ》

（二丁右）

依《リテ》尺《スル》故《ニ》七門《ト》依文《ト》其《ノ》躰是一也此《ノ》謂《ヲ》顕《シテ》第三《ニ》
依文尺義《トハ》云《フ》也　疑云何只第三《ニ》限《テ》依文《ト》云《フ》耶　答云
此経《ハ》観佛念佛《ノ》二《ノ》謂《レ》此《ヲ》以《テ》顕《ス》仍七門《ノ》本意《ハ》只此
宗旨門《ニ》標也仍此宗旨門《ヲ》依文《ト》云《ニ》余《ノ》六門《ハ》共《ニ》依文《ト》
可云《ト》可意得㝎散二善通別有異等云事　問云通別
有異《ト》者㝎散二善《ノ》異欤通別《ノ》異欤又通別《ニ》異《ナル》謂《アリト》
云《コト》欤　答云㝎散《ノ》異也委《ハ》㝎散粁蕳《ノ》如《シ》

【二丁左】

ただし「此観経一部之内」と云う釈は、十四行に略して一経の大意をのべ、兼ねては帰敬序を引き釈する故に、一向玄義と云う意あるべし。七門は一向門々にこの経の大意を宣《の》ぶ。故に、一向に依文に対して七門玄義と云うなり。この二の意を顕わして、「此観経一部之内」等釈したまうなり。

「第三依文釈義」[*1]等云う事[*2]。問いて云わく、ただ「先作七門」と云うに対して、「然後依文釈義」とは、何の差別かあらん。答えて云わく、上に「先作七門」と云うに対して、「然後依文」とは、七門玄義に対して、二の巻已下三巻を「然後依文釈義」とは云うなり。しかるに今、七門の内にまた「依文釈義」と云うことは、七門玄義も今経によって釈する故に、七門と依文とその体これ一なり。

【二丁右】

この謂《いわ》れを顕わして、「第三に文によりて義を釈す」とは云うなり。疑いて云わく、何ぞただ第三に限りて依文と云う。答えて云わく、この経は観仏・念仏の二の謂れ、これをもって顕わす。よって七門の本意は、ただこの宗旨門に極まるなり。よってこの宗旨門を依文と云うに、余の六門は共に依文と云うべしと意得《こころう》べし。

「定散二善通別有異」[*3]等云う事。問いて云わく、「通別有異」とは、定・散二善の異か、通・別の異か。また通・別に異なる謂れありと云うことか。答えて云わく、定・散の異なり。委《くわ》しくは定・散料簡のごとし。

＊1　「第一先標序題。第二次釋其名。第三依文釋義並辨宗旨不同教之大小。」（『大正蔵』三七・二四六頁上）
＊2　「云事」を大谷大学蔵本より補う
＊3　「第四正顯説人差別。第五料簡定散二善通別有異。第六和會經論相違。廣施問答釋去疑情。第七料簡韋提聞佛正説得益分齊」（『大正蔵』三七・二四六頁上）

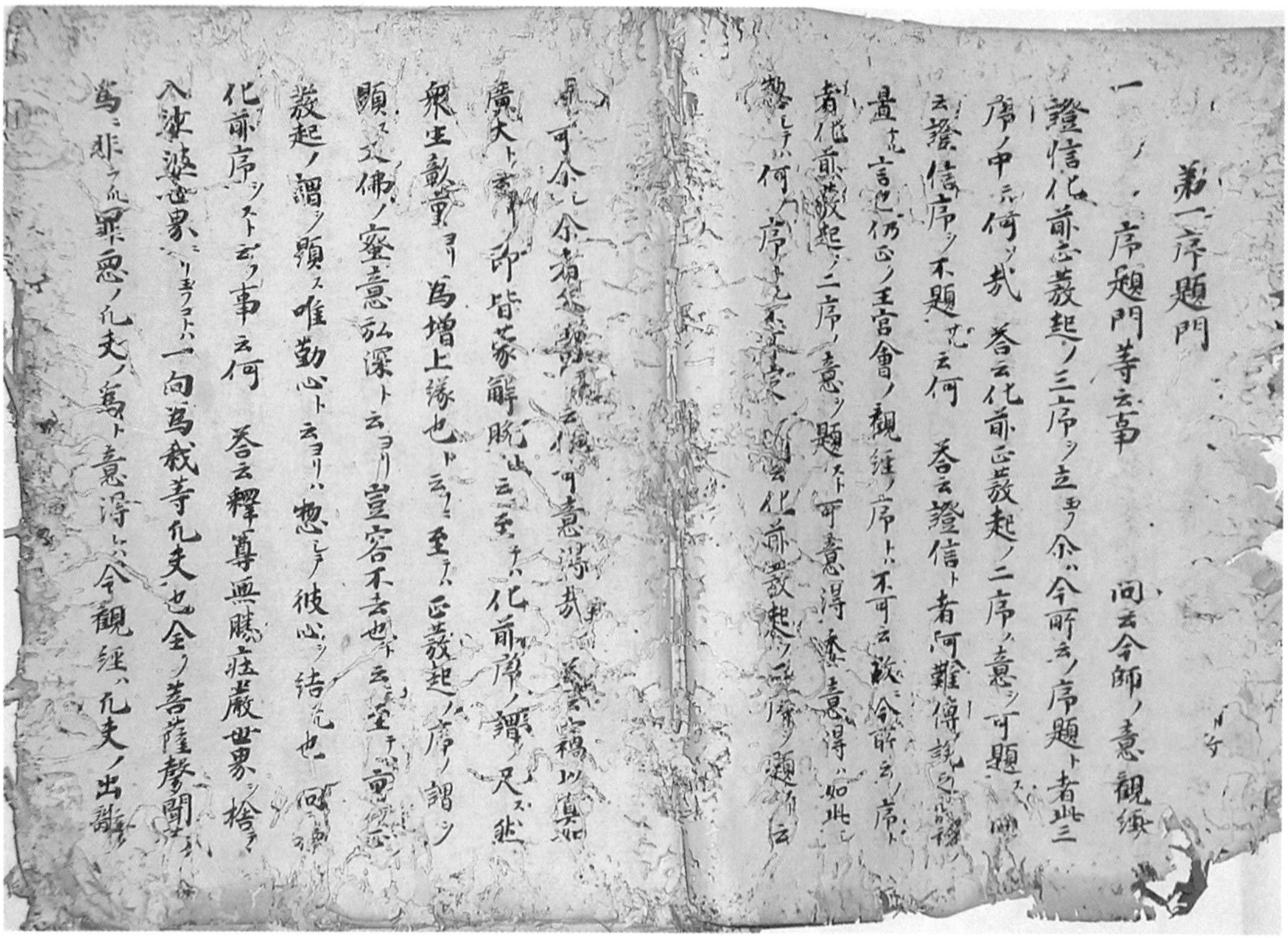

（二丁左）

第一序題門

一　序題門等云事　問云今師《ノ》意観経
證信化前正蕟起《ノ》三序《ヲ》立《玉フ》尒《ハ》今昕云一《ノ》序題《ト》者此三
序《ノ》中《ニハ》何《ソ》㦲　荅云化前正蕟起《ノ》二序《ノ》意《ヲ》可題一《ス》問
云證信序《ヲ》不題一《サル》云何　荅云證信《ト》者阿難傳說之[redacted]
畳《ケル》言也仍正《ク》王宮會《ノ》観経《ノ》序《トハ》不可云一故《ニ》今昕云一《ノ》序《ト》
者化前蕟起《ノ》二序《ノ》意《ヲ》題《スト》可意淂一委意淂《ハ》如此一《シ》
惣《シテハ》何《ノ》序《トモ》不可㝎　問云化前蕟起《ノ》二序《ヲ》題《スト》云

（三丁右）

[redacted]可尒《シ》尒者[redacted]云何可意淂一㦲　荅云竊以真如
廣大《ト》云《ヨリ》即皆蒙解脱《ト》云《ニ》至《テハ》化前序《ノ》謂《ヲ》尺《ス》然
衆生彰重《ヨリ》為増上縁也《ト》云《フニ》至《テハ》正蕟起《ノ》序《ノ》謂《ヲ》
顕《ス》又佛《ノ》蜜意弘深《ト》云《ヨリ》豈容不去也《ト》云《ニ》至《テハ》重《テ》正
蕟起《ノ》謂《ヲ》顕《ス》唯勤心《ト》云《ヨリハ》惣《シテ》彼心《ヲ》結《スル》也　問標
化前序《ヲ》一《スト》云《フ》事云何　荅云釋尊無勝荘厳世界《ヲ》捨《テ、》
入娑婆世界《ニ》一《リ玉フコトハ》一向為我等凢夫一也全《ク》菩薩聲聞等
為《ニ》非《ラ爪》罪悪《ノ》凢夫《ノ》為《ト》意淂《レハ》今観経《ハ》凢夫《ノ》出離《ヲ》

【二丁左】

第一序題門

一、「序題門」[*1]等云う事。

問いて云わく、今師の意、観経に証信・化前・正発起の三序を立てたまう。しかれば、今云うところの序題とは、この三序の中には何ぞや。答えて云わく、化前・正発起の二序の意を題すべし。問いて云わく、証信序を題せざる、いかん。答えて云わく、証信とは阿難伝説の時、初めて[*2]置ける言なり。よって正しく王宮会の観経の序とは云うべからず。故に今云うところの序とは、化前・発起の二序の意を題すと意得べし。委しく意得れば、かくのごとし。惣《そう》じては、何の序とも定むべからず。問いて云わく、化前・発起の二序を題すと云うことは[*3]しかるべし。

【三丁右】

しかれば、文に当たりては[*4]いかんが意得べき。答えて云わく、「竊以真如広大」[*5]と云うより、「即皆蒙解脱」[*6]と云うに至りては、化前序の謂れを釈す。「然衆生障重」[*7]より、「為増上縁也」[*8]と云うに至りては、正発起の序の謂れを顕わす。「又佛密[*9]意弘深」[*10]と云うより、「豈容不去也」[*11]と云うに至りては、重ねて正発起の謂れを顕わす。「唯勤心」[*12]と云うよりは、惣じて彼《か》の心を結するなり。問う、化前序を標すと云う事、いかん。答えて云わく、釈尊、無勝荘厳世界を捨てて娑婆世界に入りたまうことは、一向、我等凡夫の為なり。全く菩薩・声聞等の為にあらず。罪悪の凡夫の為と意得れば、今観経は凡夫の出離を説くが故に、今経、佛の本意なり。

＊1 「第一先標序題者。竊以眞如廣大。五乘不測其邊。」（『大正蔵』三七・二四六頁上）
＊2 「時初」を大谷大学蔵本より補う
＊3 「コトハ」を大谷大学蔵本より補う
＊4 「文當」を大谷大学蔵本より補う
＊5 「竊以眞如廣大」（『大正蔵』三七・二四六頁上）
＊6 「隨縁者即皆蒙解脱」（『大正蔵』三七・二四六頁中）
＊7 「然衆生障重。取悟之者難明。」（『大正蔵』三七・二四六頁中）
＊8 「一切善悪凡夫得生者莫不皆乘阿彌陀佛大願業力為増上縁也」（『大正蔵』三七・二四六頁中）
＊9 遊行寺蔵本・大谷大学蔵本ともに「蜜」であるが通用漢字にあらためた
＊10 「又佛密意弘深」（『大正蔵』三七・二四六頁中）
＊11 「彼喚此遣。豈容不去也。」（『大正蔵』三七・二四六頁中）
＊12 「唯可勤心奉法畢命為期。」（『大正蔵』三七・二四六頁中）

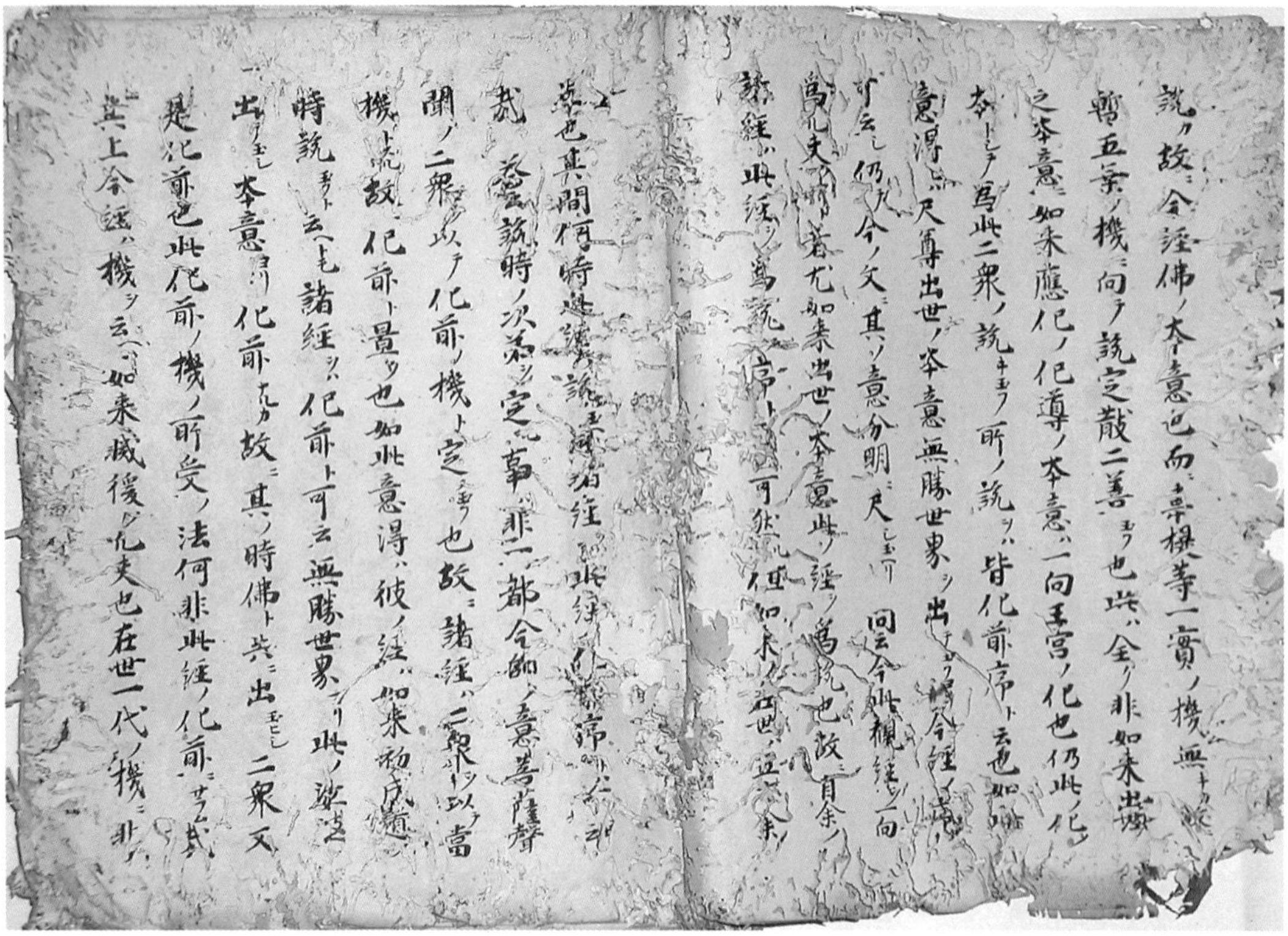

（三丁左）

說《カ》故《ニ》今經佛《ノ》本意也而《ニ》韋提等一實《ノ》機無《キカ》故《ニ》
暫五乗《ノ》機《ニ》向《テ》說宆散二善㆒《玉フ》也此《ハ》全《ク》非如来出世
之本意㆒《ニ》如来應化《ノ》化導《ノ》本意《ハ》一向王宮《ノ》化也仍此《ノ》化《ヲ》
本《トシテ》爲此二衆㆒《ノ》說《キ玉フ》所《ノ》說《ヲハ》皆化前序《ト》云也如此
意淂《レバ》尺尊出世《ノ》本意無勝世界《ヲ》出《テ玉フヨリ》今經《ノ》序《ト》
可云㆒《シ》仍《テ》今《ノ》文《ニ》其《ノ》意分明《ニ》尺《シ玉ヘリ》問云今此観經《ヲ》一向
爲凡夫《ノ》㆒《ナリト》者尤如来出世《ノ》本意此《ノ》經《ヲ》爲說㆒也故《ニ》自余《ノ》
諸經《ハ》此經《ヲ》爲說㆒序《ト》■可然㆒《ル》但如来《ノ》在世《ハ》五十余

（四丁右）

■也其間何時此經《ヲ》說《玉ヘハ》諸經《ヲハ》此經《ノ》化前序《トハ》可云
哉荅云說時《ノ》次第《ヲ》宆《ル》事《ハ》非一㆒観今師《ノ》意菩薩聲
聞《ノ》二衆《ヲ》以《テ》化前《ノ》機《ト》宆《メ玉フ》也故《ニ》諸經《ハ》二衆《ヲ》以《テ》當
機《トスル》故《ニ》化前《ト》置《ク》也如此意淂《ハ》彼《ノ》經《ハ》如来初成道《ノ》
時說《玉フト》云《ヘトモ》諸經《ヲハ》化前《ト》可云㆒無勝世界《ヨリ》此《ノ》娑婆《ニ》
出《テ玉シ》本意《ヨリ》化前《ナルカ》故《ニ》其《ノ》時佛《ト》共《ニ》出《玉ヒシ》二衆又
是化前也此化前《ノ》機《ノ》所受㆒《ノ》法何非此經《ノ》化前㆒《ニ》《サラム》哉
其上今經《ハ》機《ヲ》云《ヘハ》如来滅後《ノ》凡夫也在世一代《ノ》機《ニ》非《ス》

【三丁左】

しかるに韋提等一実の機なきが故に、暫く五乗の機に向かいて定・散二善を説きたまうなり。これは全く如来出世の本意にあらず。如来応化の化導の本意は、一向王宮の化なり。よってこの化を本として、この二衆の為説きたまうところの説をば、皆化前序と云うなり。かくのごとく意得れば、釈尊出世の本意、無勝世界を出《い》でたまうより今経の序と云うべし。よって今の文にその意分明に釈したまえり。問いて云わく、今この『観経』を一向凡夫の為なりとは、しかも如来出世の本意、この経を説かんが為なり。故に、自余の諸経はこの経を説かんが為の序と云うこと[*1]然るべし。ただし、如来の在世は五十余年[*2]なり。

【四丁右】

その間何《いず》れの時この経を説きたまえば、諸経をばこの経の化前序とは云うべきや。答えて云わく、説時の次第を定むる事は一にあらず。すべて今師の意、菩薩・声聞の二衆をもって化前の機と定めたまうなり。故に、諸経は二衆をもって当機とする故に、化前と置くなり。かくのごとく意得れば、彼の経は如来初成道の時、説きたまうといえども、諸経をば化前と云うべし。無勝世界よりこの娑婆に出でたまいし本意より、化前なるが故に、その時佛と共に出でたまいし二衆、またこれ化前なり。この化前の機の受くるところの法、何ぞこの経の化前にあらざらん。その上今経は、機を云えば如来滅後の凡夫なり。在世一代の機にあらず。

＊1　「云コト」を大谷大学蔵本より補う
＊2　「年」を大谷大学蔵本より補う

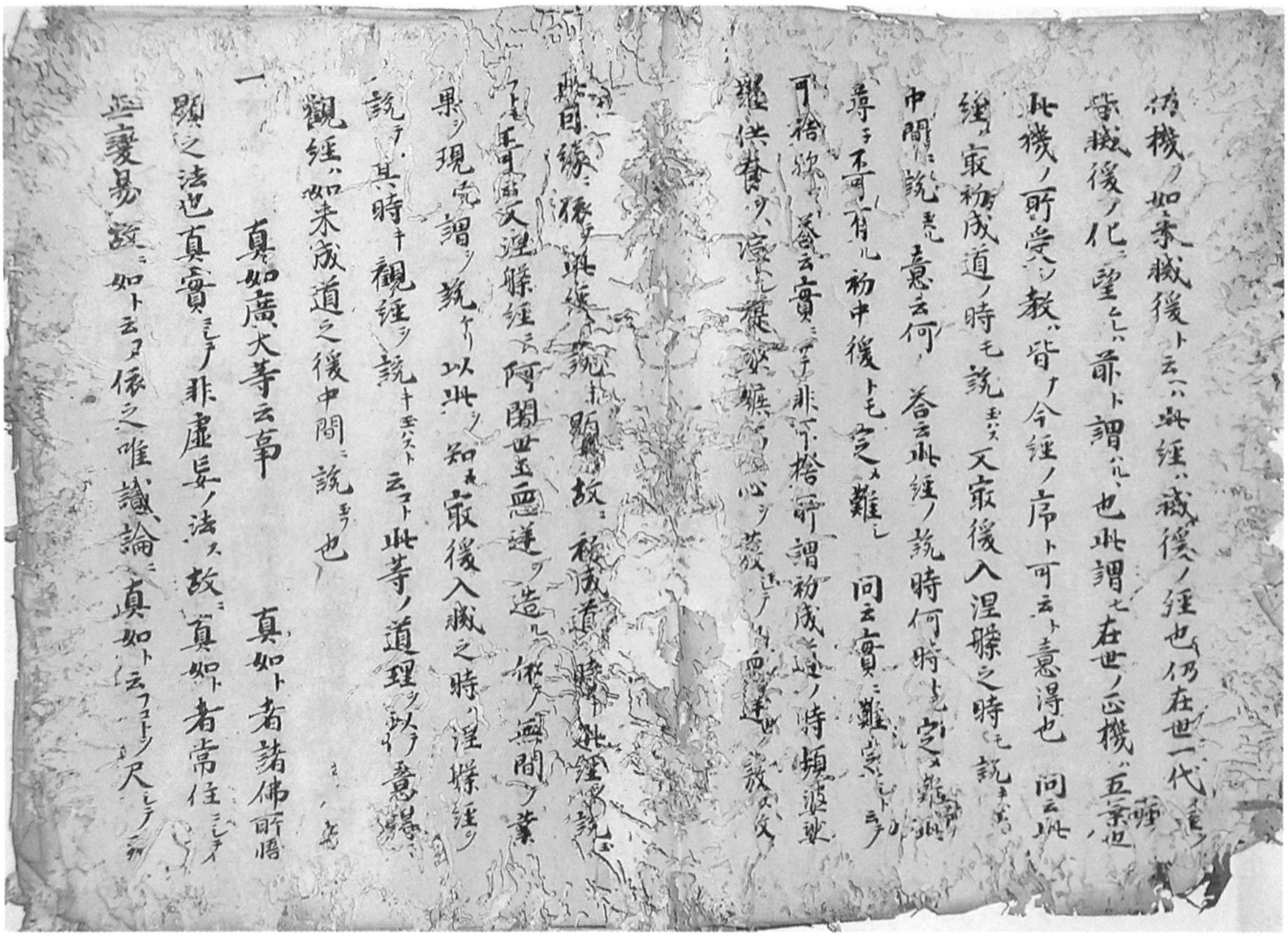

（四丁左）

仍機《ヲ》如来滅後《ト》云《ヘハ》此經《ハ》滅後《ノ》經也仍在世一代《ノ》經《ヲ》
皆滅後《ノ》化《ニ》望《ムレハ》前《ト》謂《ハル、》也此謂《レ》在世《ノ》正機《ハ》五乗也
此機《ノ》所受㆒教《ハ》皆《ナ》今經《ノ》序《ト》可云㆒《ト》意得也　問云此
經《ハ》寂初成道《ノ》時《モ》説《玉ハス》　又寂後入涅槃之時《モ》説《玉ハス》
中間《ニ》説《玉ヘル》　意云何　荅云此經《ノ》説時何時《トモ》定《メ》難《シ》此
尋《子》不可有㆒《ル》初中後《トモ》定《メ》難《シ》　問云實《ニ》難定㆒《シト》云《テ》
可捨㆒歟　荅云實《ニ》サテ非可捨㆓所謂初成道《ノ》時頻婆娑
羅供養《ヲ》演《ヘシニ》提婆婇■心《ヲ》菝《シテ》此悪逆《ヲ》菝《ス》故

（五丁右）

此因縁《ニ》依《テ》此經《ヲ》説《キ》顕《ス》故《ニ》初成道《ノ》時《キ》此經《ヲ》説《玉フトモ》
　不可■又涅槃經《ニハ》阿闍世王悪逆《ヲ》造《ル》依《テ》無間《ノ》業
果《ヲ》現《スル》謂《ヲ》説《ケリ》以此㆒《ヲ》知《ヌ》寂後入滅之時《ハ》涅槃經《ヲ》
説《テ》其時《キ》観經《ヲ》説《キ玉ハスト》　云《コト》此等《ノ》道理《ヲ》以《テ》意得《ニ》
観經《ハ》如来成道之後中間《ニ》説《玉フ》也
一　真如廣大等云事　真如《ト》者諸佛所悟
顕㆒之法也眞實《ニシテ》非虚妄《ノ》法㆒《ス》故《ニ》真如《ト》者常住《ニシテ》
無變易㆒故《ニ》如《ト》云《フ》依之㆒唯識論《ニ》真如《ト》云《フコトヲ》尺《シテ》云

【四丁左】

よって機を如来滅後と云えば、この経は滅後の経なり。よって在世一代の経を皆滅後の化に望むれば、前と謂わるるなり。この謂れ在世の正機は五乗なり。この機の受くるところの教は、皆今経の序と云うべしと意得るなり。問いて云わく、この経は最初成道の時も説きたまわず。また最後入涅槃の時も説きたまわず。中間に説きたまえる意、いかん。答えて云わく、この経の説時何時《いずれのとき》とも定め難し。この尋ねあるべからず。初・中・後とも定め難し。問いて云わく、実に定め難しと云いて捨つべきか。答えて云わく、実にさて捨つべきにはあらず。いわゆる初成道の時、頻婆娑羅供養を演《の》べしに、提婆嫉妬[*1]の心を発《おこ》して、この悪逆を発す。

【五丁右】

故に、この因縁によってこの経を説き顕わす。故に初成道の時、この経を説きたまうとも云う[*2]べからず。また『涅槃経』には、阿闍世王悪逆を造るによって無間の業果を現ずる謂れを説けり。これをもって知んぬ。最後入滅の時は『涅槃経』を説きて、その時『観経』を説きたまわずと云うこと、これ等の道理をもって意得るに、『観経』は如来成道の後、中間に説きたまうなり。

一、「真如広大」[*3]等云う事。

「真如」とは、諸佛悟顕するところの法なり。真実にして虚妄の法にあらず。故に真如とは常住にして変易なき故に、如と云う。これによって『唯識論』に真如と云うことを釈して云う。

＊1 「妬ノ」を大谷大学蔵本より補う
＊2 「云」を大谷大学蔵本より補う
＊3 「竊以眞如廣大」（『大正蔵』三七・二四六頁上）

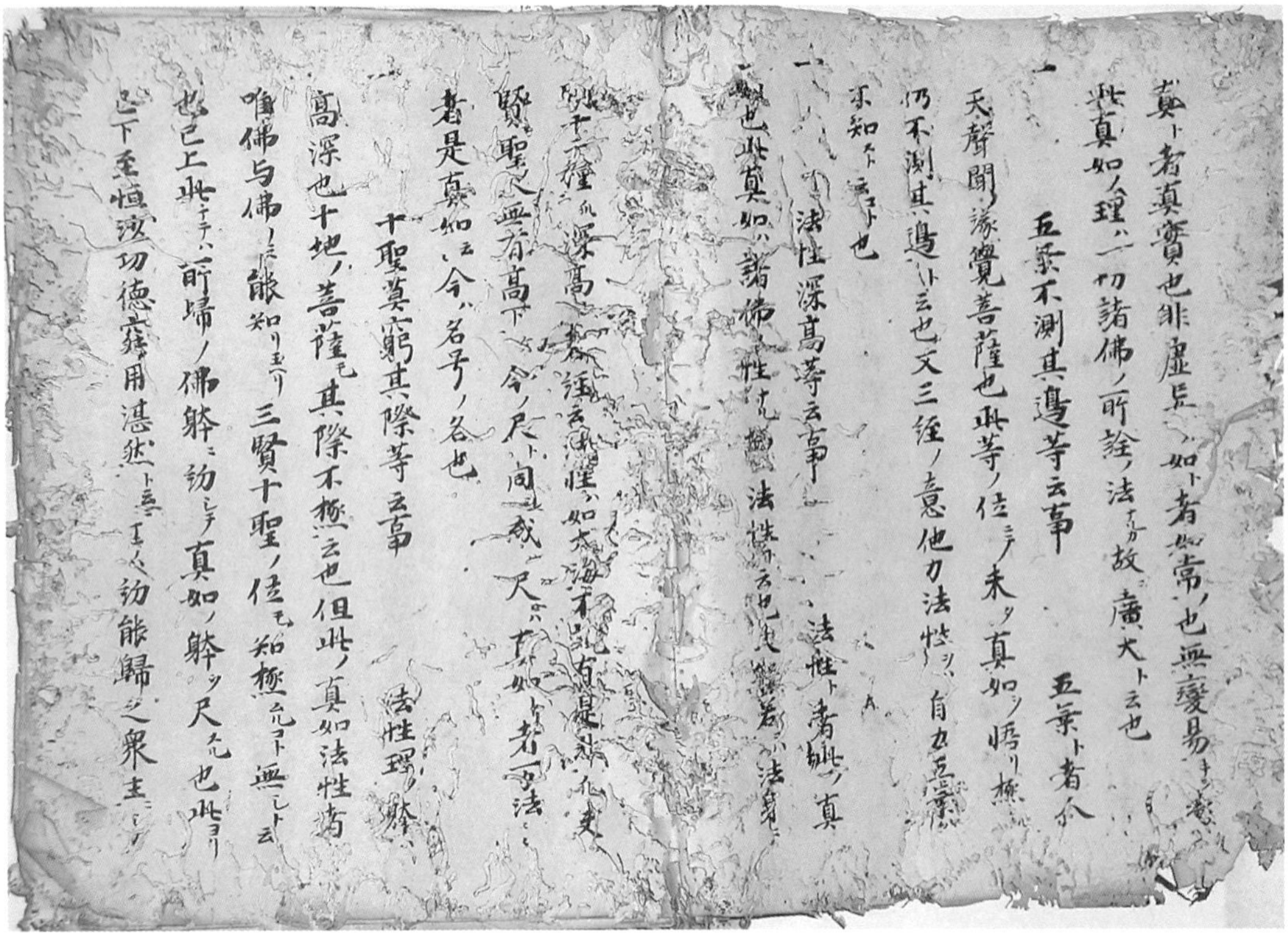

(五丁左)

真《ト》者真實也非虚妄一如《スト》者如常《ノ》一也無變易《キヲ》一表
此真如《ノ》理《ハ》一切諸佛《ノ》所詮《ノ》法《ナルカ》故《ニ》廣大《ト》云也
一　五乗不測其過等云事　五乗《ト》者人
天・聲聞・縁覺・菩薩也此等《ノ》位《ニテ》未《タ》真如《ヲ》悟《リ》標■
仍不測其過《ト》一云也又三經《ノ》意他力法性《ヲハ》自力五乗《ハ》
不知《スト》云《コト》也
一　法性深高等云事　法性《ト》者此《ノ》真
如也此真如《ハ》諸佛《ノ》性《ナル》故《ニ》法性《ト》云也大般若《ニハ》法身《ニ》

(六丁右)

明十二種一《爪》深高《ト》者經《ニ》云《ク》法性《ハ》如大海二不説有是非一凡夫
賢聖《ノ》人無有高下一今《文》《ノ》尺《ト》同《シ》或《ハ》尺《ニハ》真如《ト》者万法々々
者是真如《云》々今《ハ》名号《ノ》名也
一　十聖莫窮其際等云事　法性理《ノ》躰《ハ》
高深也十地《ノ》菩薩《モ》其際不標二云也但此《ノ》真如法性者
唯佛与佛《ノミ》能知《リ玉ヘリ》三賢十聖《ノ》位《モ》知標《ムルコト》無《シト》云
也已上此《マテハ》所帰ノ佛躰《ニ》約《シテ》真如《ノ》躰《ヲ》尺《スル》也此《ヨリ》
已下至恒沙功徳舜用湛然一《ト云ニ》マテハ約能歸之衆生一《ニ》シテ

【五丁左】

真とは真実なり。虚妄にあらず。如とは常の如きなり。変易《へんにゃく》なきを表す。この真如の理は、一切諸佛の所詮の法なるが故に、広大と云うなり。

一、「五乗不測其辺[*1]」等云う事。

「五乗」とは、人・天・声聞・縁覚・菩薩なり。これらの位にて、いまだ真如を悟り極めず。よって「不測其辺」と云うなり。また三経の意、他力法性をば自力五乗は知らずと云うことなり。

一、「法性深高[*2]」等云う事。

「法性」とは、この真如なり。この真如は諸佛の性なる故に、法性と云うなり。


【六丁右】

『大般若』には、法身に十二種明《あか》す。「深高」とは経に云わく、「法性は大海の如く、是非あることを説かず、凡夫賢聖の人、高下あることなし」文。今の釈と同じ。或《あるい》は釈には、真如とは万法、万法はこれ真如云云。今は名号の名なり。

一、「十聖莫窮其際[*3]」等云う事。

法性、理の体は高深なり。十地の菩薩もその際極めずと云うなり。ただ、この真如法性はただ佛と佛のみ能《よ》く知りたまえり。三賢十聖の位も知り極むることなしと云うなり。已上これまでは、所帰の佛体に約して真如の体を釈するなり。これより已下「恒沙功徳寂用湛然[*4]」と云うに至るまでは、能帰の衆生に約して真如の体を釈するなり。

＊1　「五乗不測其邊」（『大正蔵』三七・二四六頁上）
＊2　「法性深高」（『大正蔵』三七・二四六頁上）
＊3　「十聖莫窮其際」（『大正蔵』三七・二四六頁上）
＊4　「兩垢如如則普該於含識　恒沙功徳寂用湛然」（『大正蔵』三七・二四六頁上）

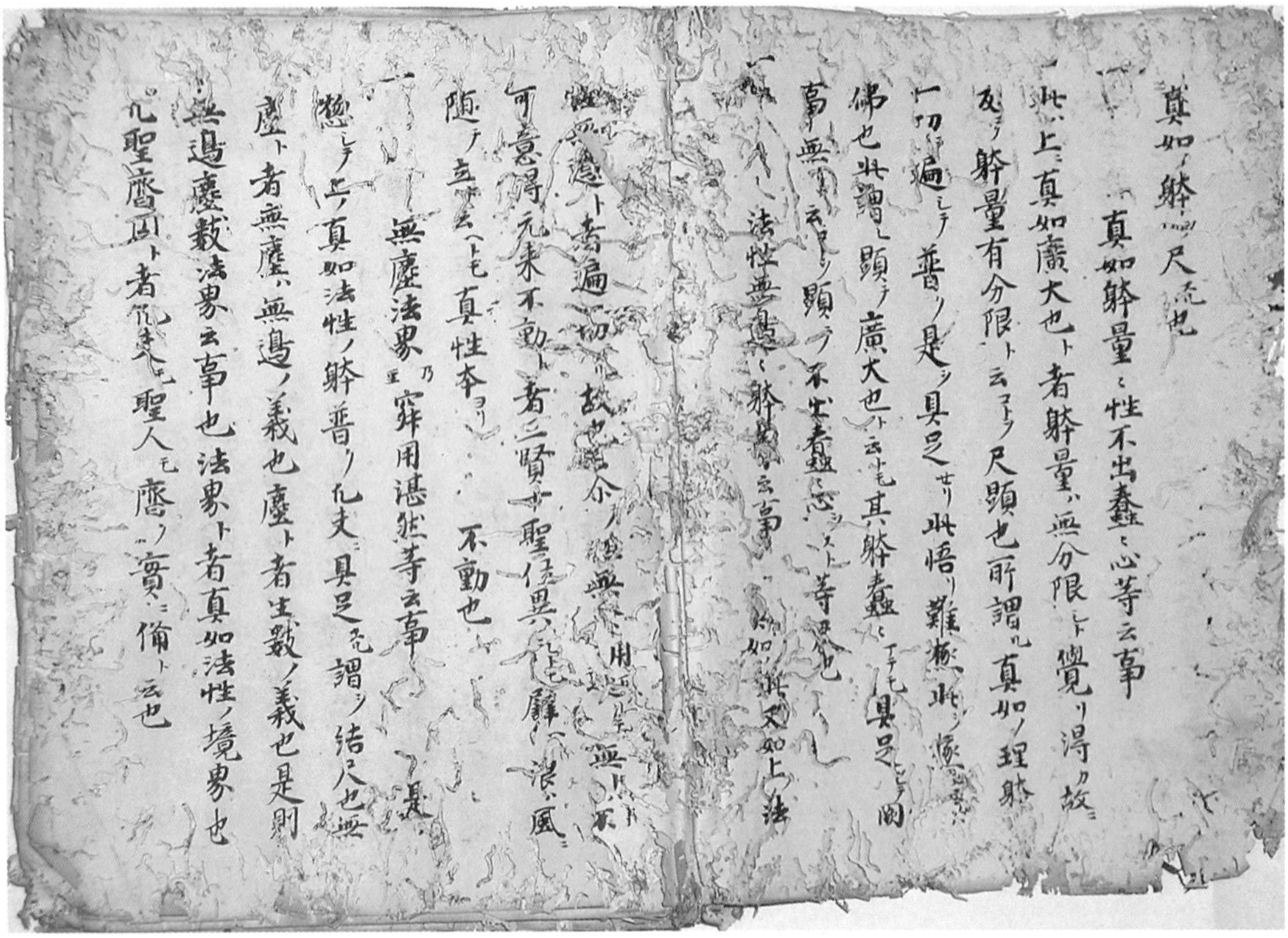

(六丁左)
真如《ノ》躰《ヲ》尺《スル》也
一　真如躰量〻性不出蠢〻心等云事
此《ハ》上《ニ》真如廣大也《ト》者躰量《ハ》無分限一《シト》覺《リ》淂《カ》故《ニ》
反《リテ》躰《ノ》量有分限一《ト》云《コトヲ》尺顕也所謂《ル》真如《ノ》理躰
一切《ニ》遍《シテ》普《ク》是《ヲ》具足《セリ》此悟《リ》難標此《ヲ》標《メ玉フハ》
佛也此謂《レ》顕《テ》廣大也《ト》云《トモ》其躰蠢〻《マテモ》具足《シテ》闕
事無《シト》云《コトヲ》顕《テ》不出蠢〻心《ヲ》一《スト》等尺也
一　法性無遏〻躰等云事　此又如上《ノ》法
(七丁右)
性無遏《ト》者遍一切一《スル》故也[redacted]尒《テ》但無[redacted]用無《トハ》不
可意淂元来不動《ト》者三賢十聖位異《レトモ》辟《ヘハ》浪《ハ》風《ニ》
随《テ》立《ト》云《ヘトモ》真性本《ヨリ》　不動也
一　無塵法界乃至寂用湛然等云事　是
惣《シテ》上《ノ》真如法性《ノ》躰普《ク》凡夫《ニ》具足《スル》謂《ヲ》結尺也無
塵《ト》者無塵《ハ》無遏《ノ》義也塵《ト》者生數《ノ》義也是則
無遏塵數法界云事也法界《ト》者真如法性《ノ》境界也
凡聖啇円《ト》者凡夫《モ》聖人《モ》啇《ク》實《ニ》倫《ト》云也

【六丁左】

一、「真如体量々性不出蠢々心」[*1]等云う事。

これは上に「真如広大なり」とは、体量は分限なしと覚り得るが故に、反りて体の量、分限ありと云うことを釈し顕わすなり。いわゆる真如の理体一切に遍《へん》じて普《あまね》くこれを具足せり。この悟り極め難し。これを極めたまうは佛なり。この謂れ顕わして広大なりと云えども、その体蠢々《しゅんしゅん》までも具足して闕くる事なしと云うことを顕わして、「不出蠢々心」等釈すなり。

一、「法性無辺々躰」[*2]等云う事。

【七丁右】

これまた上のごとく「法性無辺」とは一切に遍する故なり。しか云いて、[*3]ただし無念[*4]に辺りて無とは意得べからず。元来不動とは、三賢十聖の位異なれども、譬えば浪は風に随いて立つと云えども、真性本より湿なる性[*5]は不動なり。

一、「無塵法界乃至寂用湛然」[*6]等云う事。

これ惣じて上の真如法性の体、普く凡夫に具足する謂れを結び釈すなり。「無塵」とは無塵は無辺の義なり。塵とは生数の義なり。これ則ち無辺塵数法界と云う事なり。「法界」とは真如法性の境界なり。「凡聖斉円」とは、凡夫も聖人も斉しく実に備うと云うなり。

＊1　「眞如之體量量性不出蠢蠢之心」（『大正蔵』三七・二四六頁上）
＊2　「法性無邊邊躰」（『大正蔵』三七・二四六頁上）
＊3　「云」を大谷大学蔵本より補う
＊4　「念辺」を大谷大学蔵本より補う
＊5　「湿ナル性ハ」を大谷大学蔵本より補う　遊行寺本はこの部分空白
＊6　「無塵法界凡聖齊圓　兩垢如如則普該於含識　恒沙功徳寂用湛然」（『大正蔵』三七・二四六頁上）

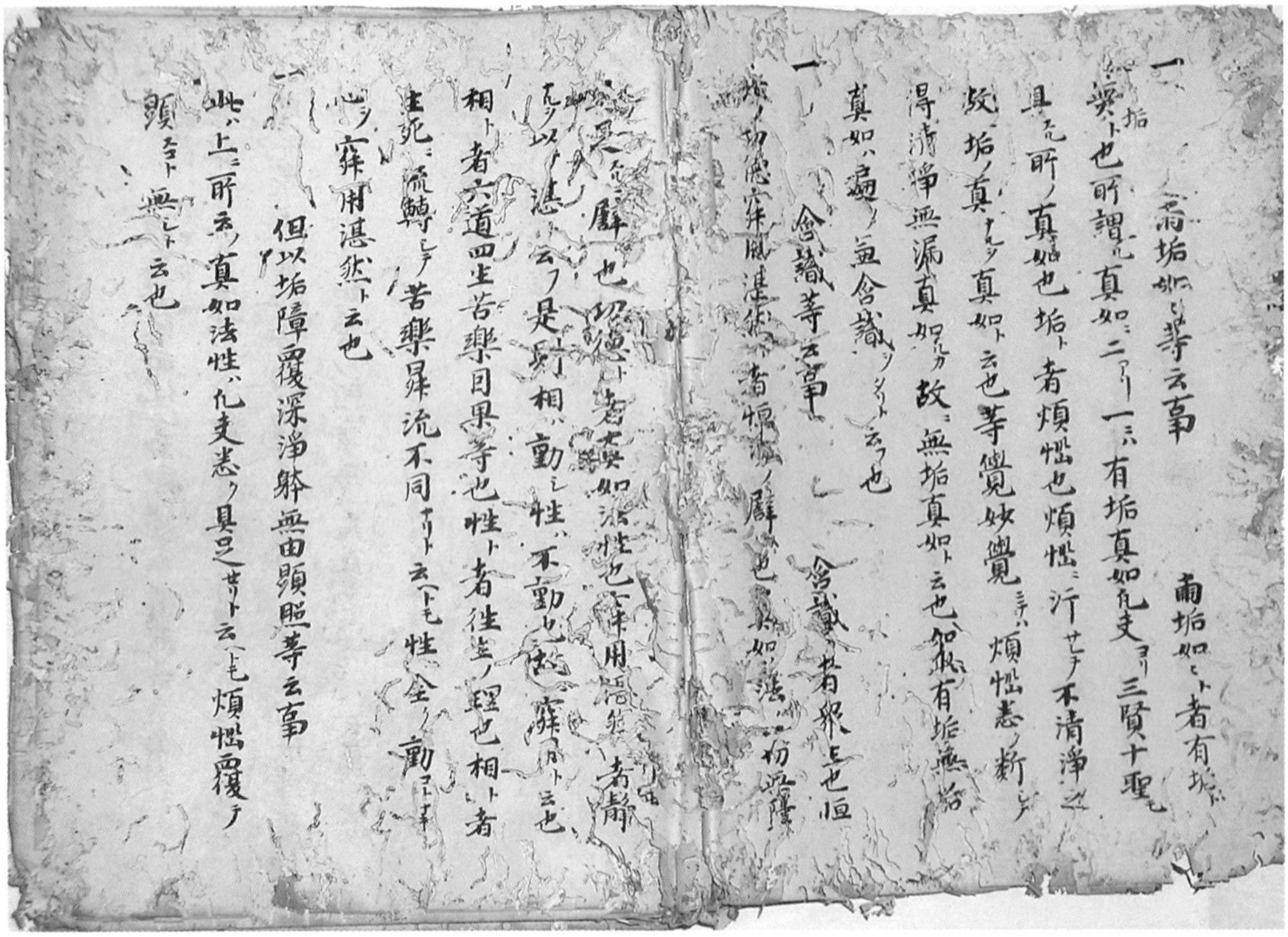

(七丁左)

一　兩垢如々等云事　兩垢如々《ト》者有垢《ト》
無《垢ト》也所謂《ル》真如《ニ》二《アリ》一《ニハ》有垢真如凡夫《ヨリ》三賢十聖《モ》
具《スル》所《ノ》真如也垢《ト》者煩惱也煩惱《ニ》汙《サレテ》不清浄㆒之
故《ニ》垢《ノ》真《ナルヲ》真如《ト》云也等覺妙覺《ニテハ》煩惱悉《ク》斷《シテ》
淂清浄無漏真如㆒《ルカ》故《ニ》無垢真如《ト》云也如此有垢無垢
真如《ハ》遍《ク》兼含識㆒《ヲ》《タリト》云《フ》也
一　含識等云事　含識《ト》者衆生也恒
沙功德窂用湛然《ト》者恒沙《ノ》辟《ヘ》也真如《ノ》法《ハ》一切無隔㆒

(八丁右)

具足之《スル》辟也功德《ト》者真如法性也窂用湛然《ト》者靜
以《ナルヲ》湛《テ》云《トフ》是則相《ハ》動《シ》性《ハ》不動也故《ニ》窂用《ト》云也
相《ト》者六道四生苦樂囙果等也性《ト》者往生《ノ》理也相《ト》者
生死《ニ》流轉《シテ》苦樂昇沈不同《ナリト》云《ヘトモ》性《ハ》全《ク》動《コトナキ》
心《ヲ》窂用湛然《ト》云也
一　但以垢障覆深浄躰無由顕照等云事
此《ハ》上《ニ》所云《ノ》真如法性《ハ》凡夫悉《ク》具足之《セリト》云《ヘトモ》煩惱覆《テ》
顕《スコト》無《シト》云也

【七丁左】

一、「両垢如々」[*1]等云う事。

「両垢如々」とは有垢と無垢となり。いわゆる真如に二あり。一には有垢真如、凡夫より三賢十聖も具するところの真如なり。「垢」とは煩悩なり。煩悩に汚《けが》されて清浄ならざるの故に、垢の真なるを真如と云うなり。等覚・妙覚にては煩悩悉《ことごと》く断じて、清浄無漏真如を得るが故に無垢真如と云うなり。かくのごとく有垢・無垢真如は、遍く含識を兼ねたりと云うなり。

一、「含識」[*2]等云う事。

「含識」とは衆生なり。「恒沙功徳寂用湛然」とは恒沙の譬えなり。真如の法は一切隔てなく具足する譬えなり。

【八丁右】

「功徳」とは真如法性なり。「寂用湛然」とは静なるをもって湛と云う。これ則ち相は動じ、性は不動なり。故に寂用と云うなり。「相」とは六道・四生・苦楽・因果等なり。「性」とは往生の理なり。「相」とは生死に流転して苦楽昇沈不同なりと云えども、性は全く動ずることなき心を寂用湛然と云うなり。

一、「但以垢障覆深浄躰無由顕照」[*3]等云う事。

これは上に云うところの真如法性は、凡夫悉く具足せりと云えども、煩悩覆いて顕わすことなしと云うなり。

＊1 「兩垢如如則普該於含識」（『大正蔵』三七・二四六頁上）
＊2 「兩垢如如則普該於含識」（『大正蔵』三七・二四六頁上）
＊3 「但以垢障覆深　淨體無由顯照」（『大正蔵』三七・二四六頁上）

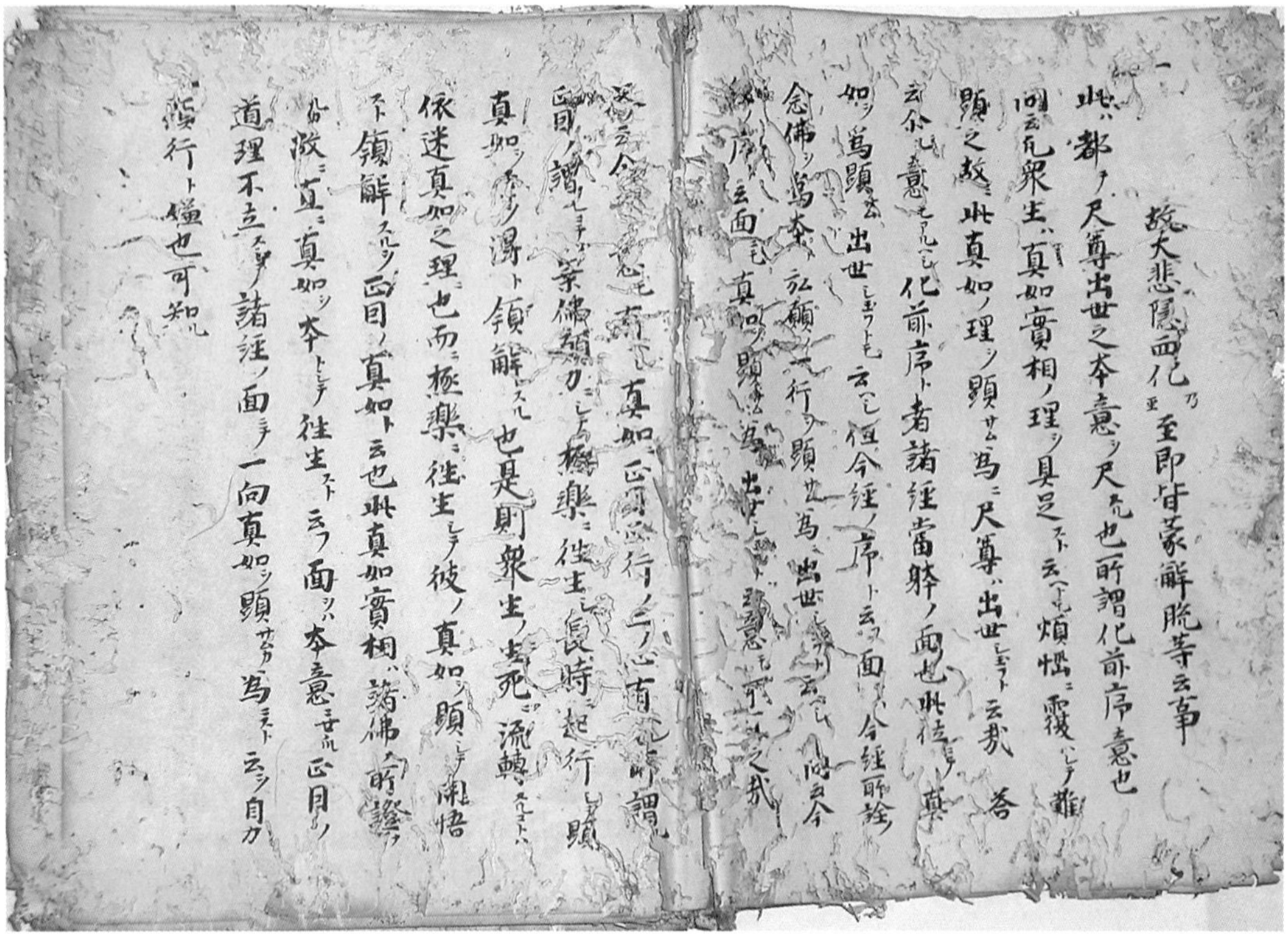

（八丁左）

一　　故大悲隠西化乃《至》至即皆蒙解脱等云事
此《ハ》都《テ》尺尊出世之本意《ヲ》尺《スル》也所謂化前序意也
問云凡衆生《ハ》真如實相《ノ》理《ヲ》具足《スト》云《ヘトモ》煩悩《ニ》覆《ハレテ》難
顕之故《ニ》此真如《ノ》理《ヲ》顕《サム》爲《ニ》尺尊《ハ》出世《シ玉フト》云歟　荅
云介《ル》意《モアルヘシ》　化前序《ト》者諸経當躰《ノ》面也此位《ニテ》真
如《ヲ》爲顕《サム》出世《シ玉フトモ》云《ヘシ》但今経《ノ》序《ト》云《フ》面《ニハ》今経所詮《ノ》
念佛《ヲ》爲本弘願《ノ》一行《ヲ》顕《サム》爲《ニ》出世《シ玉フト》云《ヘシ》問云今
経《ノ》序《ト》云面《ニモ》真如《ヲ》顕《サム》爲《ニ》出世《シ玉フト》云意《モ》可■之歟

（九丁右）

荅云介■意《モ》有《ヘシ》真如《ニ》正回正行《ノ》二《ノ》心有《ヘシ》所謂《ル》
正回《ノ》謂《レニテハ》　乗佛願力《ニ》《シテ》極樂《ニ》往生《シ》長時《ニ》起行《シテ》顕《ス》
真如《ヲ》■淂《ト》領解《スル》　也是則衆生《ノ》生死《ニ》流轉《スルコトハ》
依迷真如之理《ニ》也而《ニ》極樂《ニ》往生《シテ》彼《ノ》真如《ヲ》顕《シテ》開悟
《スト》領解《スルヲ》　正回《ノ》真如《ト》云也此真如實相《ハ》諸佛《ノ》所證《ナ》
《ルカ》故《ニ》直《ニ》真如《ヲ》本《トシテ》往生《スト》云《フ》面《ヲハ》本意《ニ世爪》正回《ノ》
道理不立《スシテ》諸経《ノ》面《ニテ》一向真如《ヲ》顕《サムカ》爲《ニスト》云《ヲ》自力
顕行《ト》嫌也可知《ル》

【八丁左】

一、「故大悲隠西化乃至至即皆蒙解脱」[*1]等云う事。

これは都《すべ》て釈尊出世の本意を釈するなり。いわゆる化前序の意なり。

問いて云わく、凡《およ》そ衆生は真如実相の理を具足すと云えども、煩悩に覆われてこれを顕わし難き故に、この真如の理を顕わさん為に釈尊は出世したまうと云うや。答えて云わく、しかる意もあるべし。化前序とは諸経当体の面なり。この位にて真如を顕わさん為、出世したまうとも云うべし。ただし今経の序と云う面には、今経所詮の念佛を本と為す。弘願の一行を顕わさん為に出世したまうと云うべし。問いて云わく、今経の序と云う面にも、真如を顕わさん為に出世したまうと云う意もこれある[*2]べきや。

【九丁右】

答えて云わく、しか云う[*3]意もあるべし。真如に正因・正行の二の心あるべし。いわゆる正因の謂れにては、佛願力に乗じて極楽に往生し、長時に起行して真如を顕わすことを[*4]得と領解するなり。これ則ち衆生の生死に流転することは、真如の理に迷うによってなり。しかるに極楽に往生して、彼《か》の真如を顕わして開悟すと領解するを、正因の真如と云うなり。この真如実相は諸佛の所證なるが故に、直に真如を本として往生すと云う面をば本意にせず。正因の道理立たずして、諸経の面にて一向真如を顕わさんが為にすと云うを、自力顕行と嫌うなり。知るべし。

＊1　「故使大悲隱於西化。驚入火宅之門灑甘露潤於群萌。輝智炬則朗重昏於永夜。三檀等備。四攝齊收。開示長劫之苦因。悟入永生之樂果。不謂群迷性隔樂欲不同。雖無一實之機。等有五乘之用。致使布慈雲於三界。注法雨於大悲。莫不等治塵勞。普沾未聞之益。菩提種子藉此以抽心。正覺之芽念念因茲增長。依心起於勝行。門餘八萬四千。漸頓則各稱所宜。隨縁者則皆蒙解脱」（『大正蔵』三七・二四六頁上～二四六頁中）

＊2　「有」を大谷大学蔵本より補う

＊3　「云フ」を大谷大学蔵本より補う

＊4　「コトヲ」を大谷大学蔵本より補う

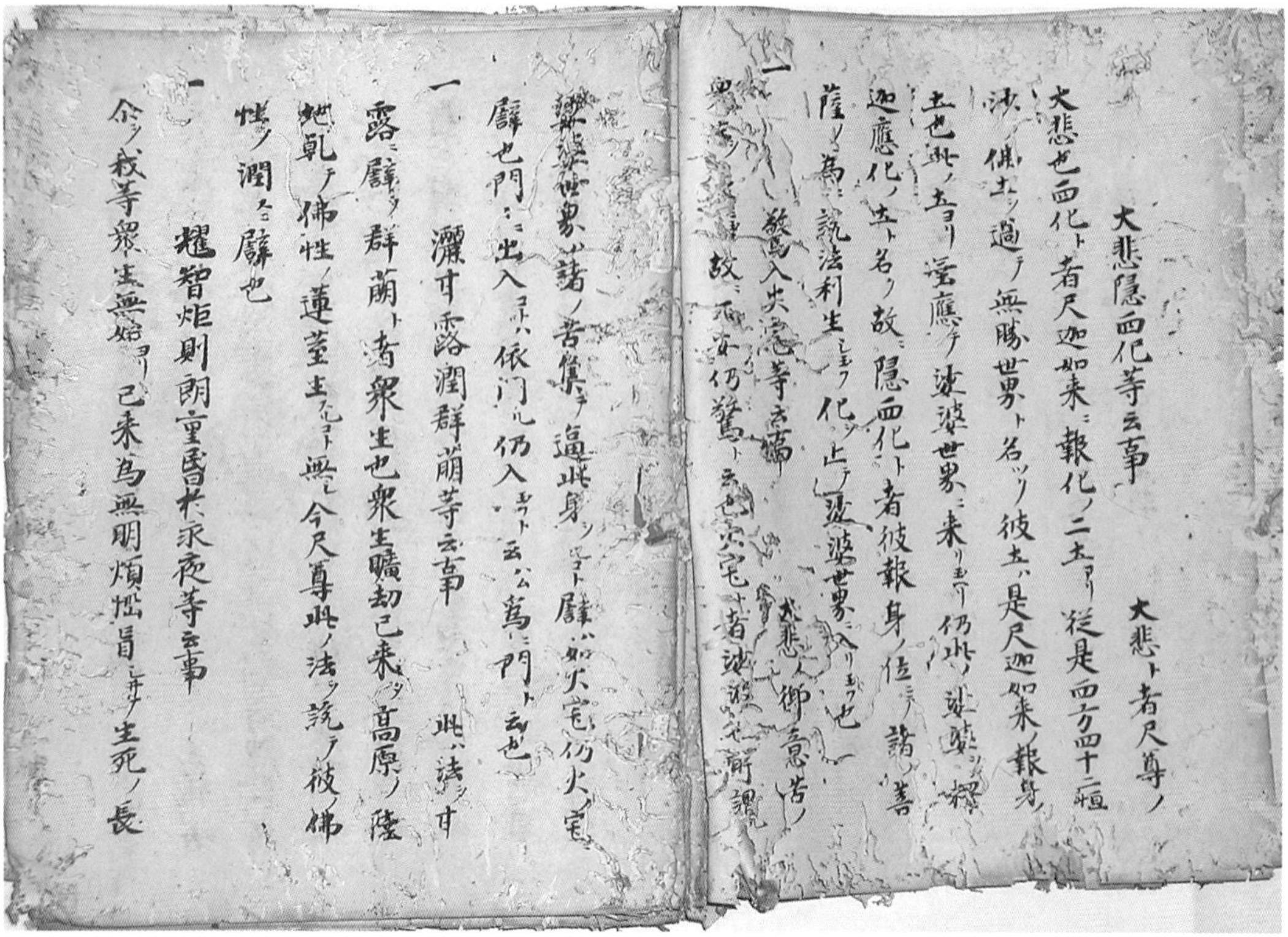

（九丁左）

一　大悲隠西化等云事　大悲《ト》者尺尊《ノ》
大悲也西化《ト》者尺迦如来《ニ》報化《ノ》二土《アリ》従是西方四十二恒
沙《ノ》佛土《ヲ》過《テ》無勝世界《ト》名《ツク》彼土《ハ》是尺迦如来《ノ》報身《ノ》
土也此《ノ》土《ヨリ》垂應《テ》娑婆世界《ニ》来《リ玉ヘリ》仍此《ノ》娑婆《ヲハ》釋
迦應化《ノ》土《ト》名《ク》故《ニ》隠西化《ト》者彼報身《ノ》位《ニテ》諸《ノ》菩
薩《ノ》爲《ニ》説法利生《シ玉フ》化《ヲ》止《テ》娑婆世界《ニ》入《リ玉フ》也
一　驚入火宅等云事　大悲《ノ》御意苦《ノ》
■■■《ヲミ玉フ》故《ニ》不安仍驚《ト》云也火宅《ト》者娑婆也旿謂《ル》

（十丁右）

娑婆世界《ハ》諸《ノ》苦集《テ》逼此身《ヲルコト》辟《ハ》如火宅仍火《ノ》宅《ニ》
辟也門々《ニ》出入《コトハ》依門《ル》仍入《玉フト》云《ハム》爲《ニ》門《ト》云也
一　灑甘露潤群萠等云事　此法《ハ》甘《ヲ》
露《ニ》辟《フ》群萠《ト》者衆生也衆生曠劫已来《タ》高原《ノ》陸
地乹《テ》佛性《ノ》蓮茎生《スルコト》無《シ》今尺尊此《ノ》法《ヲ》説《テ》彼《ノ》佛
性《ヲ》潤《スニ》辟也
一　耀智炬則朗重昏於永夜等云事
介《ヲ》我等衆生無始《ヨリ》已来爲無明煩惱盲《シ井テ》生死《ノ》長

【九丁左】

一、　「大悲隠西化[*1]」等云う事。

「大悲」とは釈尊の大悲なり。「西化」とは釈迦如来に報・化の二土あり。これより西方四十二恒沙の仏土を過ぎて、無勝世界と名づくる彼土は、これ釈迦如来の報身の土なり。この土より応垂れて娑婆世界に来たりたまえり。よってこの娑婆をば釈迦応化の土と名づく。故に「隠西化」とは彼の報身の位にて諸の菩薩の為に説法利生したまう。化を止めて娑婆世界に入りたまうなり。

一、　「驚入火宅[*2]」等云う事。

大悲の御意、苦の衆生を哀[*3]みたまう故に安からず。よって「驚」と云うなり。「火宅」とは娑婆なり。

【十丁右】

いわゆる娑婆世界は、諸の苦集まりてこの身を逼《せ》むること、譬えば火宅のごとし。よって火の宅に譬うるなり。門々に出入ることは門による。よって入りたまうと云わん為に門と云うなり。

一、　「灑甘露潤群萌[*4]」等云う事。

これは法を「甘露」に譬う。「群萌」とは衆生なり。衆生、曠劫よりこのかた高原の陸地乾きて、佛性の蓮茎生ずることなし。今、釈尊この法を説きて彼の仏性を潤すに譬うなり。

一、　「耀智炬則朗重昏於永夜[*5]」等云う事。

しかるを我ら衆生、無始よりこのかた無明煩悩の為、盲《め》しいて生死の長夜に迷えり。

＊1　前註参照
＊2　前註参照
＊3　「衆生哀」を大谷大学蔵本より補う
＊4　前註参照
＊5　前註参照

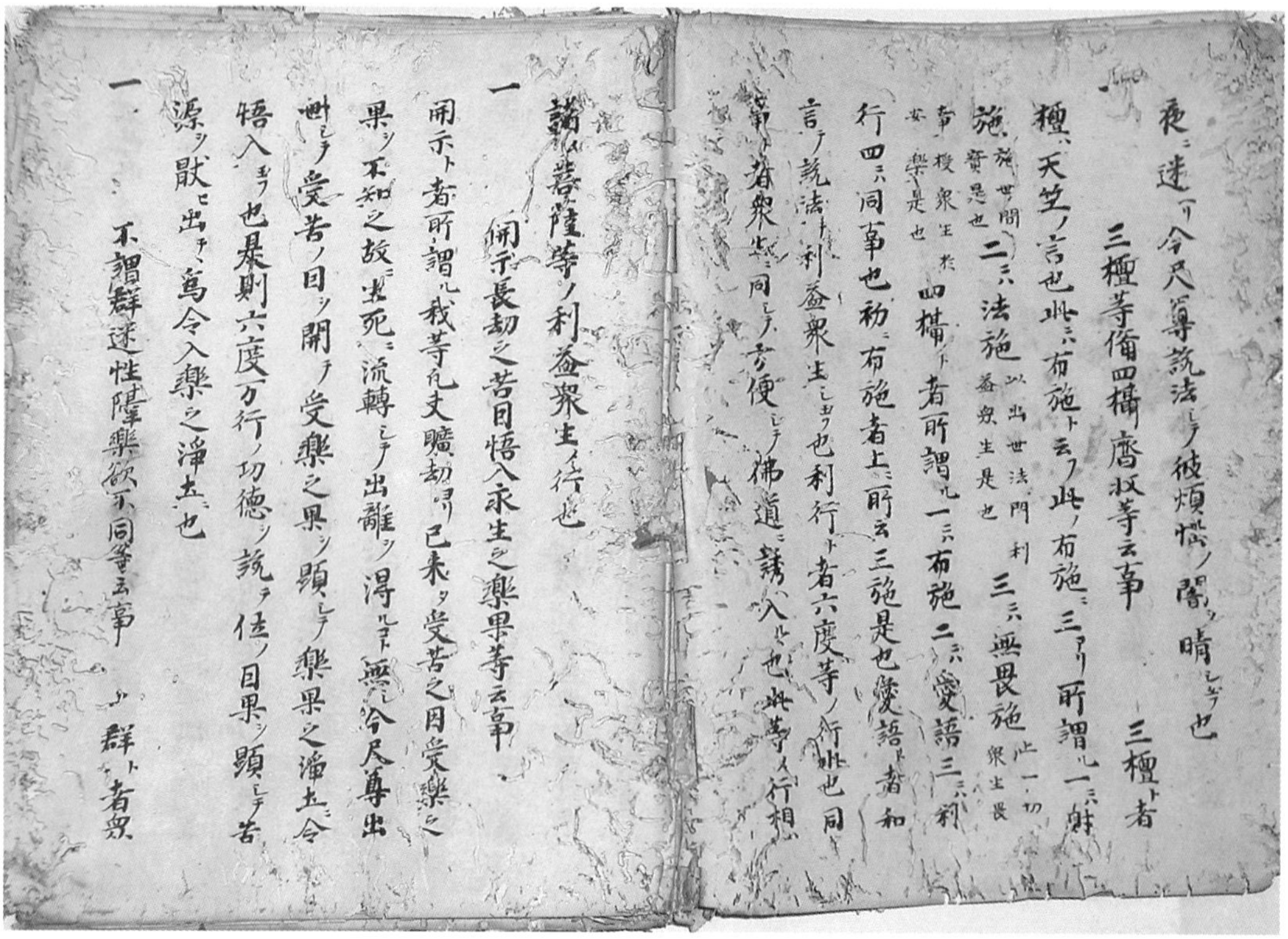

（十丁左）

夜《ニ》迷《ヘリ》今尺尊說法《シテ》彼煩惱《ノ》闇《ヲ》晴《シ玉フ》也

一　三櫃等偹四攝啓収等云事　三櫃《ト》者

櫃《ハ》天竺《ノ》言也此《ニハ》布施《ト》云《フ》此《ノ》布施《ニ》三《アリ》所謂《ル》一《ニハ》財

施施世間寳是也二《ニハ》法施以出世法門利益衆生是也三《ニハ》無畏施止一切衆生畏

事授衆生於安樂是也四攝《ト》者所謂《ル》一《ニハ》布施二《ニハ》愛語三《ニハ》利

行四《ニハ》同事也初《ニ》布施者上《ニ》所云三施是也愛語《ト》者和

言《テ》說法《キ》利益衆生《シ玉フ》也利行《ト》者六度等《ノ》行此也同

事《ト》者衆生《ニ》同《シテ》方便《シテ》佛道《ニ》誘《ヘ》入《ル、》也此等《ノ》行相《ハ》

（十一丁右）

諸《ノ》菩薩等《ノ》利益衆生《ノ》行也

一　開示長劫之苦曰悟入永生之樂果等云事

開示《ト》者所謂《ル》我等凡夫曠劫《ヨリ》已来《タ》受苦之因受樂之

果《ヲ》不知之故《ニ》生死《ニ》流轉《シテ》出離《ヲ》淂《ルコト》無《シ》今尺尊出

世《シテ》受苦《ノ》曰《ヲ》開《テ》受樂之果《ヲ》顕《シテ》樂果之淨圡《ニ》令

悟入《玉フ》也是則六度万行《ノ》功德《ヲ》說《テ》位《ノ》曰果《ヲ》顕《シテ》苦

源《ヲ》猒《ヒ》出《テ、》爲令入樂之淨圡《ニ》也

一　不謂群迷性隔樂欲不同等云事　群《ト》者衆

【十丁左】

今、釈尊説法して彼の煩悩の闇を晴らしたまうなり。

一、「三檀等備四摂斉収」[*1]等云う事。

「三檀」とは檀は天竺の言なり。これには布施と云う。この布施に三あり。いわゆる、一には財施（世間に宝を施す、これなり）、二には法施（出世法門をもって衆生を利益する、これなり）、三には無畏施（一切衆生の畏事を止め、衆生に安楽を授《さず》くる、これなり）。「四摂」とはいわゆる、一には布施、二には愛語、三には利行、四には同事なり。初めに布施とは上に云うところの三施、これなり。愛語とは言を和らげて法を説き、衆生を利益したまうなり。利行とは六度等の行、これなり。同事とは衆生に同じて、方便して佛道に誘《いざな》え入るるなり。

【十一丁右】

これらの行相は、諸の菩薩等の利益衆生の行なり。

一、「開示長劫之苦因悟入永生之楽果」[*2]等云う事。

「開示」とは、いわゆる我ら凡夫、曠劫《こうごう》より已来《このかた》受苦の因、受楽の果を知らざるの故に、生死に流転して出離を得ることなし。今、釈尊出世して受苦の因を開きて受楽の果を顕わして、楽果の浄土に悟入せしめたまうなり。これ則ち六度万行の功徳を説きて位の因果を顕わして、苦源を厭《いと》い出でて楽の浄土に入らしめんが為なり。

一、「不謂群迷性隔楽欲不同」[*3]等云う事。

＊1　前註参照
＊2　前註参照
＊3　前註参照

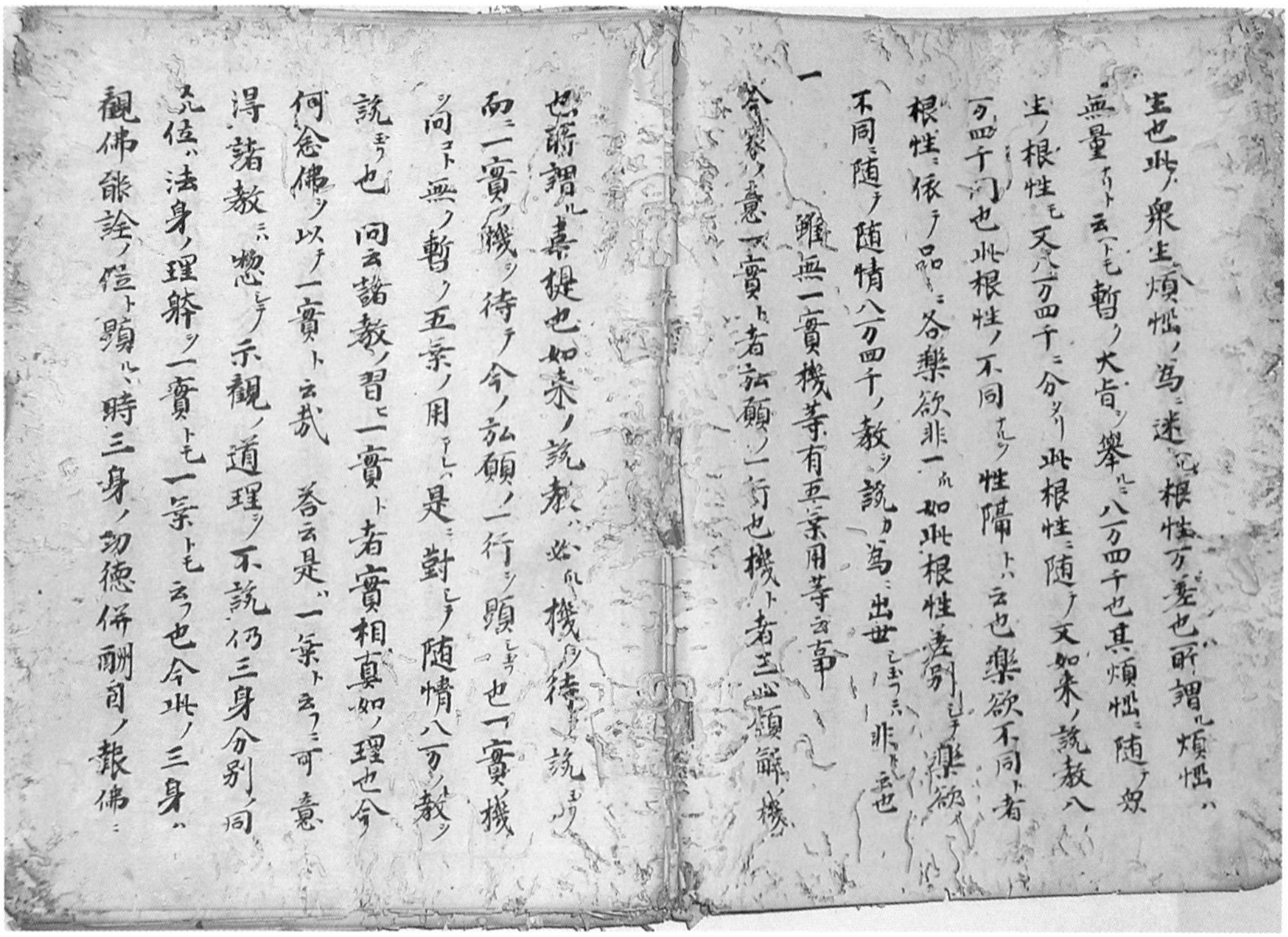

（十一丁左）

生也此《ノ》衆生煩悩《ノ》爲《ニ》迷《ヘル》根性万差也旼謂《ル》煩悩《ハ》
無量《ナリト》云《ヘトモ》暫《ク》大旨《ヲ》擧《ルニ》八万四千也其煩悩《ニ》随《テ》衆
生《ノ》根性《モ》又八万四千《ニ》分《タリ》此根性《ニ》随《テ》又如来《ノ》說教八
万四千門也此根性《ノ》不同《ナルヲ》性隔《トハ》云也樂欲不同《ト》者
根性《ニ》依《テ》品々《ニ》各樂欲非一《爪》如此根性差別《シテ》樂欲《ノ》
不同《ニ》随《テ》随情八万四千《ノ》教《ヲ》說《カ》爲《ニ》出世《シ玉フニハ》非《ト》云也
一　雖無一實機等有五乗用等云事
今家《ノ》意一實《ト》者弘願《ノ》一行也機《ト》者三心領解《ノ》機

（十二丁右）

也旼謂《ル》韋提也如来《ノ》說教《ハ》必《爪》機《ヲ》待《テ》說《玉フ》
而《ニ》一實《ノ》機《ヲ》待《テ》今《ノ》弘願《ノ》一行《ヲ》顕《シ玉フ》也一實《ノ》機《ヲ》
問《コト》無《ク》暫《ク》五乗《ノ》用《アレハ》是《ニ》對《シテ》随情八万《ノ》教《ヲ》
說《玉フ》也　問云諸教《ノ》習《ヒ》一實《ト》者實相真如《ノ》理也今
何念佛《ヲ》以《テ》一實《ト》云耶　荅云是《ハ》一乗《ト》云《フニ》可意
淂諸教《ニハ》惣《シテ》示観《ノ》道理《ヲ》不說仍三身分別《ノ》同《スル》
位《ハ》法身《ノ》理躰《ヲ》一實《トモ》一乗《トモ》云《フ》也今此《ノ》三身《ハ》
観佛能詮《ノ》位《ト》顕《ル、》時三身《ノ》功徳併酬囙《ノ》報佛《ニ》

【十一丁左】

「群」とは衆生なり。この衆生の煩悩の為に迷える根性万差なり。いわゆる煩悩は無量なりと云えども、暫《しばら》く大旨を挙ぐるに八万四千なり。その煩悩に随いて、衆生の根性もまた八万四千に分かれたり。この根性に随いて、また如来の説教八万四千門なり。この根性の不同なるを「性隔」とは云うなり。「楽欲不同」とは、根性によって品々に各《おのおの》楽・欲、一にあらず。かくのごとく根性差別して楽欲の不同に随いて、随情八万四千の教を説かんが為に出世したまうにはあらずと云うなり。

一、「雖無一実機等有五乗用[*1]」等云う事。

今家の意「一実」とは弘願の一行なり。「機」とは三心領解の機なり。

【十二丁右】

いわゆる韋提なり。如来の説教は、必ず機を待ちて説きたまう。しかるに一実の機を待ちて、今の弘願の一行を顕わしたまうなり。一実の機を問うことなく暫く五乗の用あれば、これに対して随情八万の教を説きたまうなり。問いて云わく、諸教の習い、一実とは実相真如の理なり。今何ぞ念佛をもって一実と云う。答えて云わく、これは一乗と云うに意得べし。諸教には惣じて示観の道理を説かず。よって三身分別の同ずる位は、法身の理体を一実とも一乗とも云うなり。今この三身は観佛能詮の位と顕わるる時、三身の功徳併びに酬因の報佛に入りて、

＊1　前註参照

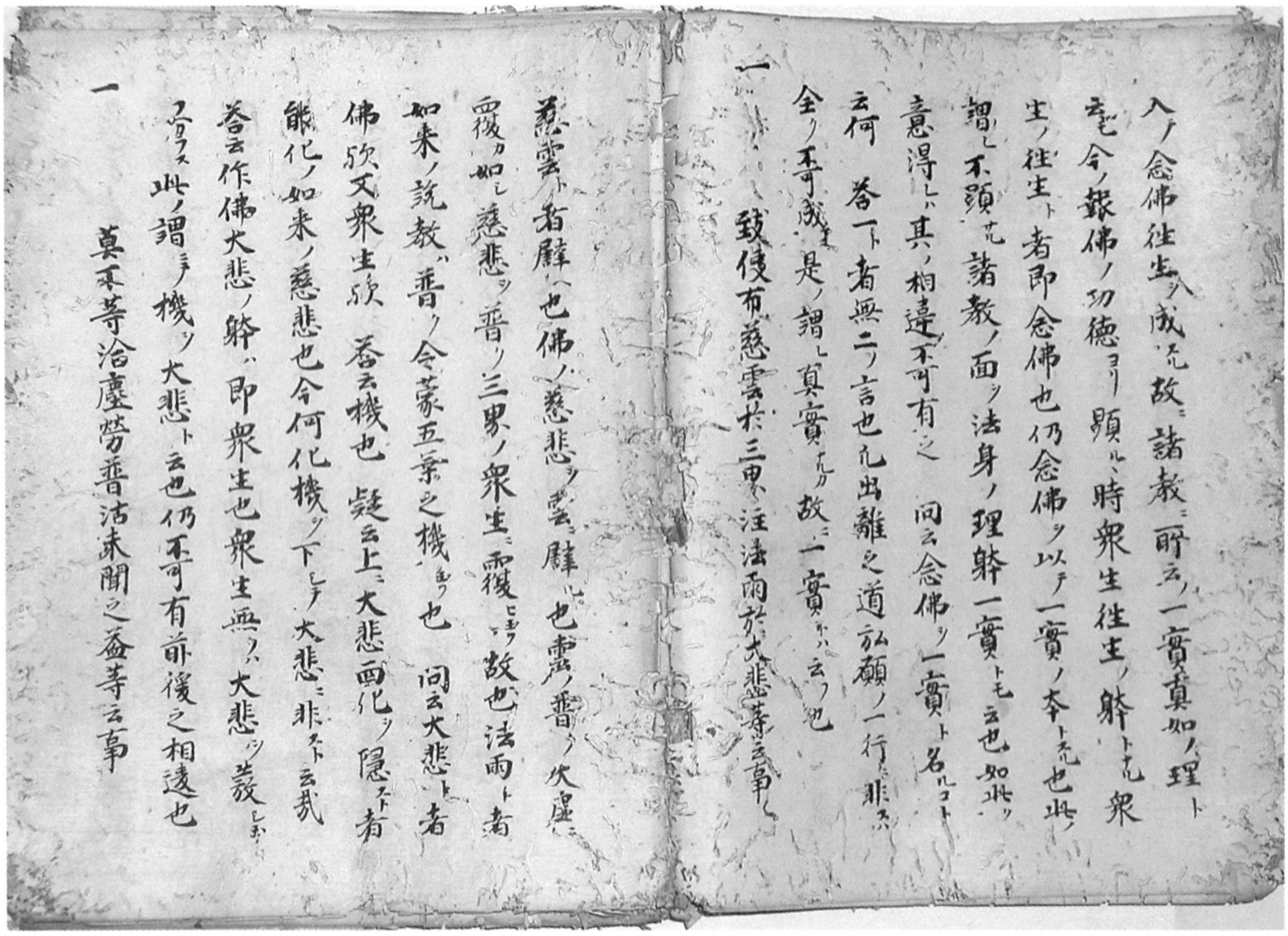

(十二丁左)

入《テ》念佛往生《ヲ》成《スル》故《ニ》諸教《ニ》旡云㆒《ノ》一實真如《ノ》理《ト》
云《モ》今《ノ》報佛《ノ》功徳《ヨリ》顕《ル、》時衆生往生《ノ》躰《トナル》衆
生《ノ》往生《ト》者即念佛也仍念佛《ヲ》以《テ》一實《ノ》本《トスル》也此《ノ》
謂《レ》不顕㆒《サル》諸教《ノ》面《ヲ》法身《ノ》理躰一實《トモ》云也如此㆒《ク》
意得《レハ》其《ノ》相違不可有㆒之　問云念佛《ヲ》一實《ト》名《ルコト》
云何　荅一《ト》者無二㆒《ノ》言也凢出離之道弘願《ノ》一行《ニ》非《スハ》
全《ク》不可成㆒是《ノ》謂《レ》真實《ナルカ》故《ニ》一實《トハ》云《フ》也
一　致使布慈雲於三界注法雨於大悲等云事

(十三丁右)

慈雲《ト》者辟《ヘ》也佛《ノ》慈悲《ヲ》雲《ニ》辟《ル》也雲《ノ》普《ク》大虚《ニ》
覆《カ》如《シ》慈悲《ヲ》普《ク》三界《ノ》衆生《ニ》覆《ヒ玉フ》故也法雨《ト》者
如来《ノ》説教《ハ》普《ク》令蒙五乗《ノ》機㆒《玉フ》也　問云大悲《ト》者
佛欤又衆生欤　荅云機也　疑云上《ニ》大悲西化《ヲ》隠《スト》者
能化《ノ》如来《ノ》慈悲也今何化機《ヲ》下《シテ》大悲《ニ》非《スト》云𢦏
荅云作佛大悲《ノ》躰《ハ》即衆生也衆生無《クハ》大悲《ヲ》莪《シ玉》
《フヘカラス》此《ノ》謂《ニテ》機《ヲ》大悲《ト》云也仍不可有前後之相遠也
一　莫不等洽塵労普沾未聞之益等云事

【十二丁左】

念仏往生を成ずる故に、諸教に云うところの一実真如の理と云うも、今の報佛の功徳より顕わるる時、衆生往生の体となる。衆生の往生とは即ち念佛なり。よって念佛をもって一実の本とするなり。この謂れ顕われざる諸教の面を、法身の理・体一実とも云うなり。かくのごとく意得れば、その相違これあるべからず。問いて云わく、念佛を一実と名づくること、いかん。答う。一とは無二の言なり。凡そ出離の道、弘願の一行にあらずば全く成ずべからず。この謂れ真実なるが故に一実とは云うなり。

一、「致使布慈雲於三界注法雨於大悲[＊1]」等云う事。

【十三丁右】

「慈雲」とは譬えなり。仏の慈悲を雲に譬うるなり。雲の普く大虚に覆うが如し。慈悲を普く三界の衆生に覆いたまう故なり。「法雨」とは、如来の説教は普く五乗の機に蒙《こうむ》らしめたまうなり。問いて云わく、大悲とは佛か、また衆生か。答えて云わく、機なり。疑いて云わく、上に大悲西化を隠すとは、能化の如来の慈悲なり。今何ぞ化機を下して大悲にあらずと云う。答えて云わく、作仏大悲の体は即ち衆生なり。衆生なくば大悲を発したまうべからず。この謂れにて機を大悲と云うなり。よって前後の相違あるべからざるなり。

一、「莫不等洽塵労普沾未聞之益[＊2]」等云う事。

＊1　前註参照
＊2　前註参照

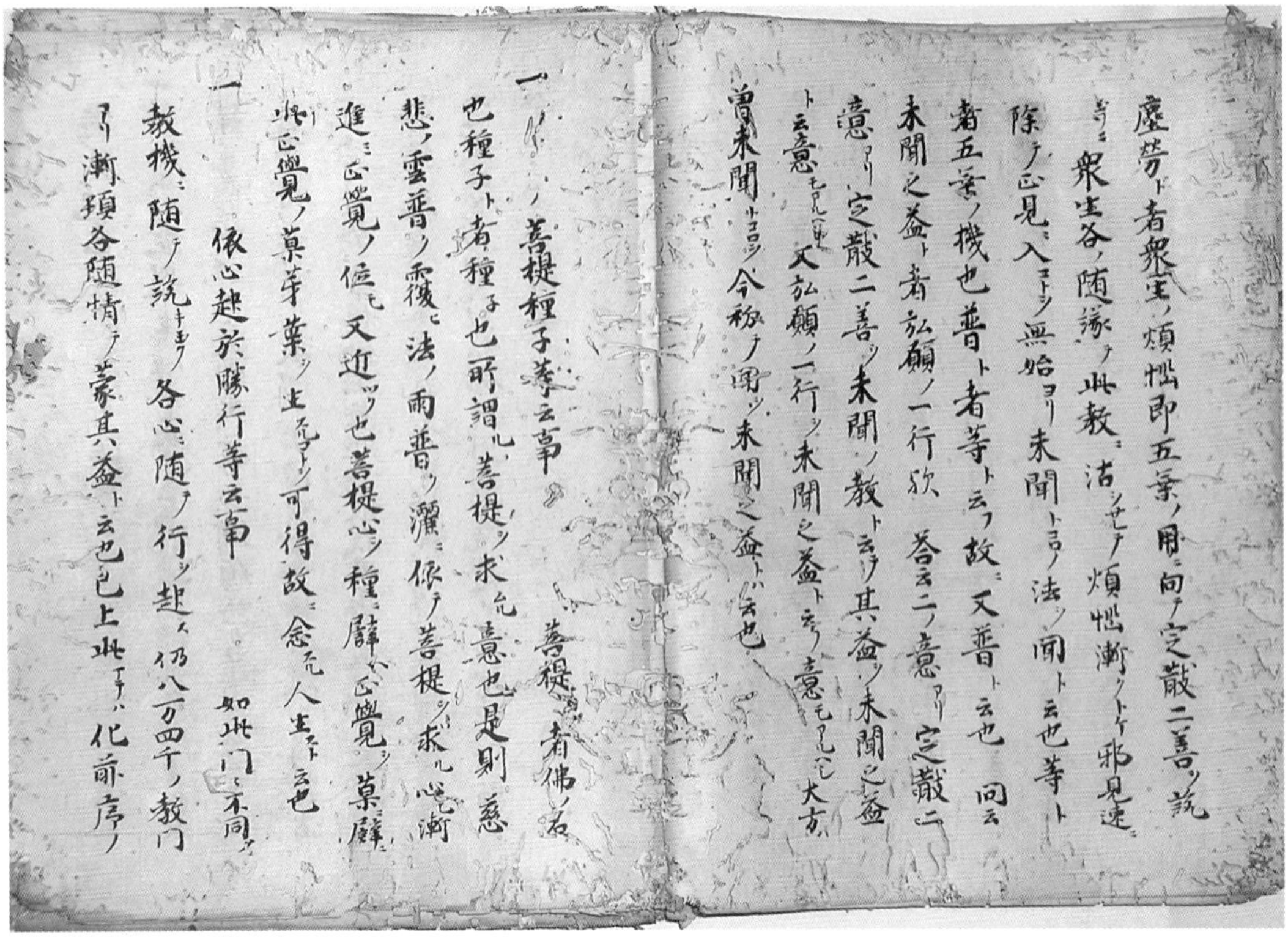

（十三丁左）

塵労《ト》者衆生《ノ》煩悩即五乗《ノ》用《ニ》向《テ》定散二善《ヲ》説《玉フニ》
衆生各《ノ》随縁一《テ》此教《ニ》沽《シサレテ》煩悩漸《クトケ》邪見速《ニ》
除《テ》正見《ニ》入《コトヲ》無始《ヨリ》未聞《トコロノ》法《ヲ》聞《ト》云也等《ト》
者五乗《ノ》機也普《ト》者等《ト》云《フ》故《ニ》又普《ト》云也　問云
未聞之益《ト》者弘願《ノ》一行欤　答云二《ノ》意《アリ》定散二
意《アリ》定散二善《ヲ》未聞《ノ》教《ト》云《テ》其益《ヲ》未聞之益《ト》
云意《モアルヘシ》又弘願《ノ》一行《ヲ》未聞之益《ト》云《フ》意《モアルヘシ》大方《ハ》
曽未聞一《トコロヲ》今初《テ》聞《ヲ》未聞之益《トハ》云也

（十四丁右）

一　菩提種子等云事　菩提《ト》者佛《ノ》名
也種子《ト》者種《子》也所謂《ル》菩提《ヲ》求《ムル》意也是則慈
悲《ノ》雲普《ク》覆《ヒ》法《ノ》雨普《ク》灑《ニ》依《テ》菩提《ヲ》求《ル》心《モ》漸
進《ミ》正覚《ノ》位《モ》又近《ツク》也菩提心《ヲ》種《ニ》辟《ヘ》正覚《ヲ》菓《ヲ》辟《ニ》
此正覚《ノ》菓芽葉《ヲ》生《スルコトヲ》可得一故《ニ》念《スル》人生《スト》云也
一　依心起於勝行等云事　如此一門々不同《ノ》
教機《ニ》随《テ》説《キ玉フ》各心《ニ》随《テ》行《ヲ》起《ス》仍八万四千《ノ》教門《アリ》
漸頓各随情一《テ》蒙其益二《ト》云也已上此《マテハ》化前序《ノ》

【十三丁左】

「塵労」とは衆生の煩悩、即ち五乗の用に向かいて定・散二善を説きたまうに、衆生各《おのおの》の縁に随いてこの教に沾しされて煩悩漸くとけ、邪見速やかに除きて正見に入ることを、無始より未だ聞かざるところの法を「聞」と云うなり。「等」とは五乗の機なり。「普」とは「等」と云う故に、また「普」と云うなり。問いて云わく、「未聞の益」とは弘願の一行か。答えて云わく、二の意あり。「定・散二意あり。」定・散二善を未聞の教と云いて、その益を未聞之益と云う意もあるべし。また弘願の一行を、未聞之益と云う意もあるべし。大方は曾《かつ》て未だ聞かざるところを、今初めて聞くを未聞之益とは云うなり。

【十四丁右】

一、「菩提種子[*1]」等云う事。

「菩提」とは佛の名なり。「種子」とは種《たね》なり。いわゆる菩提を求むる意なり。これ則ち慈悲の雲普《あまね》く覆い、法の雨普く灑《そそ》ぐによって菩提を求むる心も漸く進み、正覚の位もまた近づくなり。菩提心を種に譬え、正覚を菓《このみ》に譬うるに、この正覚の菓・芽・葉を生ずることを得べし。故に念ずる人、生ずと云うなり。

一、「依心起於勝行[*2]」等云う事。

かくのごとく門々不同の教機に随いて説きたまう。各《おのおの》心に随いて行を起こす。よって八万四千の教門あり。漸・頓、各《おのおの》情に随いて、その益を蒙ると云うなり。已上、これまでは化前序の位を釈するなり。

＊1　前註参照
＊2　前註参照

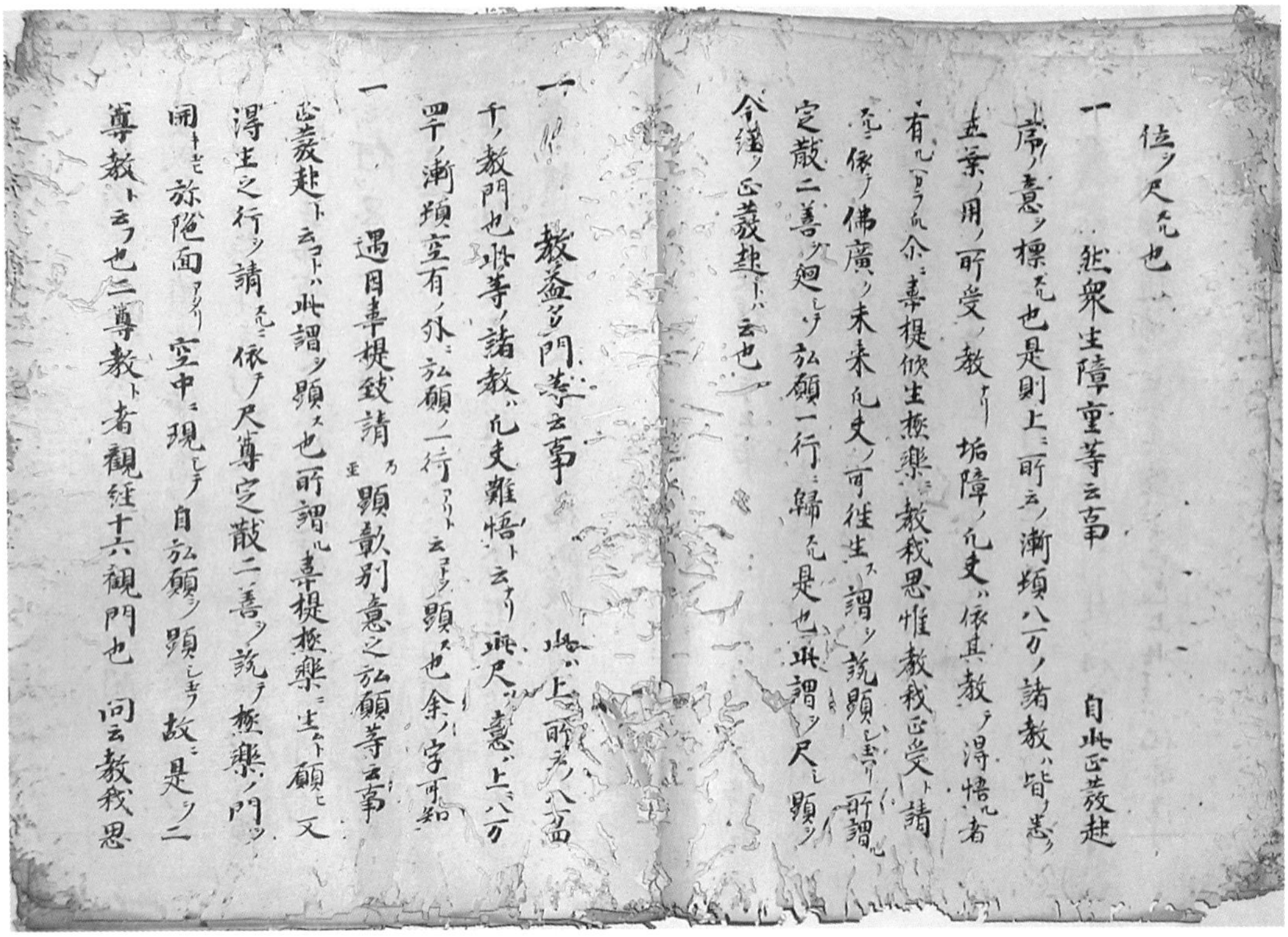

(十四丁左)
位《ヲ》尺《スル》也
一　然衆生障重等云事　自此正𤼵起
序《ノ》意《ヲ》標《スル》也是則上《ニ》所云《ノ》漸頓八万《ノ》諸教《ハ》皆《ナ》悉《ク》
五乗《ノ》用《ノ》所受《ノ》教《ナリ》垢障《ノ》凡夫《ハ》依其教《テ》淂悟《ル》者
有《ルヘカラ爪》介《ニ》韋提欣生極樂《ニ》教我思惟教我正受《ト》請
依《スルニ》佛廣《ク》未来凡夫《ノ》可往生《ス》謂《ヲ》說顕《シ玉ヘリ》所謂《ル》
定散二善《ヲ》廻《シテ》弘願一行《ニ》歸《スル》是也此謂《ヲ》尺《シ》顕《ヲ》
今経《ノ》正𤼵起《トハ》云也

(十五丁右)
一　教益多門等云事　此《ハ》上《ニ》所云《ノ》八万四
千《ノ》教門也此等《ノ》諸教《ハ》凡夫難悟《ト》云《ナリ》此尺《ノ》意《ハ》上《ニ》八万
四千《ノ》漸頓空有《ノ》外《ニ》弘願《ノ》一行《アリト》云《コトヲ》顕《ス》也余《ノ》字可知
一　遇曰韋提致請乃至顕彰別意之弘願等云事
正𤼵起《ト》云《コトハ》此謂《ヲ》顕《ス》也所謂《ル》韋提極樂《ニ》生《ムト》願《ヒ》又
淂生之行《ヲ》請《スルニ》依《テ》尺尊定散二善《ヲ》說《テ》極樂《ノ》門《ヲ》
開《キ玉ヒ》弥陀面《アタリ》空中《ニ》現《シテ》自弘願《ヲ》顕《シ玉フ》故《ニ》是《ヲ》二
尊教《ト》云《フ》也二尊教《ト》者観経十六観門也　問云教我思

【十四丁左】

一、「然衆生障重」[*1]等云う事。

これより正発起序の意を標するなり。これ則ち上に云うところの漸・頓八万の諸教は、皆悉く五乗の用の受くるところの教なり。垢障の凡夫は、その教によって悟り得るはあるべからず。しかるに韋提、極楽に生ぜんと欣《ねが》い「教我思惟」「教我正受」[*2]と請するによって、佛広く未来凡夫の往生すべき謂れを説き顕わしたまえり。いわゆる定・散二善を廻して弘願一行に帰する、これなり。この謂れを釈し顕わすを、今経の正発起とは云うなり。

【十五丁右】

一、「教益多門」[*3]等云う事。

これは上に云うところの八万四千の教門なり。これらの諸教は、凡夫悟り難しと云うなり。この釈の意は、上に八万四千の漸・頓、空・有の外に弘願の一行ありと云うことを顕わすなり。余の字知るべし。

一、「遇因韋提致請乃至顕彰別意之弘願」[*4]等云う事。

正発起と云うことは、この謂れを顕わすなり。いわゆる韋提極楽に生ぜんと願い、また得生の行を請するによって釈尊、定・散二善を説きて極楽の門を開きたまい、弥陀面《ま》のあたり空中に現じて、自《みずか》ら弘願を顕わしたまう。故にこれを二尊教と云うなり。二尊教とは観経十六観門なり。

＊1　「然衆生障重」(『大正蔵』三七・二四六頁中)

＊2　「我今樂生極樂世界阿彌陀佛所。唯願世尊。教我思惟教我正受。爾時世尊即便微笑。有五色光從佛口出。」(『大正蔵』十二「佛説觀無量壽佛經」・三四一頁下)

＊3　「取悟之者難明。雖可教益多門。凡惑無由遍攬。」(『大正蔵』三七・二四六頁中)

＊4　「遇因韋提致請我今樂欲往生安樂。唯願如來教我思惟教我正受。然娑婆化主因其請故即廣開淨土之要門。安樂能人顯彰別意之弘願。」(『大正蔵』三七・二四六頁中)

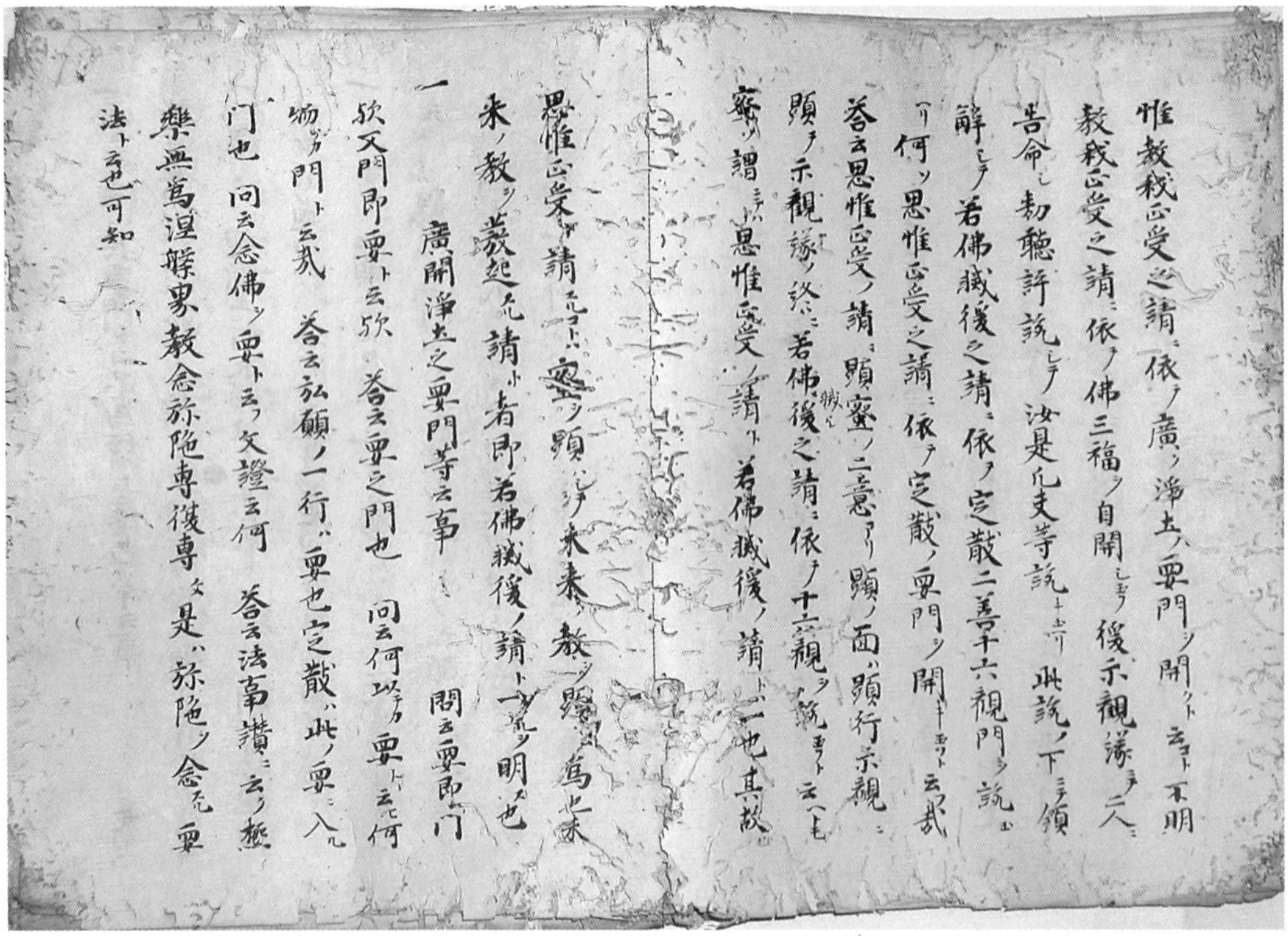

（十五丁左）

惟教我正受之請《ニ》依《テ》廣《ク》淨土《ノ》要門《ヲ》開《クト》云《コト》不明㆒
教我正受之請《ニ》依《テ》佛三福《ヲ》自開《シ玉フ》　徦示観縁《ニテ》二人《ニ》
告命《シ》勅聴許説《シテ》汝是凡夫等説《キ玉ヘリ》　此説《ノ》下《ニテ》領
解《シテ》若佛滅徦之請《ニ》依《テ》㝎散二善十六観門《ヲ》説《玉ヘリ》
　何《ソ》思惟正受之請《ニ》依《テ》㝎散《ノ》要門《ヲ》開《キ玉フト》　云《フ》犿
荅云思惟正受《ノ》請《ニ》顕蜜《ノ》二意《アリ》顕《ノ》面《ハ》顕行示観《ニ》
顕《テ》示観縁《ノ》終《ニ》若佛滅徦之請《ニ》依《テ》十六観《ヲ》説《キ玉フト》　云《ヘトモ》
蜜《ノ》謂《ニテハ》　思惟正受《ノ》請《ト》若佛滅徦《ノ》請《トハ》一也其故《ハ》

（十六丁右）

思惟正受《ト》請《スルコトハ》　蜜《ヲ》顕《ハシテ》　未来《ノ》教《ヲ》顕《サム》爲也未
来《ノ》教《ヲ》蕟起《スル》請《ト》者即若佛滅徦《ノ》請《ト》一《ナルヲ》明《ス》也
一　　廣開淨土之要門等云事　　　　問云要即門
欤又門即要《ト》云欤　　荅云要之門也　問云何以《テカ》要《ト》云《ヒ》何
物《ヲカ》門《ト》云犿　　荅云弘願《ノ》一行《ハ》要也㝎散《ハ》此《ノ》要《ニ》入《ル》
門也　問云念佛《ヲ》要《ト》云《フ》文證云何　　荅云法事讃《ニ》云《ク》橪
樂無爲涅槃界教念弥陁専復専《文》是《ハ》弥陁《ヲ》念《スル》要
法《ト》云也可知㆒

【十五丁左】

問いて云わく、「教我思惟　教我正受」の請によって広く浄土の要門を開くと云うこと明らかならず。「教我正受」の請によって佛、三福を自開したまう。後、示観縁にて二人に告命し、勅聴許説して「汝是凡夫」[*1]等説きたまえり。この説の下にて領解して「若佛滅後」[*2]の請によって、定・散二善・十六観門を説きたまえり。何ぞ「思惟正受」の請によって定・散の要門を開きたまうと云う。答えて云わく、「思惟正受」の請に顕・密の二意あり。顕の面は顕行示観に顕われて、示観縁の終わりに「若仏滅後」の請によって十六観を説きたまうと云えども、密の謂れにては「思惟正受」の請と「若仏滅後」の請とは一なり。

【十六丁右】

その故は、「思惟正受」と請することは、密を顕わして未来の教を顕わさん為なり。未来の教を発起する請とは、即ち「若仏滅後」の請と一なるを明かすなり。

一、「広開浄土之要門」[*3]等云う事。

問いて云わく、「要」即ち「門」か、また「門」即ち「要」と云うか。答えて云わく、「要の門」なり。問いて云わく、何をもってか要と云い、何物をか門と云う。答えて云わく、弘願の一行は要なり。定・散はこの要に入る門なり。問いて云わく、念佛を要と云う文證いかん。答えて云わく、『法事讃』に云わく、「極楽無為涅槃界　教念弥陀専復専」[*4]文。これは弥陀を念ずる要法と云うなり。知るべし。

＊1 「佛告韋提希。汝是凡夫心想羸劣。未得天眼。不能遠觀。諸佛如來有異方便。令汝得見。時韋提希白佛言。世尊如我今者以佛力故見彼國土。」（『大正藏』十二・三四一頁下）

＊2 「若佛滅後諸衆生等。濁悪不善五苦所逼。」（『大正藏』十二・三四一頁下）

＊3 「然娑婆化主因其請故即廣開淨土之要門。安樂能人顯彰別意之弘願。」（『大正藏』三七・二四六頁中）

＊4 「極樂無爲涅槃界。隨縁雜善恐難生。故使如來選要法。教念彌陀專復專。」（『大正藏』四七「轉經行道願往生淨土法事讃」・四三三頁中）

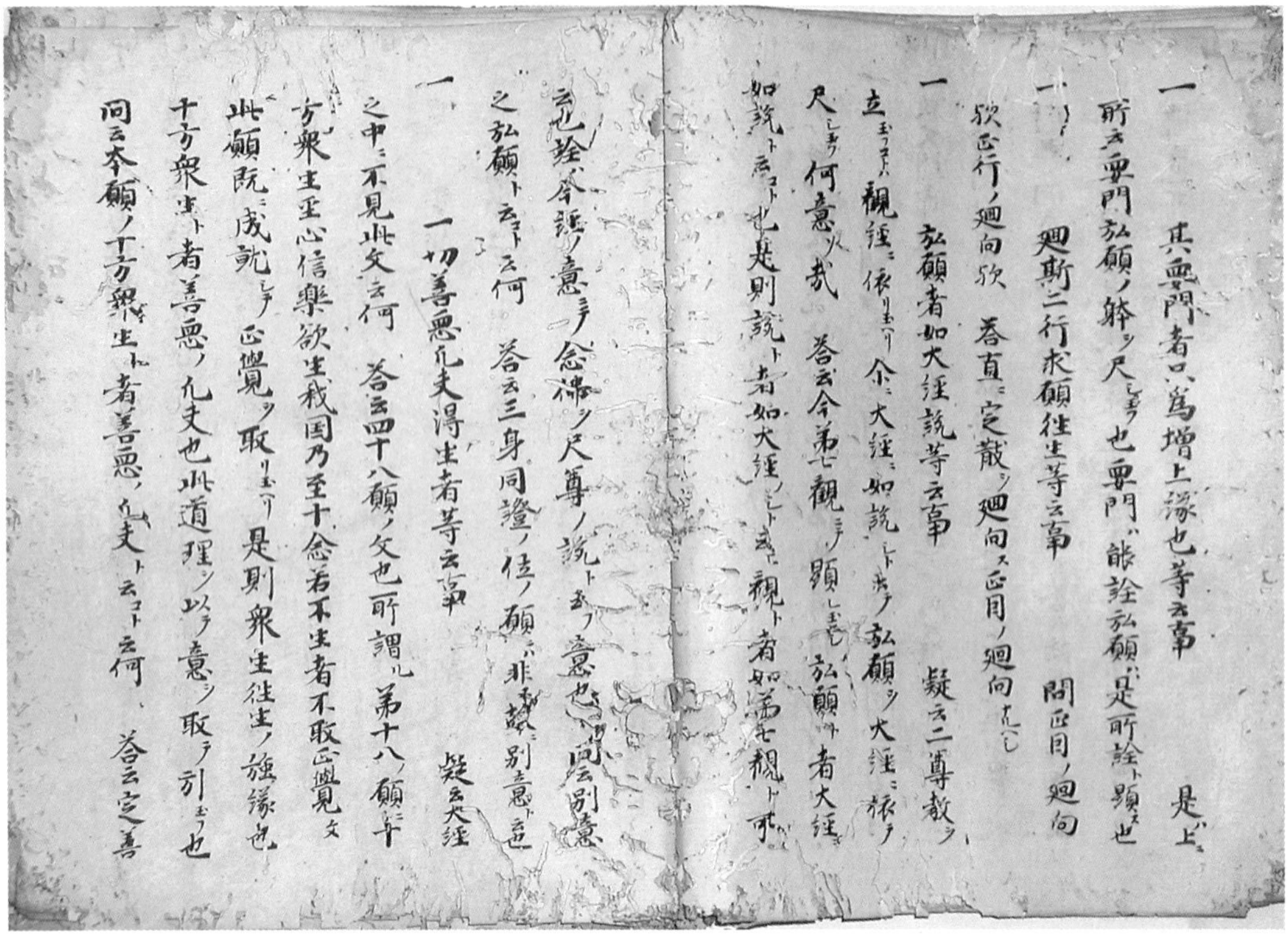

（十六丁左）

一　其要門者只爲増上縁也等云事　是《ハ》上《ニ》
旿云㆓要門弘願《ノ》躰《ヲ》尺《シ玉フ》也要門《ハ》能詮弘願《ハ》是旿詮《ト》顕《ス》也
一　廻斯二行求願往生等云事　問正囙《ノ》廻向
欤正行《ノ》廻向欤　荅直《ニ》㝍散《ヲ》廻向《ス》正囙《ノ》廻向《ナルヘシ》
一　弘願者如大經說等云事　疑云二尊教《ヲ》
立《玉フコトハ》観經《ニ》依《リ玉ヘリ》介《ニ》大經《ニ》如說㆒《シト》云《テ》弘願《ヲ》大經《ニ》依《テ》
尺《シ玉フ》何意《ソ》哉　荅云今第七観《ニテ》顕《シ玉ヒシ》弘願《ト》者大經《ニ》
如說㆓《ト》云《コト》也是則說《ト》者如大經《ノ》㆒《シト》云《ヒ》観《ト》者如第七観㆒《ト》可

（十七丁右）

云也詮《ハ》今經《ノ》意《ニテ》念佛《ヲ》尺尊《ノ》說《ト》云《フ》意也　問云別意
之弘願《ト》云《コト》云何　荅云三身同證《ノ》位《ノ》願《ニハ》非《ス》故《ニ》別意《ト》云也
一　一切善悪凡夫淂生者等云事　疑云大經
之中《ニ》不見此文㆓云何　荅云四十八願《ノ》文也旿謂《ル》第十八《ノ》願《ニ》十
方衆生至心信樂欲生我国乃至十念若不生者不取正覺《文》
此願既《ニ》成就《シテ》正覺《ヲ》取《リ玉ヘリ》　是則衆生往生《ノ》強縁也
十方衆生《ト》者善悪《ノ》凡夫也此道理《ヲ》以《テ》意《ヲ》取《テ》引《玉フ》也
問云本願《ノ》十方衆生《ト》者善悪《ノ》凡夫《ト》云《コト》云何　荅云㝍善

【十六丁左】

一、「其要門者只為増上縁也[*1]」等云う事。

これは上に云うところの要門、弘願の体を釈したまうなり。要門は能詮、弘願はこれ所詮と顕わすなり。

一、「廻斯二行求願往生[*2]」等云う事。

問う。正因の廻向か、正行の廻向か。答う。直に定・散を廻向す。正因の廻向なるべし。

一、「弘願者如大経説[*3]」等云う事。

疑いて云わく、二尊教を立てたまうことは、『観経』によりたまえり。しかるに、『大経』に説く如しと云いて、弘願を『大経』によって釈したまう。何の意ぞや。答えて云わく、今第七観にて顕わしたまいし「弘願」とは、『大経』に説く如しと云うことなり。これ則ち「説」とは『大経』の如しと云い、観とは第七観の如しと云うべきなり。

【十七丁左】

詮は今経の意にて、念仏を釈尊の説と云う意なり。問いて云わく、別意の弘願と云うこといかん。答えて云わく、三身同證の位の願には非ず。故に別意と云うなり。

一、「一切善悪凡夫得生者[*4]」等云う事。

疑いて云わく、『大経』の中にこの文見ず、いかん。答えて云わく、四十八願の文なり。いわゆる第十八願に「十方衆生至心信楽欲生我国乃至十念若不生者不取正覚[*5]」文。この願、既に成就して正覚を取りたまえり。これ則ち衆生往生の強縁なり。十方衆生とは善・悪の凡夫なり。この道理をもって、意を取りて引きたまうなり。問いて云わく、本願の十方衆生とは善・悪の凡夫と云うこと、いかん。

＊1 「其要門者。即此観經定散二門是也。定即息慮以凝心。散即廢悪以修善。」（『大正蔵』三七・二四六頁中）
＊2 「廻斯二行求願往生也」（『大正蔵』三七・二四六頁中）
＊3 「言弘願者如大經説。」（『大正蔵』三七・二四六頁中）
＊4 「一切善悪凡夫得生者莫不皆乘阿彌陀佛大願業力爲増上縁也」（『大正蔵』三七・二四六頁中）
＊5 「設我得佛。十方衆生至心信樂。欲生我國乃至十念。若不生者不取正覺。」（『大正蔵』十二・二六八頁上）

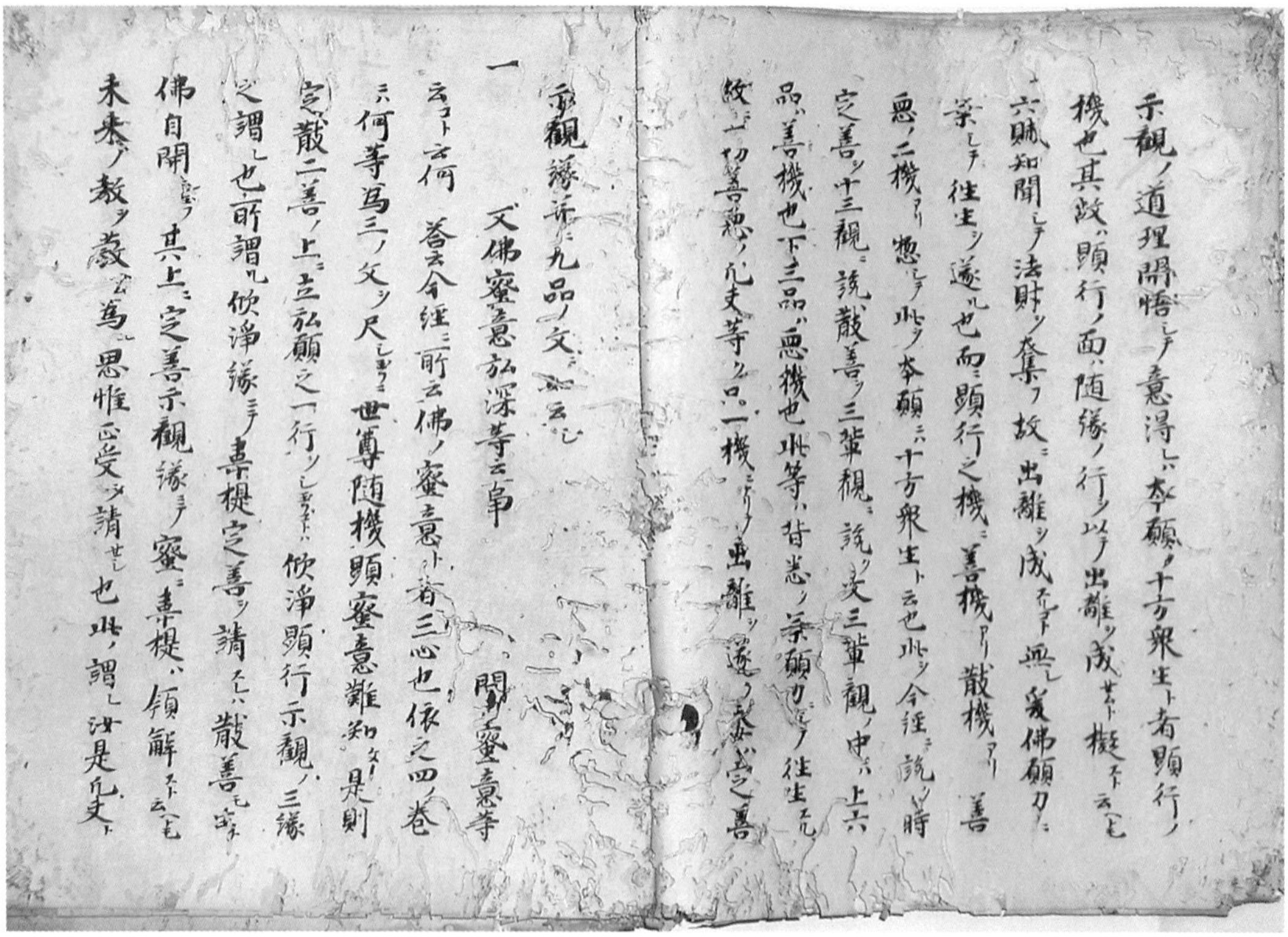

（十七丁左）

示観《ノ》道理開悟《シテ》意淂《レハ》本願《ノ》十方衆生《ト》者顕行《ノ》
機也其故《ハ》顕行《ノ》面《ハ》随縁《ノ》行《ヲ》以《テ》出離《ヲ》成《セムト》擬《スト》云《ヘトモ》
六賊知聞《シテ》法財《ヲ》奪《フ》故《ニ》出離《ヲ》成《スルコト》無《シ》爰佛願力《ニ》
乗《シテ》往生《ヲ》遂《ル》也而《ニ》顕行之機《ニ》善機《アリ》㪚機《アリ》善
悪《ノ》二機《アリ》惣《シテ》此《ヲ》本願《ニハ》十方衆生《ト》云也此《ヲ》今経《ニ》説《ク》時
㝎善《ヲ》十三観《ニ》説㪚善《ヲ》三輩観《ニ》説《ク》又三輩観《ノ》中《ニハ》上六
品《ハ》善機也下三品《ハ》悪機也此等《ハ》皆悉《ク》乗願力《ニ》《シテ》往生《スル》
故《ニ》一切善悪《ノ》凢夫等《ク》只一機《ニナリテ》出離《ヲ》遂《ク》委《ハ》㝎善

（十八丁右）

示観縁并《ニ》九品《ノ》文《ニ》如云《シ》
一　又佛蜜意弘深等云事　問[redacted]蜜意等
云《コト》云何　荅云今経《ニ》昕云佛《ノ》蜜意《ト》者三心也依之四《ノ》巻《ニハ》
何等為三《ノ》文《ヲ》尺《シ玉フニ》世尊随機顕蜜意難知《文ト》是則
㝎㪚二善《ノ》上《ニ》立弘願之一行《ヲ》《シ玉フコトハ》欣浄顕行示観《ノ》三縁
之謂《レ》也昕謂《ル》欣浄縁《ニテ》韋提㝎善《ヲ》請《スレハ》㪚善《モ》生《ト》
佛自開《シ玉フ》其上《ニ》㝎善示観縁《ニテ》蜜《ニ》韋提《ハ》領解《スト》云《ヘトモ》
未来《ノ》教《ヲ》裁《サム》為《ニ》思惟正受《ヲ》請《セシ》也此《ノ》謂《レ》汝是凢夫《ト》

【十七丁左】

答えて云わく、定善示観の道理、開悟して意得れば、本願の十方衆生とは顕行の機なり。その故は、顕行の面は随縁の行をもって出離を成ぜんと擬すと云えども、六賊知聞して法財を奪う。故に出離を成ずることなし。ここに佛願力に乗じて往生を遂ぐるなり。しかるに顕行の機に善機あり、散機あり、善・悪の二機あり。惣じてこれを本願には十方衆生と云うなり。これを今経に説く時、定善を十三観に説く。散善を三輩観に説く。また三輩観の中には、上六品は善機なり。下三品は悪機なり。これらは皆悉く願力に乗じて往生する。故に一切善・悪の凡夫等《ひと》しく、ただ一機になりて出離を遂ぐ。

【十八丁右】

委《くわしく》は定善示観縁、并《ならび》に九品の文に云うが如し。

一、「又佛密意弘深」[*1]等云う事。

問いて云わく[*2]、「密意」等云うこと、いかん。答えて云わく、今経に云うところの佛の密意とは三心なり。これによって四の巻には「何等爲三」[*3]の文を釈したまうに、「世尊随機顕密意難知」[*4]文と。これ則ち定・散二善の上に弘願の一行を立したまうことは、欣浄・顕行・示観の三縁の謂れなり。いわゆる欣浄縁にて、韋提定善を請すれば散善も生ずと。佛自開したまうその上に、定善示観縁にて密に韋提は領解すと云えども、未来の教を発さん為に思惟正受を請ぜしなり。

＊1 「又佛密意弘深。教門難曉。」（『大正蔵』三七・二四六頁中）
＊2 「云」を大谷大学蔵本より補う
＊3 「發三種心即便往生。何等爲三。一者至誠心。二者深心。三者迴向發願心。」（『大正蔵』十二・三四四頁下）
＊4 「正明辨定三心以爲正因。即有其二。一明世尊隨機顯益意密難知非佛自問自徵無由得解。二明如來還自答前三心之數。」（『大正蔵』三七・二七〇頁下）

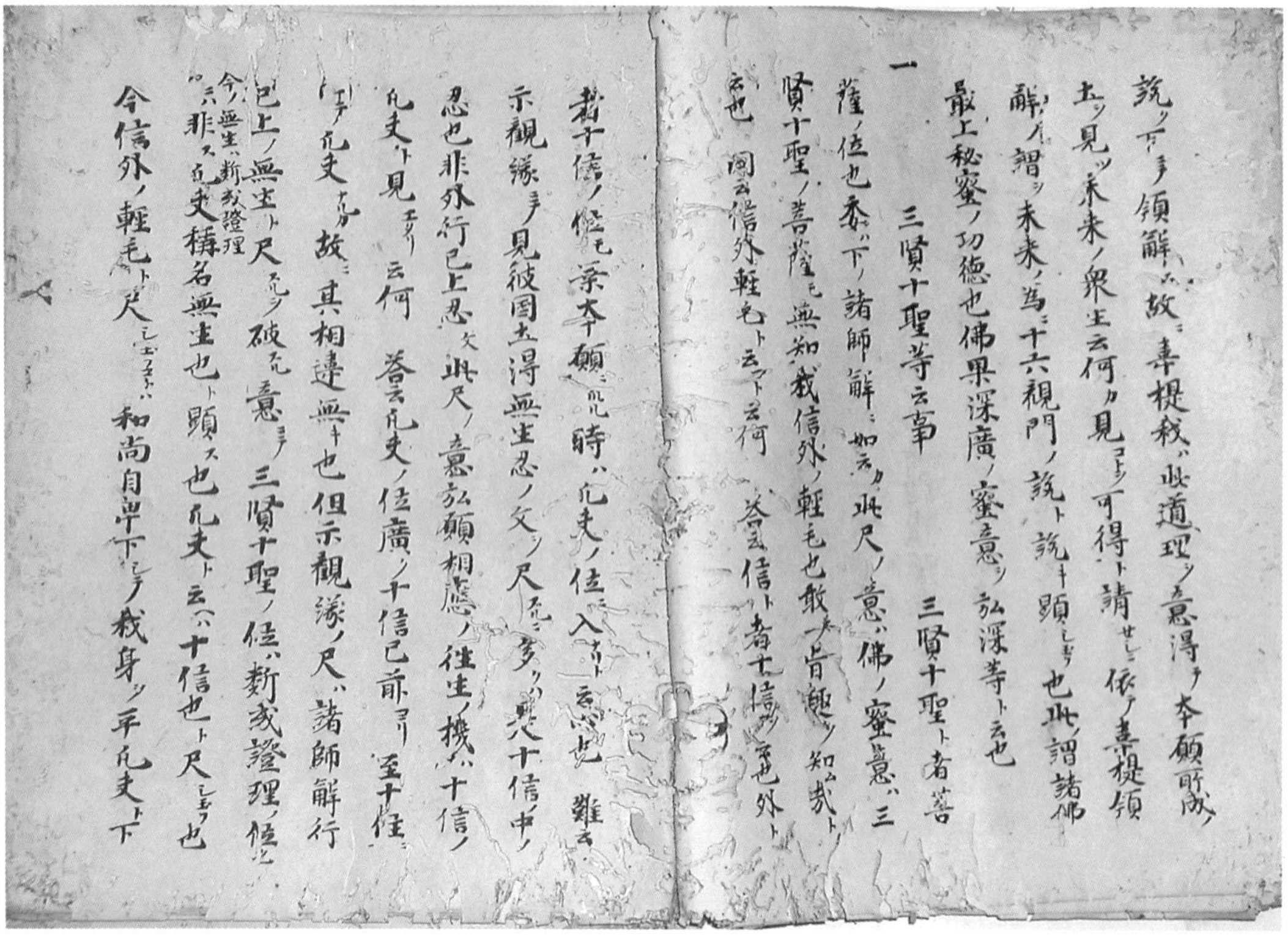

（十八丁左）

說《ク》下《ニテ》領解《ス》故《ニ》韋提我《ハ》此道理《ヲ》意得《テ》本願所成《ノ》

土《ヲ》見《ツ》未来《ノ》衆生云何《カ》見《コトヲ》可得《ト》一請《セシニ》依《テ》韋提領

解《ノ》謂《ヲ》未来《ノ》爲《ニ》十六観門《ノ》說《ト》說《キ》顕《シ玉フ》也此《ノ》謂諸佛

最上秘蜜《ノ》功德也佛果深廣《ノ》蜜意《ヲ》弘深等《ト》云也

一　三賢十聖等云事　三賢十聖《ト》者菩

薩《ノ》位也委《ハ》下《ノ》諸師解《ニ》如云一《カ》此尺《ノ》意《ハ》佛《ノ》蜜意《ハ》三

賢十聖《ノ》菩薩《モ》無知一我信外《ノ》軽毛也敢《テ》旨趣《ヲ》知《ム》𢦏《ト》

云也　問云信外軽毛《ト》云《コト》云何　荅云信《ト》者十信《ヲ》云也外《ト》

（十九丁右）

者十信《ノ》位《モ》乗本願《ニ》一《爪ル》時《ハ》凡夫《ノ》位《ニ》入《ナリト》云心也　難云

示観縁《ニテ》見彼国土得無生忍《ノ》文《ヲ》尺《スルニ》多《クハ》是十信《ノ》中《ノ》

忍也非外行已上忍一《文》此尺《ノ》意弘願相應《ノ》往生《ノ》機《ハ》十信《ノ》

凡夫《ト》見《エタリ》云何　荅云凡夫《ノ》位廣《ク》十信已前《ヨリ》至十住一《ニ》《マテ》

凡夫《ナルカ》故《ニ》其相違無《キ》也但示観縁《ノ》尺《ハ》諸師解行

已上《ノ》無生《ト》尺《スルヲ》破《スル》意《ニテ》三賢十聖《ノ》位《ハ》断惑證理《ノ》位也

今ノ無生ハ断惑證理

○非《ニハ》凡《ス》夫稱名無生也《ト》顕《ス》也凡夫《ト》云《ヘハ》十信也《ト》尺《シ玉フ》也

今信外《ノ》軽毛《ト》尺《シ玉フコトハ》和尚自卑下《シテ》我身《ヲ》平凡夫《ト》下

【十八丁左】

この謂れ「汝是凡夫」と説く下にて領解す。故に韋提、我はこの道理を意得て本願所成の土を見つ。未来の衆生いかんが見んことを得べきと請ぜしによって、韋提領解の謂れを未来の為に十六観門の説と説き顕わしたまうなり。この謂れ、諸仏最上秘密の功徳なり。仏果深広の密意を「弘深」等と云うなり。

一、「三賢十聖[*1]」等云う事。

「三賢十聖」とは菩薩の位なり。委しくは下の諸師解に云うが如し。この釈の意は、仏の密意は三賢十聖の菩薩も知ることなし。我信外の軽毛なり。敢て旨趣を知らんやと云うなり。問いて云わく、「信外の軽毛[*2]」と云うこと、いかん。答えて云わく、信とは十信を云うなり。

【十九丁右】

外とは、十信の位も本願に乗ずる時は凡夫の位に入るなりと云う心なり。難じて云わく、示観縁にて「見彼国土得無生忍[*3]」の文を釈するに、多くはこれ十信の中の忍なり。「非外行已上忍[*4]」文、この釈の意、弘願相応の往生の機は十信の凡夫と見えたり、いかん。答えて云わく、凡夫の位、広く十信以前より十住に至るまで凡夫なるが故にその相違なきなり。ただし示観縁の釈は諸師、解行已上の無生と釈するを破する意にて、三賢十聖の位は断惑證理の位なり。今の無生は断惑證理にはあらず。凡夫称名無生なりと顕わすなり。凡夫と云えば十信なりと釈したまうなり。今、信外の軽毛と釈したまうことは、和尚自ら卑下して我身を平《ひら》凡夫と下《くだ》したまうなり。

＊1 「三賢十聖弗測所闚」(『大正蔵』三七・二四六頁中)
＊2 「況我信外輕毛敢知旨趣」(『大正蔵』三七・二四六頁中)
＊3 「以佛力故。當得見彼清淨國土。如執明鏡自見面像。見彼國土極妙樂事。心歡喜故。應時即得無生法忍。」(『大正蔵』十二・三四一頁下)
＊4 「此多是十信中忍。非解行已上忍也。」(『大正蔵』三七・二六〇頁下)

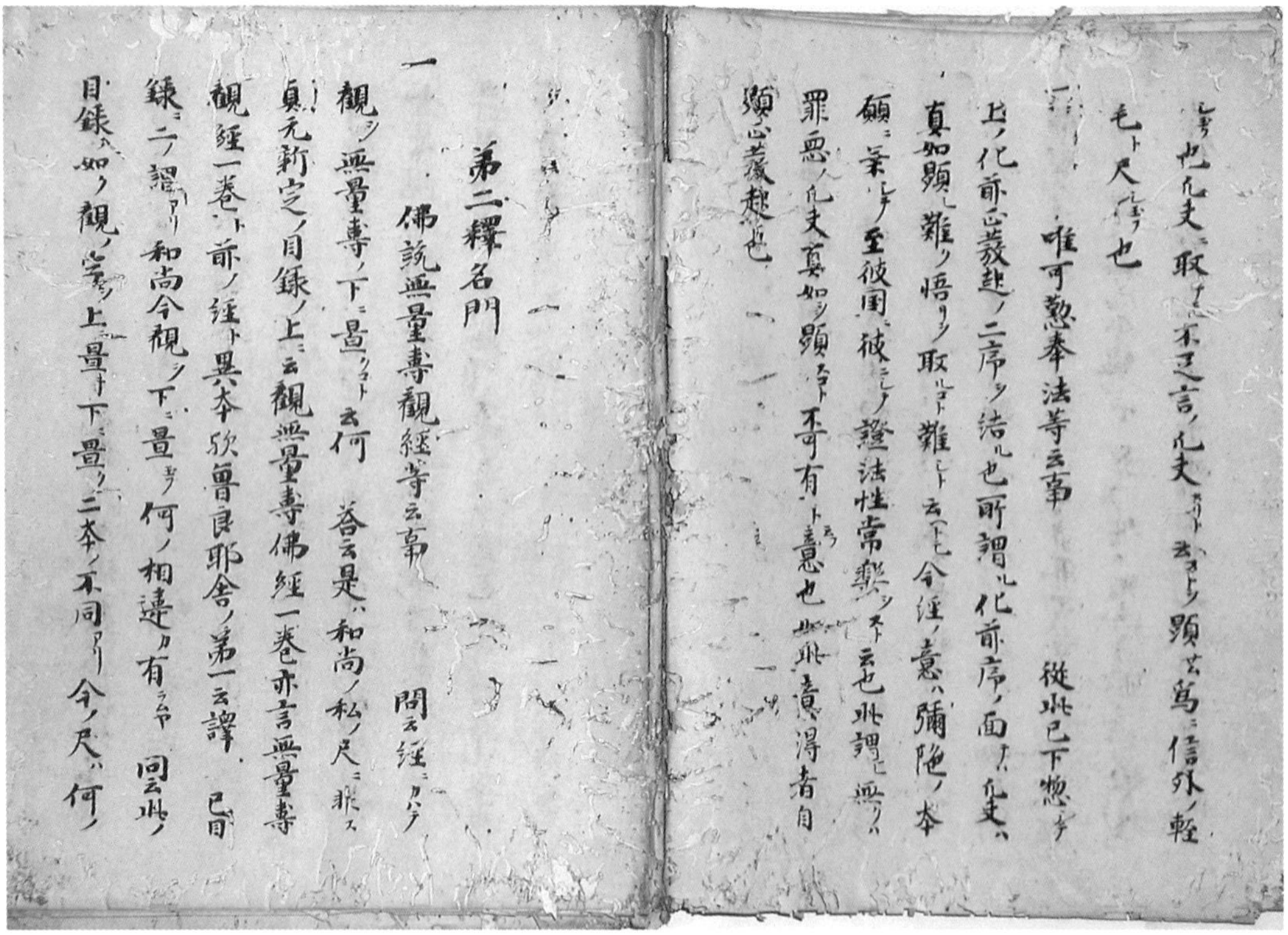

（十九丁左）
《シ玉フ》也凡夫《ニ》取《テモ》不足言《ノ》凡夫《ナリト》云《コトヲ》顕《サム》為《ニ》信外《ノ》軽
毛《ト》尺《シ玉フ》也
一　唯可懃奉法等云事　従此已下惣《シテ》
上《ノ》化前正蕟起《ノ》二序《ヲ》結《ル》也所謂《ル》化前序《ノ》面《テハ》凡夫《ハ》
真如顕《シ》難《ク》悟《リヲ》取《ルコト》難《シト》云《ヘトモ》今経《ノ》意《ハ》彌陁《ノ》本
願《ニ》乗《シテ》至彼国㆒《ニ》彼《ニシテ》證法性常樂《ヲ》㆒《スト》云也此謂《レ》無《クハ》
罪悪《ノ》凡夫真如《ヲ》顕《スコト》不可有㆒《ト云フ》意也如此㆒意淂者自
顕正蕟起㆒也

（二十丁右）
第二釋名門
一　佛説無量壽観経等云事　問云経《ニ》《カハテ》
観《ヲ》無量壽《ノ》下《ニ》置《クコト》云何　荅云是《ハ》和尚《ノ》私《ノ》尺《ニ》非《ス》
貞元新定《ノ》目録《ノ》上《ニ》云観無量壽佛経一巻亦言無量壽
観経一巻㆒前《ト》経《ノ》異本《ト》欤畺良耶舎《ノ》第一云譯　已目《ニ》
録《ニ》二《ノ》謂《アリ》和尚今観《ヲ》下《ニ》置《玉フ》何《ノ》相違《カ》有《ラムヤ》　問云此《ノ》
目録《ノ》如《ク》観《ノ》字《ヲ》上《ニ》置《キ》下《ニ》置《ク》二本《ノ》不同《アリ》今《ノ》尺《ハ》何《ノ》

【十九丁左】

凡夫にとっても不足言の凡夫なりと云うことを顕わさん為に、信外の軽毛と釈したまうなり。

一、「唯可勤奉法」[*1]等云う事。

これより已下、惣じて上の化前・正発起の二序を結するなり。いわゆる化前序の面《おもて》は、凡夫は真如顕わし難く、悟りを取ること難しと云えども、今経の意は弥陀の本願に乗じて彼の国に至り、彼《かしこ》にして法性常楽を證すと云うなり。この謂れ無くば罪悪の凡夫、真如を顕わすことあるべからずと云う意なり。かくのごとく意得るとは、自ら正発起を顕わすなり。

【二十丁右】

第二釈名門

一、「仏説無量寿観経」[*2]等云う事。

問いて云わく、経にかわって観を無量寿の下に置くこと、いかん。答えて云わく、これは和尚の私の釈にあらず。貞元新定の目録の上に「観無量寿仏経一巻亦無量寿観経一巻」[*3]と云う。前の経と異本か。畺良耶舎の第一と云う訳、已に目録に二の謂れあり。和尚、今観を下に置きたまう。何の相違かあらん。問いて云わく、この目録の如く観の字を上に置き、下に置く二本の不同あり。今の釈は、何の本によって釈したまうぞや。

＊1　「唯可勤心奉法畢命爲期。捨此穢身。即證彼法性之常樂。此即略標序題竟」（『大正蔵』三七・二四六頁中）
＊2　「第二次釋名者。經言佛説無量壽觀經一巻。」（『大正蔵』三七・二四六頁中）
＊3　「觀無量壽佛經一巻。亦云無量壽觀經初出見道慧録及高僧傳」（『大正蔵』五五・八二〇頁下）

（二十丁左）
本《ニヨテ》尺《シ玉フソ》𢦏　荅云文相《ノ》次第流布《ノ》經《ニ》依《ルト》見《ヘタリ》
疑云世流布《ノ》經《ニ》依《ルト》云《ハ》經《ノ》如《ク》上《ニ》畳《ヘシ》云何　荅云上《ニ》畳《キ》下《ニ》
畳《ト》云《フコトハ》只是一事也《ト》云《コトヲ》爲題也　難云上下只一《ナリト》云《ハ》
經《ノ》如《ク》観《ヲ》上《ニ》畳《ヘシ》仍《テ》經《ニカハテ》下《ニ》畳《ク》以《テ》可知其意可異《ナル》
云《コト》依之《テ》龍興《ノ》尺《ニハ》上《ニ》畳《ト》者是観察《ノ》義也下《ニ》畳《ト》
者是観行《ノ》義也觀無量壽經無量壽観經《ト》可云《シト》
云《ヘリ》此尺《ノ》道《理》叶《ヘリ》云何　荅云實《ニ》上下一同《ナリト》云《ヘトモ》委《ク》
云《ヘハ》其差別無《キニ》非《ス》昕謂《ル》上《ニ》畳《ニ》二《ノ》謂《レ》有《リ》一《ニハ》能観《ノ》

（二十一丁右）
観是𡧃善観也二《ニハ》示観《ノ》観此《ハ》領解《ノ》一心也下《ニ》畳《クハ》
一向示観《ノ》観《ナリト》云《フコトヲ》顕《爪》其故《ハ》正宗《ノ》十六観《ヲ》以《テ》首題
観《ノ》名《ト》也《ル》而《ニ》定散等《ク》観《ト》名《ルコトハ》三心領解《ノ》謂《レ》也
此《ヲ》正囙《ト》名《ク》又能詮《ト》云《フ》故《ニ》此經諸經《ニカハテ》𡧃散能詮《ト》
顕《ル》故《ニ》殊《ニ》示観《ノ》観《ノ》面《テ》此經《ノ》名《トスルコトヲ》顕《シテ》下《ニ》畳《テ》
示観《ノ》謂《ヲ》顕《ス》也但龍興《ノ》尺《ハ》彼《ノ》師《ハ》正囙正行《ノ》謂《ヲ》不
存只顕行《ノ》面《ニテ》尺《スル》故《ニ》今經《ノ》本意《ニハ》不可叶仍彼尺《ヲ》
以《テ》今師《ノ》尺《ヲ》不可難《ス》　問云經《ニ》観《ヲ》上《ニ》畳《クニ》二《ノ》謂《アリト》云《コト》

【二十丁左】

答えて云わく、文相の次第、流布の経によると見えたり。疑いて云わく、世流布の経によると云わば、経の如く上に置くべし、いかん。答えて云わく、上に置き下に置くと云うことは、ただこれ一事なりと云うことを顕わす為なり。難じて云わく、上・下ただ一なりと云わば経の如く観を上に置くべし。よって経にかわって下に置く。もって知るべし。その意異なるべしと云うこと、これによって龍興の釈には、上に置くとはこれ観察の義なり、下に置くとはこれ観行の義なり、『観無量寿経』・『無量寿観経』と云うべしと云えり。この釈の道理叶えり、いかん。答えて云わく、実に上・下一同なりと云えども、委しく云えばその差別なきにあらず。いわゆる上に置くに二の謂れあり。


【二十一丁右】

一には能観の観、これ定善観なり。二には示観の観、これは領解の一心なり。下に置くは一向示観の観なりと云うことを顕わす。その故は、正宗の十六観をもって首題の観と名づくるなり。しかるに定・散等しく観と名づくることは、三心領解の謂れなり。これを正因と名づく。また能詮と云う。故にこの経、諸経にかわって定散・能詮と顕わる。故に殊に示観の観の面でこの経の名とすることを顕わして、下に置きて示観の謂れを顕わすなり。ただし龍興の釈は、彼の師は正因・正行の謂れを存ぜず。ただ顕行の面にて釈する故に、今経の本意には叶うべからず。よって彼の釈をもって今師の釈を難ずべからず。問いて云わく、経に観を上に置くに二の謂れありと云うこと、いかん。

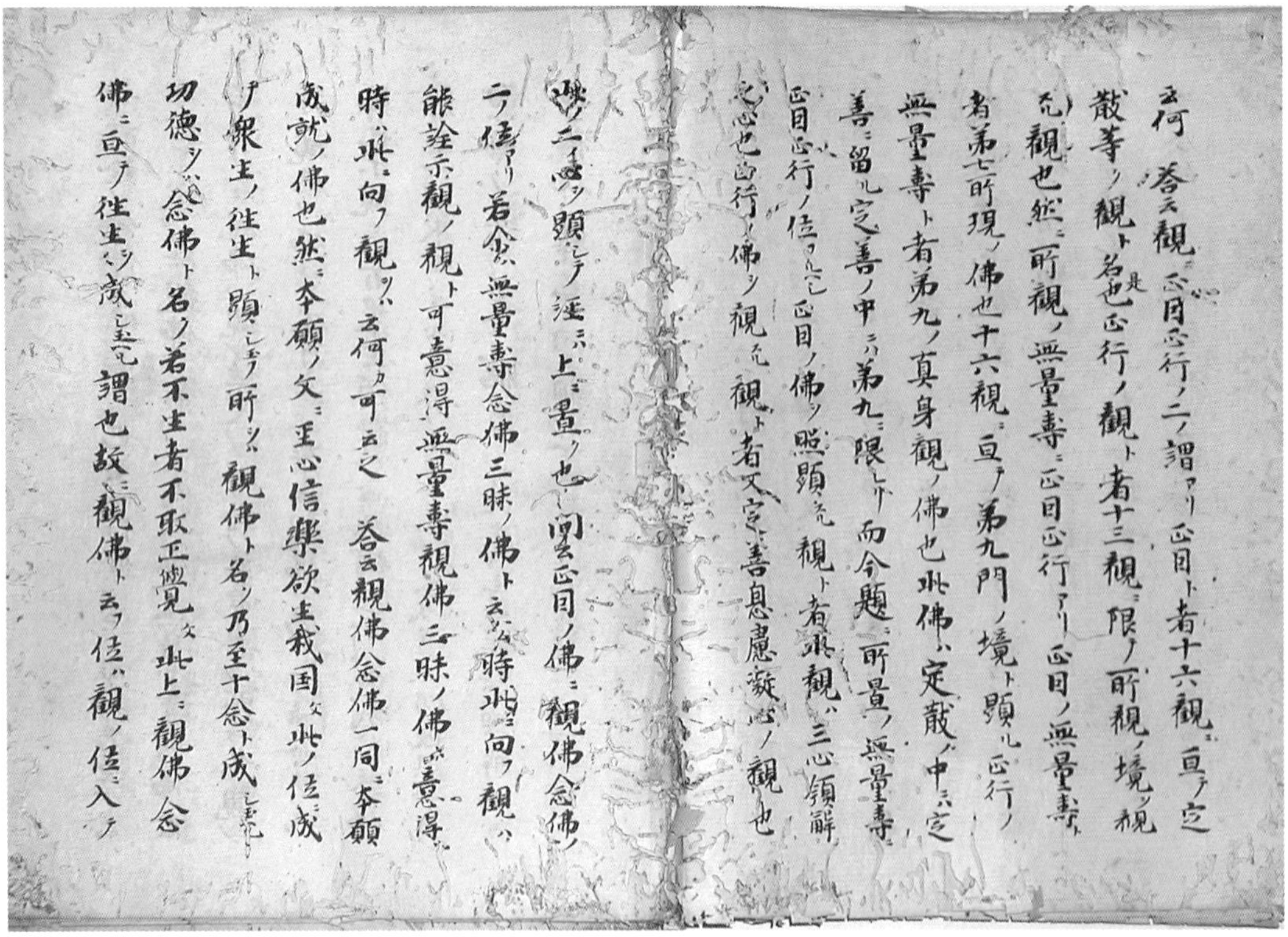

（二十一丁左）

云何　荅云観《ニ》正回正行《ノ》二《ノ》謂《アリ》正回《ト》者十六観《ニ》亘《テ》㝎
散等《ク》観《ト》名○《是》也正行《ノ》観《ト》者十三観《ニ》限《テ》所観《ノ》境《ヲ》観《スル》
観也然《ニ》所観《ノ》無量壽《ニ》正回正行《アリ》正回《ノ》無量壽《ト》
者第七所現《ノ》佛也十六観《ニ》亘《テ》第九門《ノ》境《ト》顕《ル》正行《ノ》
無量壽《ト》者第九《ノ》真身観《ノ》佛也此佛《ハ》定散《ノ》中《ニハ》㝎
善《ニ》留《ル》㝎善ノ中《ニハ》第九《ニ》限《レリ》而今題《ニ》所畳《ノ》一無量壽《ニ》
正回正行《ノ》位《アルヘシ》　正回《ノ》佛《ヲ》照顕《スル》観《ト》者此観《ハ》三心領解
之心也正行《ノ》佛《ヲ》観《スル》観《ト》者又㝎善息慮凝心《ノ》観也

（二十二丁右）

此《ノ》二《ノ》心《ヲ》顕《シテ》経《ニハ》上《ニ》畳《ク》也　問云正回《ノ》佛《ニ》観佛念佛《ノ》
二《ノ》位《アリ》若介《ハ》無量壽念佛三昧《ノ》佛《ト》云《ハム》時此《ニ》向《フ》観《ハ》
能詮示観《ノ》観《ト》可意淂一無量壽観佛三昧《ノ》佛《ト》意淂《ル》
時《ハ》此《ニ》向《フ》観《ヲハ》云何《カ》可云一之　荅云観佛念佛一同《ニ》本願
成就《ノ》佛也然《ニ》本願《ノ》文《ニ》至心信楽欲生我国《文》此《ノ》位《ニ》成《テ》
衆生《ノ》往生《ト》顕《シ玉フ》所《ヲハ》観佛《ト》名《ク》乃至十念《ト》成《シ玉ヘル》
功徳《ヲハ》念佛《ト》名《ク》若不生者不取正覺《文》此上《ニ》観佛念
佛《ニ》亘《テ》往生《ヲ》成《シ玉ヘル》謂也故《ニ》観佛《ト》云《フ》位《ハ》観《ノ》位《ニ》入《テ》

【二十一丁左】

答えて云わく、観に正因・正行の二の謂れあり。正因とは十六観に亘《わた》って定・散等しく観と名づく、これなり。正行の観とは、十三観に限りて所観の境を観する観なり。しかるに所観の無量寿に正因・正行あり。正因の無量寿とは第七所現の佛なり。十六観に亘って第九門の境と顕わる正行の無量寿とは、第九の真身観の佛なり。この佛は定・散の中には定善に留まる。定善の中には第九に限れり。しかるに今題に置く所の無量寿に正因・正行の位あるべし。正因の佛を照顕する観とは、この観は三心領解の心なり。正行の佛を観ずる観とは、また定善・息慮・凝心の観なり。

【二十二丁右】

この二の心を顕わして経には上に置くなり。問いて云わく、正因の佛に観佛・念佛の二の位あり。若しくは無量寿念佛三昧の佛と云わん時、これに向かう観は能詮示観の観と意得べし。無量寿観佛三昧の佛と意得る時は、これに向かう観をばいかんがこれ云うべき。答えて云わく、観佛・念佛一同に本願成就の佛なり。しかるに本願の文に「至心信楽欲生我国」[*1]文、この位に成じて衆生の往生と顕わしたまう所をば観佛と名づく。乃至十念と成じたまえる功徳をば念佛と名づく。「若不生者不取正覚」[*2]文、この上に観佛・念佛に亘りて往生を成じたまえる謂れなり。故に観佛と云う位は観の位に入りて、共に所詮の念佛三昧を顕わすなり。

＊1 「設我得佛。十方衆生至心信樂。欲生我國乃至十念。若不生者不取正覺。」(『大正蔵』十二「佛説無量壽經巻上」・二六八頁上)
＊2 「設我得佛。十方衆生至心信樂。欲生我國乃至十念。若不生者不取正覺。」(『大正蔵』十二・二六八頁上)

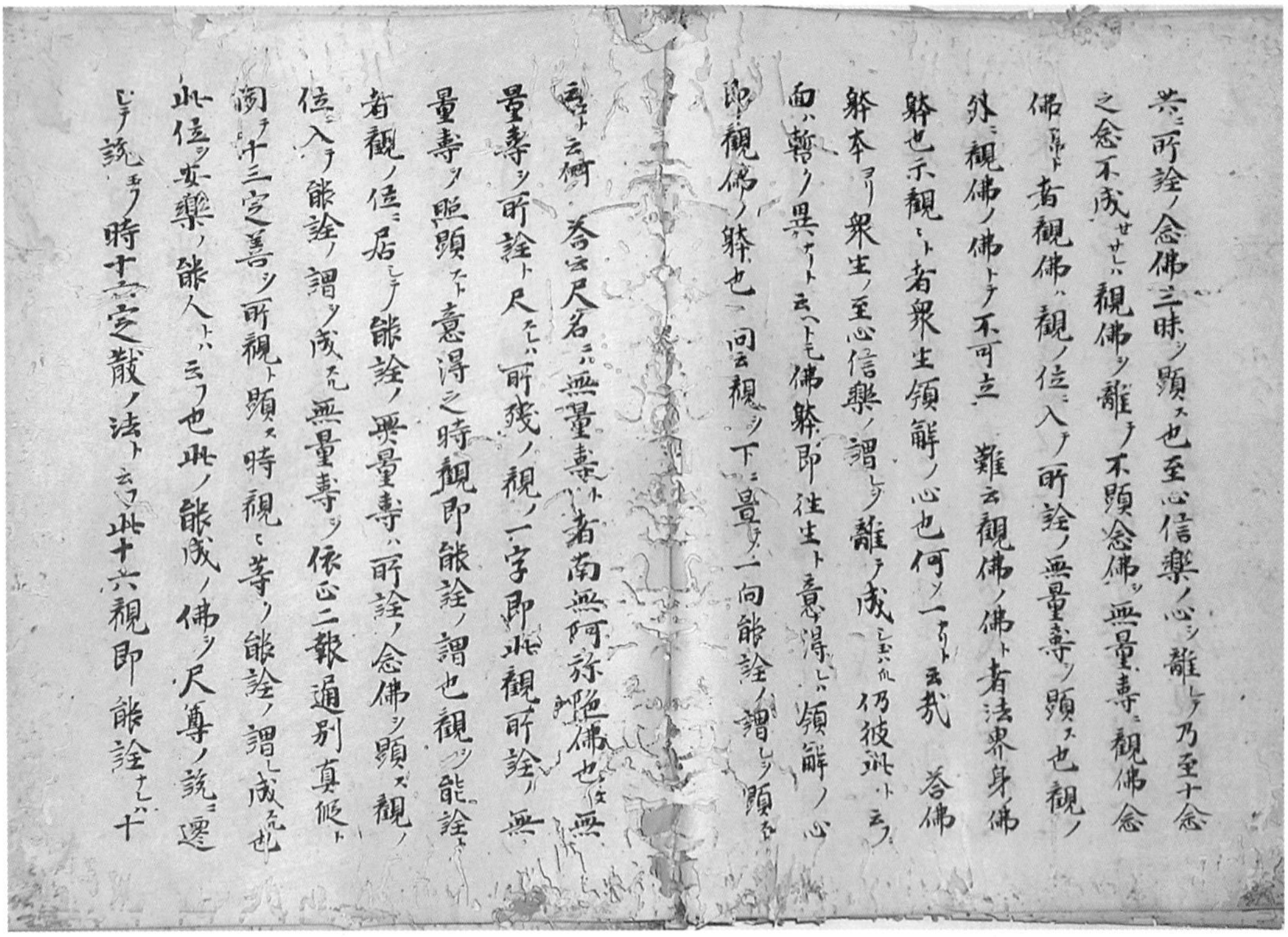

（二十二丁左）
共《ニ》所詮《ノ》念佛三昧《ヲ》顕《ス》也至心信樂《ノ》心《ヲ》離《レテ》乃至十念
之念不成《セサレハ》㆒観佛《ヲ》離《テ》不顕念佛㆒《ヲ》無量壽《ニ》観佛念
佛《アリト》者観佛《ハ》観《ノ》位《ニ》入《テ》所詮《ノ》無量壽《ヲ》顕《ス》也観《ノ》
外《ニ》観佛《ノ》佛《トテ》不可立㆒難云観佛《ノ》佛《ト》者法界身《ノ》佛
躰也示観〻《ト》者衆生領解《ノ》心也何《ソ》一《ナリト》云哉　荅佛
躰本《ヨリ》衆生《ノ》至心信樂《ノ》謂《レヲ》離《テ》成《シ玉ハ爪》仍彼此《ト》云《フ》
面《ハ》暫《ク》異《ナリト》云《ヘトモ》佛躰即往生《ト》意淂《レハ》領解《ノ》心
即観佛《ノ》躰也　問云観《ヲ》下《ニ》置《テ》一向能詮《ノ》謂《レヲ》顕《スト》

（二十三丁右）
云《コト》云何　荅云尺名《ニハ》無量壽《ト》者南無阿弥陁佛也《文》無
量壽《ヲ》所詮《ト》尺《スレハ》所残㆒《ノ》観《ノ》一字即此観所詮《ノ》無
量壽《ヲ》照顕《スト》意淂之時観即能詮《ノ》謂也観《ヲ》能詮《ト》
者観《ノ》位《ニ》居《シテ》能詮《ノ》無量壽《ハ》所詮《ノ》念佛《ヲ》顕《ス》観《ノ》
位《ニ》入《テ》能詮《ノ》謂《ヲ》成《スル》無量壽《ヲ》依正二報通別真假《ト》
開《テ》十三定善《ヲ》所観《ト》顕《ス》時観〻等《ク》能詮《ノ》謂《レ》成《スル》也
此位《ヲ》安樂《ノ》能人《トハ》云《フ》也此《ノ》能成《ノ》佛《ヲ》尺尊《ノ》説《ニ》遷《シテ》
説《玉フ》時十六定散《ノ》法《ト》云《フ》此十六観即能詮《ナレハ》十

【二十二丁左】

至心信楽の心を離れて乃至十念の念、成ぜざれば観佛を離れて念佛を顕わさず。無量寿に観佛・念佛ありとは、観佛は観の位に入りて所詮の無量寿を顕わすなり。観の外に観佛の佛とて立つべからず。難じて云わく、観佛の佛とは法界身の佛体なり。示観の観とは衆生領解の心なり。何ぞ一なりと云う。答う。佛体、本《もと》より衆生の至心信楽の謂れを離れて成じたまわず。よってかれこれと云う面は暫く異なりと云えども、佛体即往生と意得れば、領解の心即観佛の体なり。問いて云わく、観を下に置きて一向能詮の謂れを顕わすと云うこと、いかん。

【二十三丁右】

答えて云わく、釈名には「無量寿者南無阿弥陀佛也」文。無量寿を所詮と釈すれば、残る所の観の一字即ちこの観、所詮の無量寿を照顕すと意得るの時、観即能詮の謂れなり。観を能詮とは、観の位に居して能詮の無量寿は所詮の念佛を顕わす。観の位に入りて能詮の謂れを成ずる無量寿を依・正二報、通・別、真・仮と開きて、十三定善を所観と顕わす時、観々等しく能詮の謂れを成ずるなり。この位を安楽の能人とは云うなり。この能成の佛を釈尊の説に遷して説きたまう時、十六定散の法と云う。この十六観即ち能詮なれば、十六はこれ観なり。

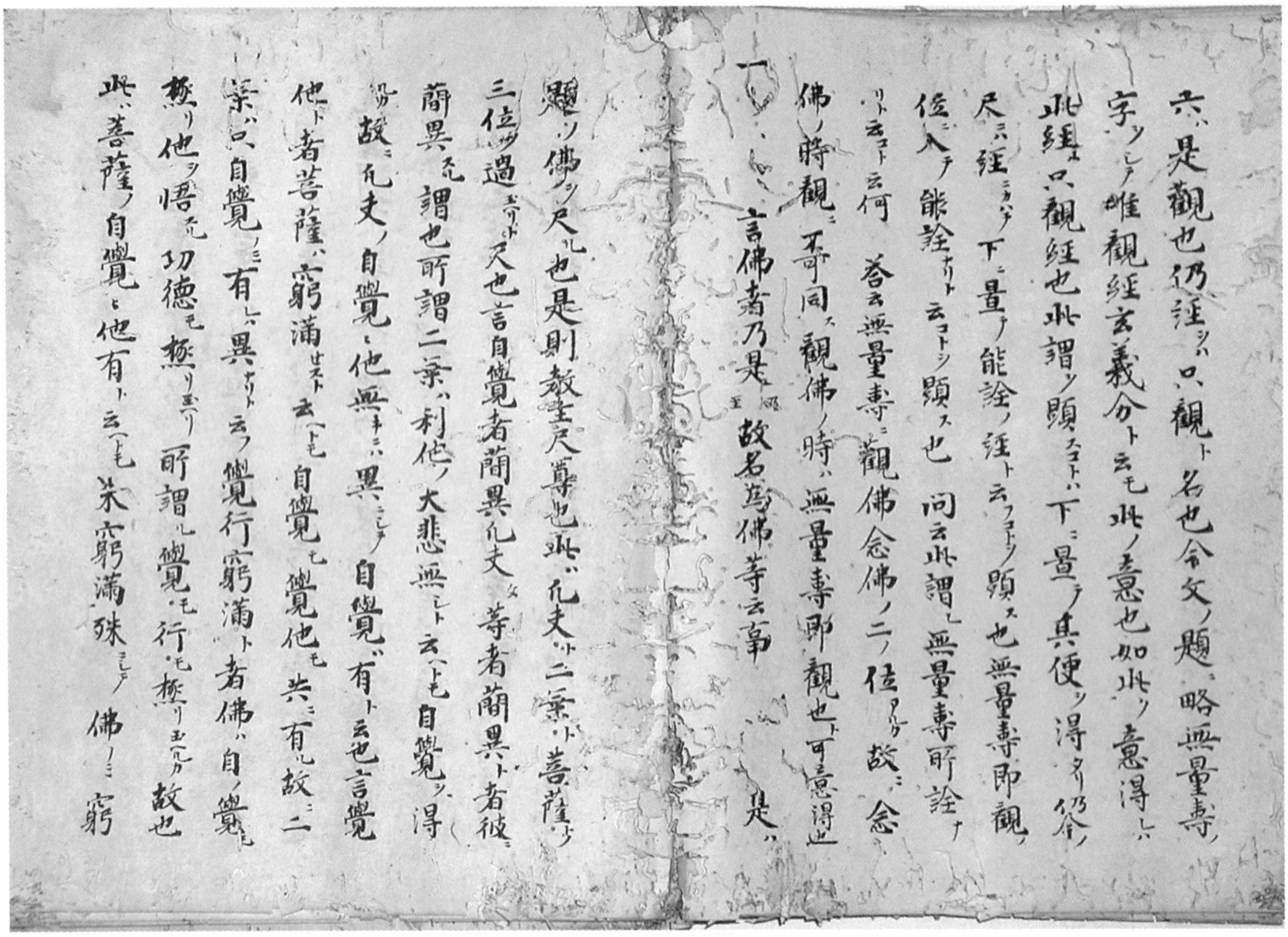

（二十三丁左）
六《ハ》是觀也仍經《ヲハ》只観《ト》名也今文《ノ》題《ニ》略無量壽《ノ》
字《ヲ》一《シテ》唯観經玄義分《ト》云《モ》此《ノ》意也如此一《ク》意淂《レハ》
此經《ハ》只観經也此謂《ヲ》顕《スコトハ》下《ニ》亶《テ》其便《ヲ》淂《タリ》仍今《ノ》
尺《ニハ》經《ニカハテ》下《ニ》亶《テ》能詮《ノ》經《ト》云《フコトヲ》顕《ス》也無量壽即観《ノ》
位《ニ》入《テ》能詮《ナリト》云《コトヲ》顕《ス》也問云此謂《レ》無量壽旳詮《ナ》
《リト》云《コト》云何　荅云無量壽《ニ》觀佛念佛《ノ》二《ノ》位《アルカ》故《ニ》念
佛《ノ》時観《ニ》不可同《ス》観佛《ノ》時《ハ》無量壽即観也《ト》可意淂也
一　言佛者乃是至乃故名爲佛等云事　是《ハ》

（二十四丁右）
題《ノ》佛《ヲ》尺《ル》也是則教主尺尊也此《ハ》凡夫《ト》二乘《ト》菩薩《トノ》
三位《ヲ》過《玉ヘリト》尺也言自覺者簡異凡夫《文》等者簡異《ト》者彼《ニ》
簡異《スル》謂也旳謂二乘《ハ》利他《ノ》大悲無《シト》云《ヘトモ》自覺《ヲ》淂
《ルカ》故《ニ》凡夫《ノ》自覺〻他無《キニハ》異《ニシテ》自覺《ハ》有《ト》云也言覺
他《ト》者菩薩《ハ》窮滿《セスト》云《ヘトモ》自覺《モ》覺他《モ》共《ニ》有《ル》故《ニ》二
乘《ハ》只自覺《ノミ》有《レハ》異《ナリト》云《フ》覺行窮滿《ト》者佛《ハ》自《ノ》覺《モ》
檦《リ》他《ヲ》悟《スル》功徳《モ》檦《リ玉ヘリ》旳謂《ル》覺《モ》行《モ》檦《リ玉ヘルカ》故也
此《ハ》菩薩《ノ》自覺〻他有《ト》云《ヘトモ》未窮滿一殊《ニシテ》佛《ノミ》窮

【二十三丁左】

よって経をばただ観と名づくるなり。今文の題に無量壽の字を略して、ただ『観経玄義分』と云うもこの意なり。かくのごとく意得れば、この経はただ『観経』なり。この謂れを顕わすことは、下に置きてその便を得たり。よって今の釈には経にかわって下に置きて、能詮の経と云うことを顕わすなり。無量寿即ち観の位に入りて能詮なりと云うことを顕わすなり。問いて云わく、この謂れ無量寿所詮なりと云うこと、いかん。答えて云わく、無量寿に観佛・念佛の二の位あるが故に念佛の時、観に同ずべからず。観佛の時は、無量寿即ち観なりと意得べきなり。

一、「言仏者乃是乃至故名為仏」[*1]等云う事。

【二十四丁右】

これは題の佛を釈するなり。これ則ち教主釈尊なり。これは凡夫と二乗と菩薩との三位を過ぎたまえりと釈すなり。「言自覚者簡異凡夫」[*2]文等は、簡異とは彼に簡異する謂れなり。いわゆる二乗は利他の大悲なしと云えども、自覚を得るが故に、凡夫の自覚々他なきには異にして、自覚はありと云うなり。「言覚他」[*3]とは、菩薩は窮満せずと云えども、自覚も覚他も共にある。故に二乗はただ自覚のみあれば異なりと云う。「覚行窮満」[*4]とは、佛は自らの覚も極まり、他を悟らする功徳も極まりたまえり。いわゆる覚も行も極まりたまえるが故なり。これは菩薩の自覚々他ありと云えども、未だ窮満せず。殊にして佛のみ窮満したまえりと云うなり。

＊1　「言佛者。乃是西國正音。此土名覺。自覺覺他覺行窮滿。名之爲佛。」（『大正蔵』三七・二四六頁中）
＊2　「言自覺者。簡異凡夫。此由聲聞狹劣唯能自利闕無利他大悲故。」（『大正蔵』三七・二四六頁中）
＊3　「言覺他者。簡異二乘。此由菩薩有智故能自利。有悲故能利他。常能悲智雙行不著有無也。」（『大正蔵』三七・二四六頁中）
＊4　「言覺行窮滿者。簡異菩薩。此由如來智行已窮時劫已滿出過三位故名爲佛。」（『大正蔵』三七・二四六頁中）

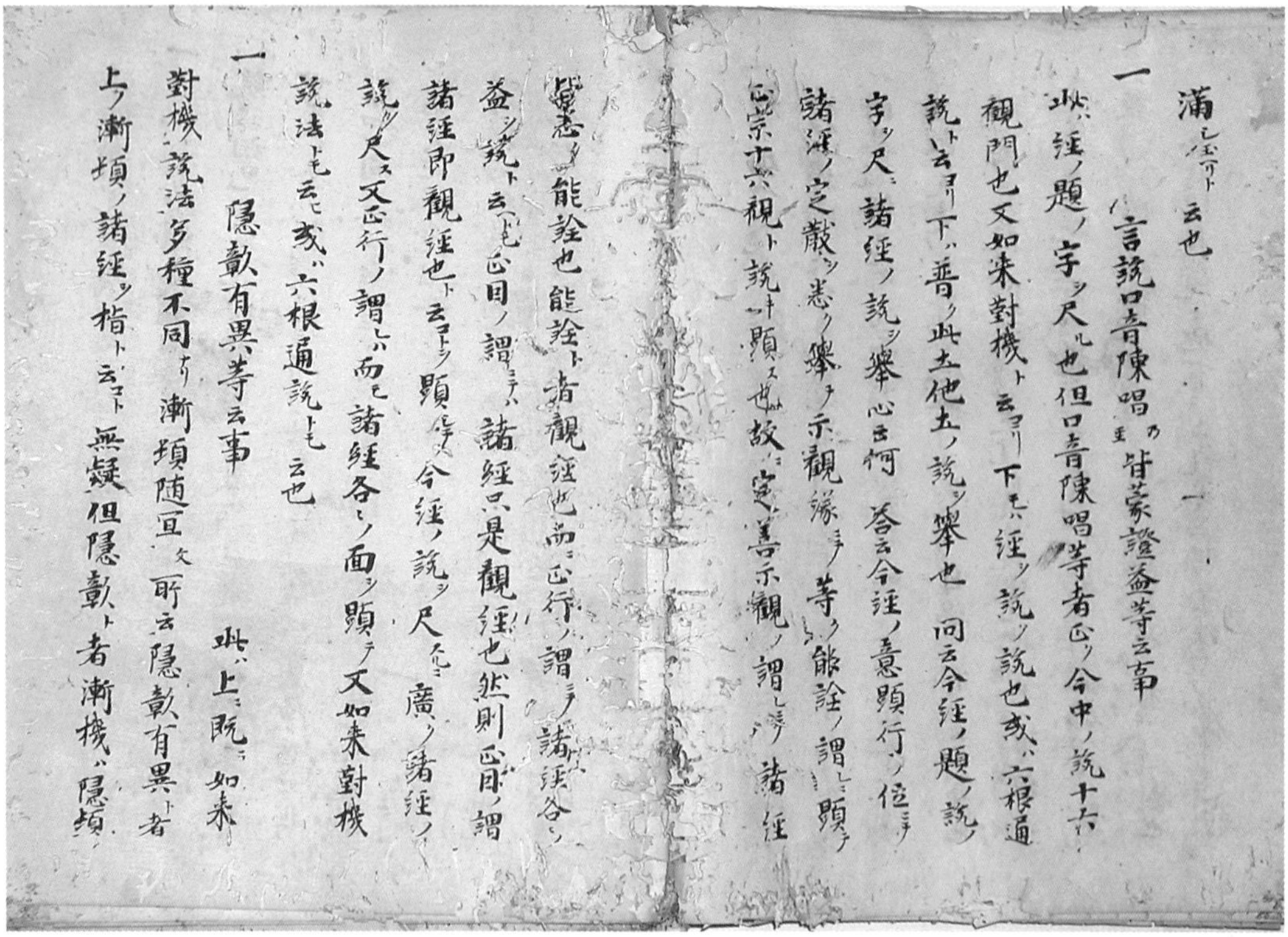

(二十四丁左)

滿《シ玉ヘリト》　云也

一　言說口音陳唱《至乃》皆蒙證益等云事

此《ハ》經《ノ》題《ノ》字《ヲ》尺《ル》也但口音陳唱等者正《ク》今中《ノ》說十六

觀門也又如来對機《ト》云《ヨリ》下《モハ》經《ヲ》說《ク》說也或《ハ》六根通

說《ト》云《ヨリ》下《ハ》普《ク》此土他土《ノ》說《ヲ》舉也　問云今經《ノ》題《ノ》說《ノ》

字《ヲ》尺《ニ》諸經《ノ》說《ヲ》舉心云何　荅云今經《ノ》意顕行《ノ》位《ニテ》

諸經《ノ》定散《ヲ》悉《ク》舉《テ》示觀緣《ニテ》等《ク》能詮《ノ》謂《レニ》顕《テ》

正宗十六觀《ト》說《キ》顕《ス》也故《ニ》定善示觀《ノ》謂《レニテ》　諸經

(二十五丁右)

皆悉《ク》能詮也能詮《ト》者觀經也而《ニ》正行《ノ》謂《ニテ》諸經各〻《ノ》

益《ヲ》說《ト》云《ヘトモ》正囙《ノ》謂《ニテハ》諸經只是觀經也然則正囙《ノ》謂

諸經即觀經也《ト》云《コトヲ》顕《シテ》今經《ノ》說《ヲ》尺《スルニ》廣《ク》諸經《ノ》

說《ヲ》尺《ス》又正行《ノ》謂《レハ》而《モ》諸經各〻《ノ》面《ヲ》顕《テ》又如来對機

說法《トモ》云《ヒ》或《ハ》六根通說《トモ》云也

一　　隠彰有異等云事　　此《ハ》上《ニ》既《ニ》如来

對機㆒說法㆒多種不同《ナリ》漸頓隨宜《文》㆓旳云㆓隠彰有異《ト》者

上《ノ》漸頓《ノ》諸經《ヲ》指《ト》云《コト》無疑㆒但隠彰《ト》者漸機《ハ》隠頓㆒

【二十四丁左】

一、「言説口音陳唱乃至皆蒙證益」[*1]等云う事。

これは経の題の字を釈するなり。ただし「口音陳唱」等は正しく今中の説、十六観門なり。また「如来対機」と云うより下は、経を説く説なり。或いは「六根通説」と云うより下は、普く此土・他土の説を挙ぐるなり。問いて云わく、今経の題の説の字を釈するに、諸経の説を挙ぐる心、いかん。答えて云わく、今経の意、顕行の位にて諸経の定・散を悉く挙げて、示観縁にて等しく能詮の謂れに顕われて、正宗十六観と説き顕わすなり。故に定善示観の謂れにて、諸経皆悉く能詮なり。

【二十五丁右】

能詮とは観経なり。しかるに正行の謂れにて諸経各々の益を説くと云えども、正因の謂れにては諸経ただこれ観経なり。しかれば則ち、正因の謂れ諸経即ち『観経』なりと云うことを顕わして今経の説を釈するに、広く諸経の説を釈す。また正行の謂れは、しかも諸経各々の面を顕わして、又「如来対機説法」とも云い、或は「六根通説」とも云うなり。

一、「隠彰有異」[*2]等云う事。

これは上に既に「如来機に対して法を説くこと多種不同なり。漸・頓宜しきに随う」文。云うところの「隠彰有異」とは、上の漸・頓の諸経を指すと云うこと疑いなし。

＊1　「言説者。口音陳唱故名爲説。又如來對機説法多種不同。漸頓隨宜。隱彰有異。或六根通説。相好亦然。應念隨縁。皆蒙證益也。」（『大正蔵』三七・二四六頁中）

＊2　前註参照

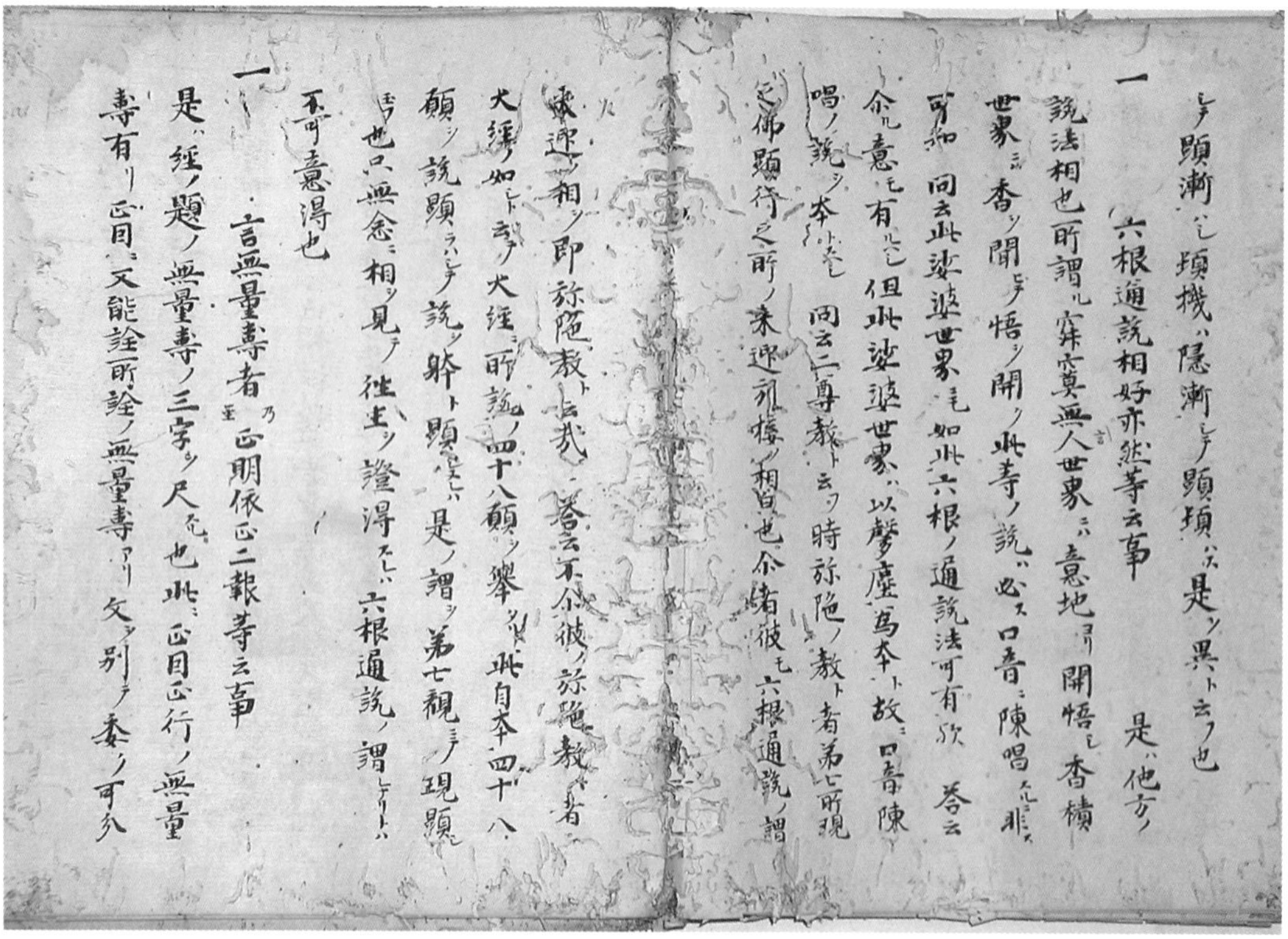

(二十五丁左)
《シテ》顕漸一《ハシ》頓機《ハ》隠漸一《シテ》顕頓一《ハス》是《ヲ》異《ト》云《フ》也
一　六根通説相好亦然等云事　是《ハ》他方《ノ》
説法相也旼謂《ル》穽寞無人世界《ニハ》意地《ヨリ》開悟《シ》香積
世界《ニハ》香《ヲ》聞《ヒテ》悟《ヲ》開《ク》此等《ノ》説《ハ》必《ス》口音《ニ》陳唱《スルニ》非《ス》
可知一　問云此娑婆世界《ニモ》如此一六根《ノ》通説法可有一欤　荅云
介《ル》意《モ》有《ルヘシ》但此娑婆世界《ハ》以聲塵一爲本一《ト》故《ニ》口音陳
唱《ノ》説《ヲ》本《トスヘシ》　問云二一尊教《ト》云《フ》時弥陀《ノ》教《ト》者第七旼現
之佛顕行之旼《ノ》来迎引接《ノ》相皃也介者彼《モ》六根通説《ノ》謂

(二十六丁右)
来迎《ノ》相《ヲ》即弥陀教《ト》云哉　荅云不介一彼《ノ》弥陀教《ト》者
大經《ノ》如《シト》云《テ》大經《ニ》旼説一《ノ》四十八願《ヲ》擧《タリ》此自本一四十八
願《ヲ》説顕《ラハシテ》説《ヲ》躰《ト》顕《ハシヌレハ》是《ノ》謂《ヲ》第七観《ニテ》現顕《シ》
《玉フ》也只無念《ニ》相《ヲ》見《テ》往生《ヲ》證淂《スレハ》六根通説《ノ》謂《レナリトハ》
不可意淂也
一　言無量壽者至乃正明依正二報等云事
是《ハ》經《ノ》題《ノ》無量壽《ノ》三字《ヲ》尺《スル》也此《ニ》正回正行《ノ》無量
壽有《リ》正回《ニ》又能詮旼詮《ノ》無量壽《アリ》文《ヲ》別《テ》委《ク》可分

【二十五丁左】

ただし隠彰とは、漸機は頓を隠して漸を顕わし、頓機は漸を隠して頓を顕わす。これを異と云うなり。

一、「六根通説相好亦然」[*1]等云う事。

これは他方の説法相なり。いわゆる舜莫無人世界には意地より開悟し、香積世界には香を聞きて悟りを開く。これらの説は必ず口音に陳唱するにあらず。知るべし。問いて云わく、この娑婆世界にもかくのごとく六根の通説法あるべきか。答えて云わく、しかる意もあるべし。ただしこの娑婆世界は聲塵をもって本となす故に、口音陳唱の説を本とすべし。問いて云わく、二尊教と云う時、弥陀の教とは第七所現の佛、顕行の所の来迎引接の相貌なり。しかれば彼も六根通説の謂れ、来迎の相を即ち弥陀教と云うや。

【二十六丁右】

答えて云わく、しからず。彼の弥陀教とは大経のごとしと云いて、大経に説くところの四十八願を挙げたり。これ本より四十八願を説き顕わして、説を体と顕わしぬれば、この謂れを第七観にて現顕したまうなり。ただ無念に相を見て往生を証得すれば、六根通説の謂れなりとは心得べからざるなり。

一、「言無量寿者乃至正明依正二報」[*2]等云う事。

これは経の題の無量寿の三字を釈するなり。これに正因・正行の無量寿あり。正因にまた能詮・所詮の無量寿あり。文を別して委しく分別すべし。

＊1　「或六根通説。相好亦然。」（『大正蔵』三七・二四六頁中）

＊2　「言無量壽者。乃是此地漢音。言南無阿彌陀佛者。又是西國正音。又南者是歸。無者是命。阿者是無。彌者是量。陀者是壽。佛者是覺。故言歸命無量壽覺。此乃梵漢相對其義如此。今言無量壽者是法。覺者是人。人法並彰故名阿彌陀佛。又言人法者是所觀之境。即有其二。一者依報。二者正報。就依報中即有其三。一者地下莊嚴。即一切寶幢光明互相映發等是。二者地上莊嚴。即一切寶地池林寶樓宮閣等是。三者虛空莊嚴。即一切變化寶宮華網寶雲化鳥風光動發聲樂等是。如前雖有三種差別。皆是彌陀淨國無漏眞實之勝相。此即總結成依報莊嚴也。又言依報者。從日觀下至華座觀已來總明依報。就此依報中即有通有別。言別者。華座一觀是其別依。唯屬彌陀佛也。餘上六觀是其通依。即屬法界之凡聖。但使得生者共同受用故言通也。又就此六中即有眞有假。言假者。即日想水想氷想等是其假依。由是此界中相似可見境相故。言眞依者。即從瑠璃地下至寶樓觀已來是其眞依。由是彼國眞實無漏可見境相故。二就正報中亦有其二。一者主莊嚴。即阿彌陀佛是。二者聖衆莊嚴。即現在彼衆及十方法界同生者是。又就此正報中亦有通有別。言別者。即阿彌陀佛是也。即此別中亦有眞有假。言假正報者。即第八像觀是也。觀音勢至等亦如是。此由衆生障重染惑處深。佛恐乍想眞容無由顯現。故使假立眞像以住心想。同彼佛以證境故言假正報也。言眞正報者。即第九眞身觀是也。此由前假正。漸以息於亂想心眼得開。粗見彼方清淨二報種種莊嚴以除昏惑。由除障故得見彼眞實之境相也。言通正報者。即觀音聖衆等已下是也。向來所言通別眞假者。正明依正二報」（『大正蔵』三七・二四六頁中～二四七頁上）

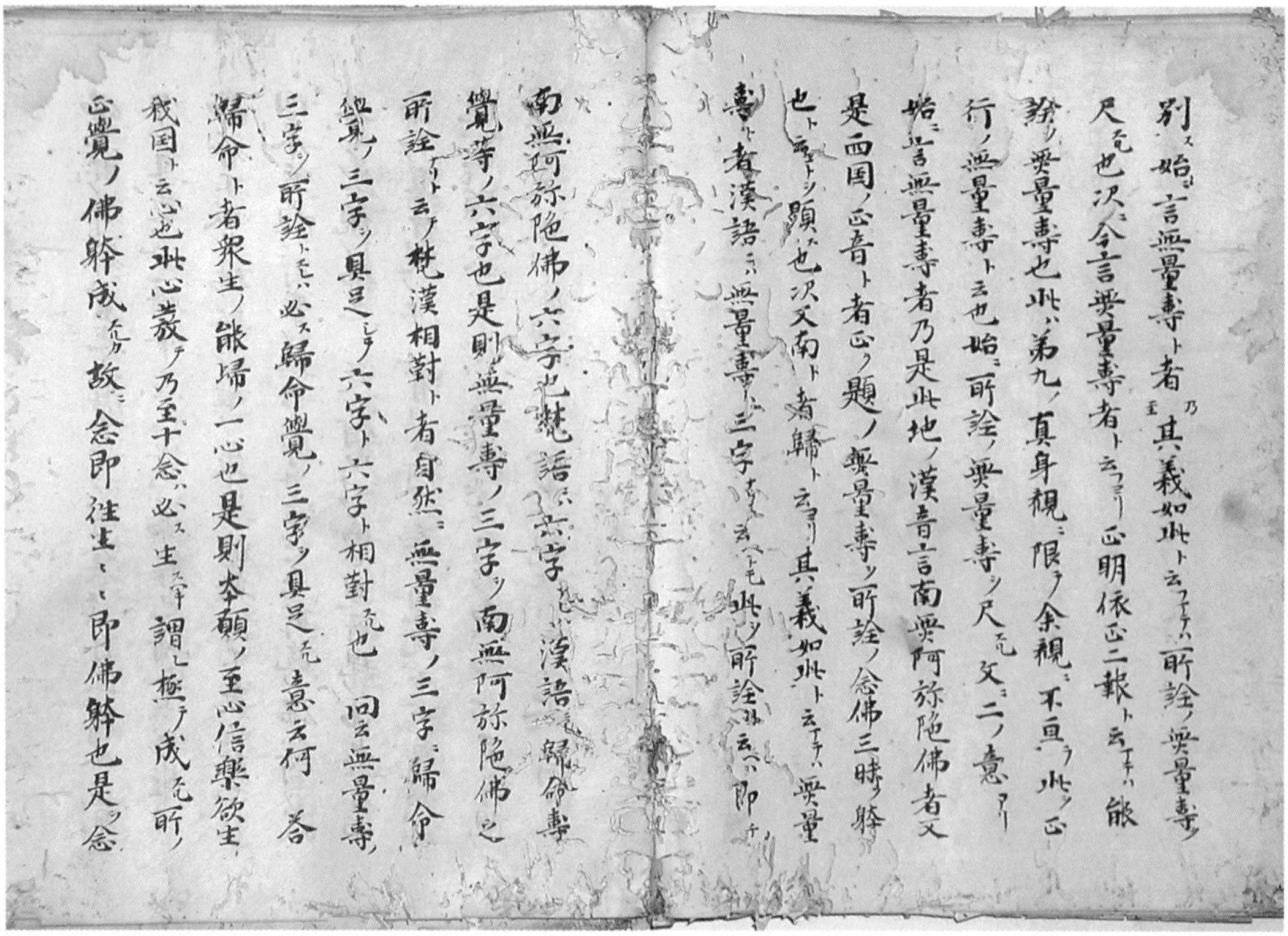

（二十六丁左）

別《ス》始《ニ》言無量壽者《ト》至乃其義如此《ト》云《フマテハ》所詮《ノ》無量壽《ヲ》尺《スル》也次《ニ》今言無量壽者《ト》云《フヨリ》正明依正二報《ト》云《マテハ》能詮《ノ》無量壽也此《ハ》第九《ノ》真身観《ニ》限《テ》余観《ニ》不亘《ラ》此《ヲ》正行《ノ》無量壽《ト》云也始《ニ》所詮《ノ》無量壽《ヲ》尺《スル》文《ニ》二《ノ》意《アリ》始《ニ》言無量壽者乃是此地《ノ》漢音言南無阿弥陁佛者又是西国《ノ》正音《ト》者正《ク》題《ノ》無量壽《ヲ》所詮《ノ》念佛三昧《ノ》躰也《ト》云《コトヲ》顕《ス》也次又南《ト》者歸《ト》云《ヨリ》其義如此《ト》云《マテハ》無量壽《ト》者漢語《ニハ》無量壽《ハ》三字《ナリト》云《ヘトモ》此《ヲ》所詮《ト》云《ヘハ》即《チ》

（二十七丁右）

南無阿弥陁佛《ノ》六字也梵語《ニハ》六字《ナレハ》漢語《ニモ》歸命壽覺等《ノ》六字也是則無量壽《ノ》三字《ヲ》南無阿弥陁佛之所詮《ナリト》云《テ》梵漢相對《ト》者自然《ニ》無量壽《ノ》三字《ニ》歸命覺《ノ》三字《ヲ》具足《シテ》六字《ト》六字《ト》相對《スル》也　問云無量壽三字《ヲ》所詮《トスレハ》必《ス》歸命覺《ノ》三字《ヲ》具足《スル》意云何　答歸命《ト》者衆生《ノ》能歸《ノ》一心也是則本願《ノ》至心信樂欲生我国《ト》云心也此心蕟《テ》乃至十念《ハ》必《ス》生《スヘキ》謂《レ》橅《テ》成《スル》所《ノ》正覺《ノ》佛躰成《スルカ》故《ニ》念即往生〻〻即佛躰也是《ヲ》念

【二十六丁左】

始めに「言無量寿乃至其義如此」と云うまでは、所詮の無量寿を釈するなり。次に「今言無量寿者」と云うより「正明依正二報」と云うまでは、能詮の無量寿なり。これは第九の真身観に限りて余観に亘らず。これを正行の無量寿と云うなり。始めに所詮の無量寿を釈する文に二の意あり。始めに「無量寿と言うは、すなわちこれこの地の漢音なり。南無阿弥陀佛と言うは、またこれ西国の正音」とは、正しく題の無量寿を所詮の念佛三昧の体なりと云うことを顕わすなり。次に「また南とは帰」と云うより「その義かくのごとし」と云うまでは、無量寿とは、漢語には無量寿は三字なりと云えども、これを所詮と云えば、即ち南無阿弥陀佛の六字なり。

【二十七丁右】

梵語には六字なれば、漢語にも帰命寿覚等の六字なり。これ則ち無量寿の三字を、南無阿弥陀佛の所詮なりと云いて、梵・漢相対とは、自然に無量寿の三字に帰命覚の三字を具足して、六字と六字と相対するなり。問いて云わく、無量寿の三字を所詮とすれば、必ず帰命覚の三字を具足する意、いかん。答えて云わく、帰命とは衆生の能帰の一心なり。これ即ち本願の「至心信楽欲生我国」と云う心なり。この心発りて乃至十念は、必ず生ずべき謂れ極まりて成ずるところの正覚の佛体成ずるが故に、念即往生、往生即佛体なり。

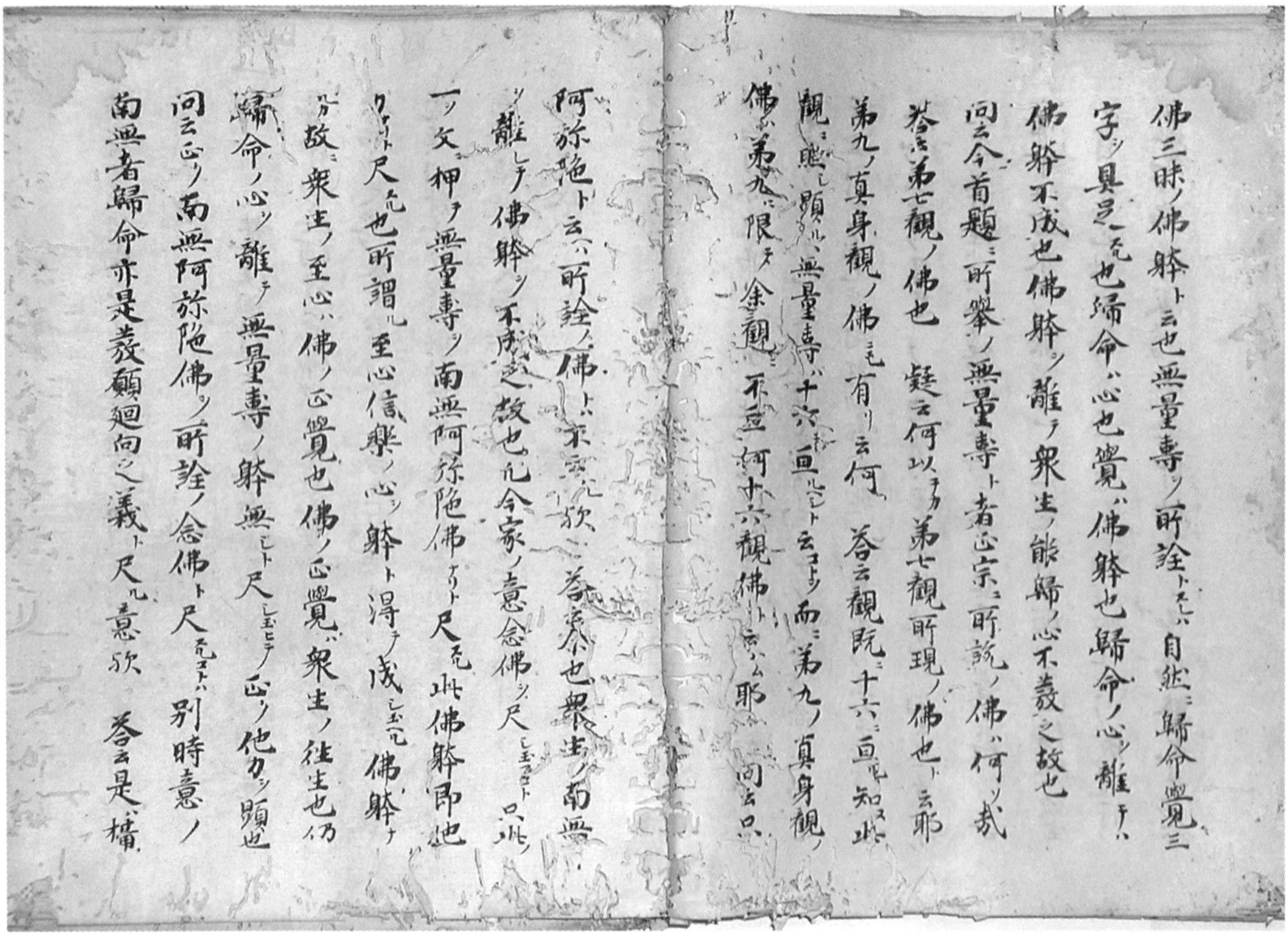

（二十七丁左）

佛三昧《ノ》佛躰《ト》云也無量壽《ヲ》所詮《トスレハ》自然《ニ》歸命覺三
字《ヲ》具足《スル》也歸命《ハ》心也覺《ハ》佛躰也歸命《ノ》心《ヲ》離《テハ》
佛躰不成也佛躰《ヲ》離《テ》衆生《ノ》能歸《ノ》心不發之故也
問云今首題《ニ》所擧《ノ》無量壽《ト》者正宗《ニ》所說《ノ》佛《ハ》何《ソ》哉
荅云第七觀《ノ》佛也　疑云何以《テカ》第七觀所現《ノ》佛也《ト》云耶
第九《ノ》真身觀《ノ》佛《ニモ》有《リ》云何　荅云觀既《ニ》十六《ニ》亘《ル》知《ヌ》此
觀《ニ》照《シ》顯《ル、》無量壽《ハ》十六《ニ》亘《ルヘシト》云《コトヲ》而《ニ》第九《ノ》真身觀《ノ》
佛《ハ》第九《ニ》限《テ》余觀《ニ》不亘何十六觀佛《ト》云《ハム》耶　問云只

（二十八丁右）

阿弥陁《ト》云《ヘハ》所詮《ノ》佛《トハ》不云《ハレ》欤　荅云尒也衆生《ノ》南無《ヲ》
離《レテ》佛躰《ヲ》不成之故也凢今家《ノ》意念佛《ヲ》尺《シ玉フコト》只此《ノ》
一《ノ》文《ニ》押《テ》無量壽《ヲ》南無阿弥陀佛《ナリト》尺《スル》此佛躰即他
力《ナリト》尺《スル》也所謂《ル》至心信樂《ノ》心《ヲ》躰《ト》淂《テ》成《シ玉ヘル》佛躰《ナ》
《ルカ》故《ニ》衆生《ノ》至心《ハ》佛《ノ》正覺也佛《ノ》正覺《ハ》衆生《ノ》往生也仍
歸命《ノ》心《ヲ》離《テ》無量壽《ノ》躰無《シト》尺《シ玉ヒテ》正《ク》他力《ヲ》顯也
問云正《ク》南無阿弥陁佛《ヲ》所詮《ノ》念佛《ト》尺《スルコトハ》別時意《ノ》
南無者歸命亦是發願廻向之義《ト》尺《ル》意欤　荅云是《ハ》構

【二十七丁左】

これを念佛三昧の佛体と云うなり。無量寿を所詮とすれば、自然に「帰命覚」三字を具足するなり。帰命は心なり。覚は佛体なり。帰命の心を離れては佛体成ぜざるなり。佛体を離れて衆生の能帰の心発らざるの故なり。問いて云わく、今首題に挙ぐるところの「無量寿」とは、正宗に説くところの佛は何ぞや。答えて云わく、第七観の佛なり。疑いて云わく、何をもってか第七観所現の佛なりと云う。第九の真身観の佛にもあり、いかん。答えて云わく、観既に十六に亘る、知んぬ、この観に照らし顕わるる無量寿は十六に亘るべしと云うことを。しかるに第九の真身観の佛は、第九に限りて余観に亘らず。何ぞ十六観の佛と云わん。

【二十八丁右】

問いて云わく、ただ阿弥陀と云えば、所詮の佛とは云われざるか。答えて云わく、しかなり。衆生の南無を離れて佛体を成ぜざるの故なり。およそ今家の意、念佛を釈したまうこと、ただこの一の文に押さえて、無量寿を南無阿弥陀佛なりと釈する。この佛体即他力なりと釈するなり。いわゆる「至心信楽」の心を体と得て成じたまえる佛体なるが故に、衆生の至心は佛の正覚なり。佛の正覚は衆生の往生なり。よって帰命の心を離れて無量寿の体なしと釈したまいて、正しく他力を顕わすなり。問いて云わく、正しく南無阿弥陀佛を所詮の念佛と釈することは、別時意の「南無者帰命。亦是発願廻向之義[*1]」と釈する意か。

＊1　「南無者即是歸命。亦是發願迴向之義。」（『大正蔵』三七・二五〇頁上）

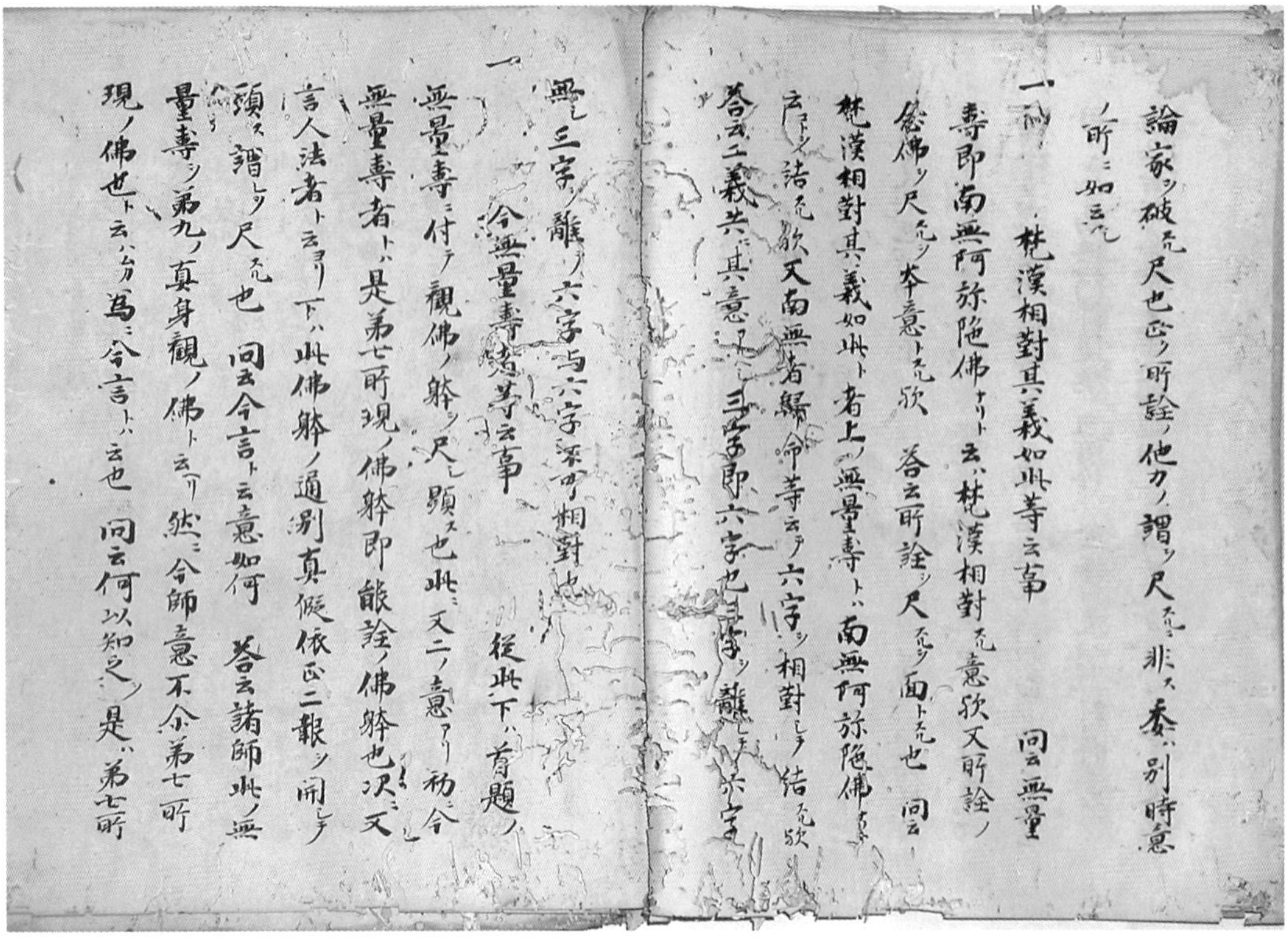

（二十八丁左）
論家《ヲ》破《スル》尺也正《ク》所詮《ノ》他力《ノ》謂《ヲ》尺《スルニ》非《ス》委《ハ》別時意《ノ》
所《ニ》如云㆒《シ》
一　梵漢相對其義如此等云事　問云無量
壽即南無阿弥陀佛《ナリト》云《ハ》梵漢相對《スル》意歟又所詮《ノ》
念佛《ヲ》尺《スルヲ》本意《トスル》歟　荅云所詮《ヲ》尺《スルヲ》面《トスル》也　問云
梵漢相對其義如此《ト》者上《ノ》無量壽《トハ》南無阿弥陀佛《ナリト》
云《コトヲ》結《スル》歟又南無者歸命等云《テ》六字《ヲ》相對《シテ》結《スル》歟
荅云二義共《ニ》其意《アルヘシ》　三字即六字也三字《ヲ》離《レテ》六字

（二十九丁右）
無《シ》三字《ヲ》離《レテ》六字与六字不可相對也
一　今無量壽者等云事　従此㆓下《ハ》首題《ノ》
無量壽《ニ》付《テ》觀佛《ノ》躰《ヲ》尺《シ》顕《ス》也此《ニ》又二《ノ》意《アリ》初《ニ》今
無量壽者《トハ》是第七所現《ノ》佛躰即能詮《ノ》佛躰也次《ニ》又
言人法者《ト》云《ヨリ》下《ハ》此佛躰《ノ》通別真假依正二報《ヲ》開《シテ》
顕《ス》謂《レヲ》尺《スル》也　問云今言《ト》云意如何　荅云諸師此《ノ》無
量壽《ヲ》第九《ノ》真身觀《ノ》佛《ト》云《ヘリ》然《ニ》今師意不介㆒第七所
現《ノ》佛也《ト》云《ハムカ》爲《ニ》今言《トハ》云也　問云何以知之㆒《ヲ》是《ハ》第七所

【二十八丁左】

答えて云わく、これは摂論家を破する釈なり。正しく所詮の他力の謂われを釈するにあらず。委しくは別時意の所に云うがごとし。

一、「梵漢相対其義如此」等云う事。

問いて云わく、無量寿即ち南無阿弥陀佛なりと云うは、梵・漢相対する意か。また所詮の念佛を釈するを本意とするか。答えて云わく、所詮を釈するを面とするなり。問いて云わく「梵・漢相対、その義かくのごとし」とは、上の無量寿とは南無阿弥陀佛なりと云うことを結するか。また南無とは帰命等と云いて、六字を相対して結するか。答えて云わく、二義共にその心あるべし。三字即六字なり。

【二十九丁右】

三字を離れて六字なし。三字を離れて六字と六字相対すべからざるなり。

一、「今無量寿者」等云う事。

これより下は首題の「無量寿」について、観佛の体を釈し顕わすなり。これにまた二の意あり。初めに「今無量寿」とは、これ第七所現の佛体、即ち能詮の佛体なり。次に「言人法」と云うより下は、この佛体の通・別、真・仮、依・正二報を開して顕わす謂れを釈するなり。問いて云わく「今言」と云う意、いかん。答えて云わく、諸師、この無量寿を第九の真身観の佛と云えり。しかるに今師の意しからず。第七所現の佛なりと云わんが為に、今言とは云うなり。問いて云わく、何をもってかこれを知る。

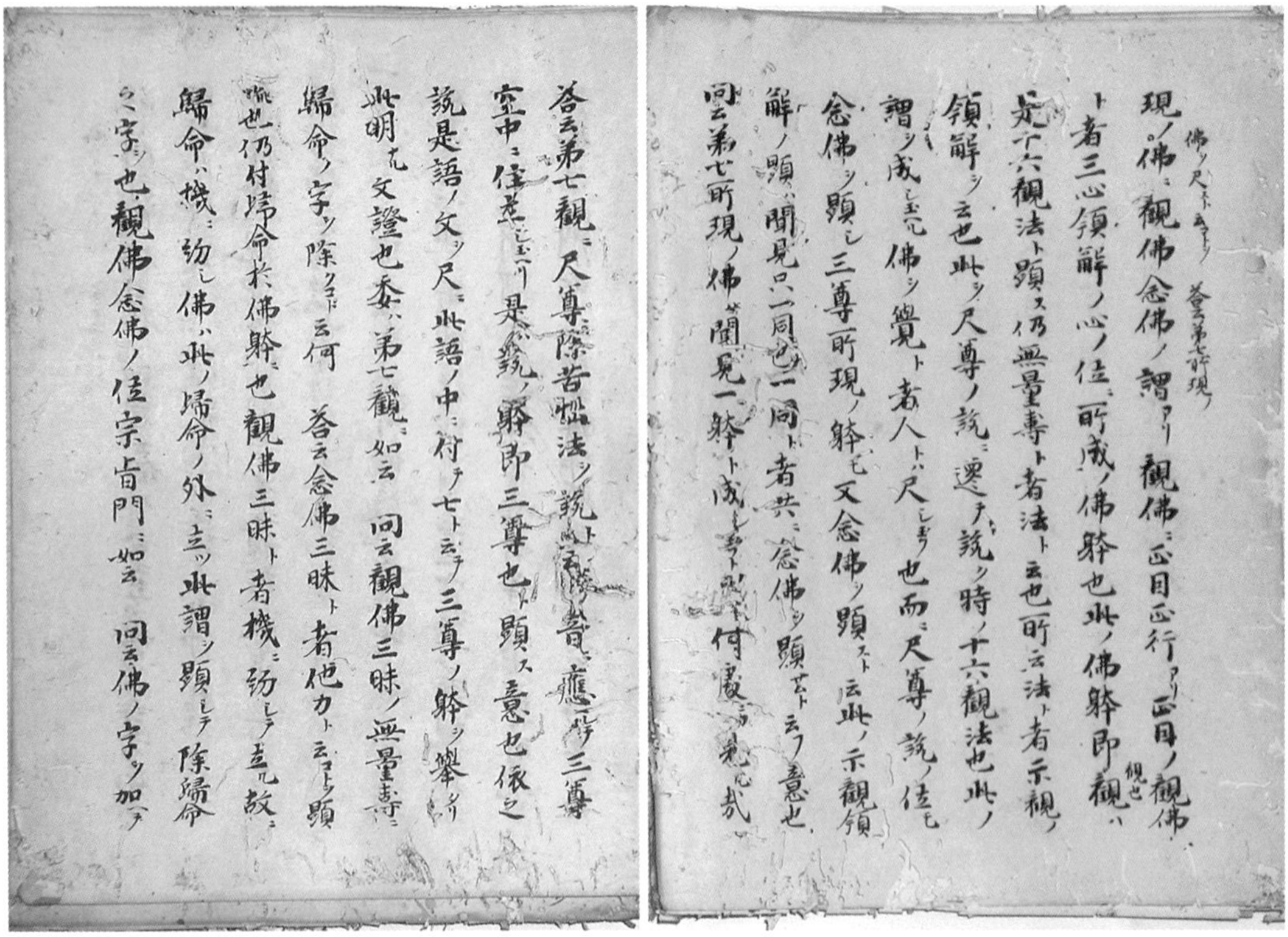

（二十九丁左）

佛尺《ヲ》云《スト》《コトヲ》 荅云第七旰現《ノ》

現《ノ》○佛《ニ》觀佛念佛《ノ》謂《アリ》 觀佛《ニ》正囙正行《アリ》 正囙《ノ》觀佛《ト》

者三心領解《ノ》心《ノ》位《ニ》旰成一《ノ》佛躰也此《ノ》佛躰即○《観也》觀《ハ》

是十六観法《ト》顕《ス》仍無量壽《ト》者法《ト》云也旰云一法《ト》者示観《ノ》

領解《ヲ》云也此《ヲ》尺尊《ノ》説《ニ》遷《テ》説《ク》時《ノ》十六観法也此《ノ》

謂《ヲ》成《シ玉ヘル》 佛《ヲ》覺《ト》者人《トハ》 尺《シ玉フ》 也而《ニ》尺尊《ノ》説《ノ》位《モ》

念佛《ヲ》顕《シ》三尊旰現《ノ》躰《モ》又念佛《ヲ》顕《スト》 云此《ノ》示観領

解《ノ》顕《ハ》聞見只一同也一同《ト》者共《ニ》念佛《ヲ》顕《サムト》 云《フ》意也

問云第七旰現《ノ》佛《ハ》聞見一躰《ト》成《シ玉フト》 云《コト》 何處《ニカ》 見《ル》 犾

（三十丁右）

荅云第七観《ニ》尺尊除苦悩法《ヲ》説《ト》云《玉フ》 音《ニ》應《シテ》 三尊

空中《ニ》住立《シ玉ヘリ》 是説《ハ》躰即三尊也《ト》顕《ス》意也依之

説是語《ノ》文《ヲ》尺《ニ》此語《ノ》中《ニ》付《テ》七《ト》云《テ》三尊《ノ》躰《ヲ》舉《タリ》

此明《ナル》文證也委《ハ》第七観《ニ》如云一問云観佛三昧《ノ》無量壽《ニ》

歸命《ノ》字《ヲ》除《クコト》 云何 荅云念佛三昧《ト》者他力《ト》云《コトヲ》 顕

《爪》也仍付歸命於佛躰一《ニ》也観佛三昧《ト》者機《ニ》约《シテ》 立《ル》故《ニ》

歸命《ハ》機《ニ》约《シ》佛《ハ》此《ノ》歸命《ノ》外《ニ》立《ツ》此謂《ヲ》顕《シテ》 徐歸命

之字一《ヲ》也観佛念佛ノ位宗旨門《ニ》如云 問云佛《ノ》字《ヲ》加《ヘテ》

【二十九丁左】

これは第七所現の佛を釈すと云うことを。答えて云わく、第七所現の佛に観佛・念佛の謂れあり。観佛に正因・正行あり。正因の観佛とは、三心領解の心の位に成ずるところの佛体なり。この佛体即ち観なり。観はこれ十六観法と顕わす。よって無量寿とは法と云うなり。云うところの法とは、示観の領解を云うなり。これを釈尊の説に遷《うつ》して説く時の十六観法なり。これの謂れを成じたまえる佛を、覚とは人とは釈したまうなり。しかるに、釈尊の説の位も念佛を顕わし、三尊所現の体もまた念佛を顕わすと云う。この示観領解の顕は、聞見ただ一同なり。一同とは、共に念佛を顕わさんと云う意なり。問いて云わく、第七所現の佛は聞・見一体と成じたまうと云うこと、何れの処にか見ゆる。

【三十丁右】

答えて云わく、第七観に釈尊「苦悩を除く法を説かん」[*1]と云いたまう音に応じて、三尊、空中に住立したまえり。これは説の体、即ち三尊なりと顕わす意なり。これによって「説是語」の文を釈するに、この語の中に付きて、七と云いて三尊の体を挙げたり。これ明らかなる文証なり。委しくは第七観に云うがごとし。問いて云わく、観佛三昧の無量寿に帰命の字を除くこと、いかん。答えて云わく、念佛三昧とは他力と云うことを顕わすなり。よって帰命、佛体に付くるなり。観佛三昧とは機に約して立つる故に、帰命は機に約し、佛はこの帰命の外に立つ。この謂れを顕わして帰命の字を除くなり。観佛・念佛の位、宗旨門に云うがごとし。問いて云わく、佛の字を加えて、「故に阿弥陀佛と名づく」と釈したまう意、いかん。

＊1　「佛告阿難及韋提希。諦聽諦聽善思念之。吾當爲汝分別解説除苦惱法。」（『大正蔵』十二・三四二頁下）

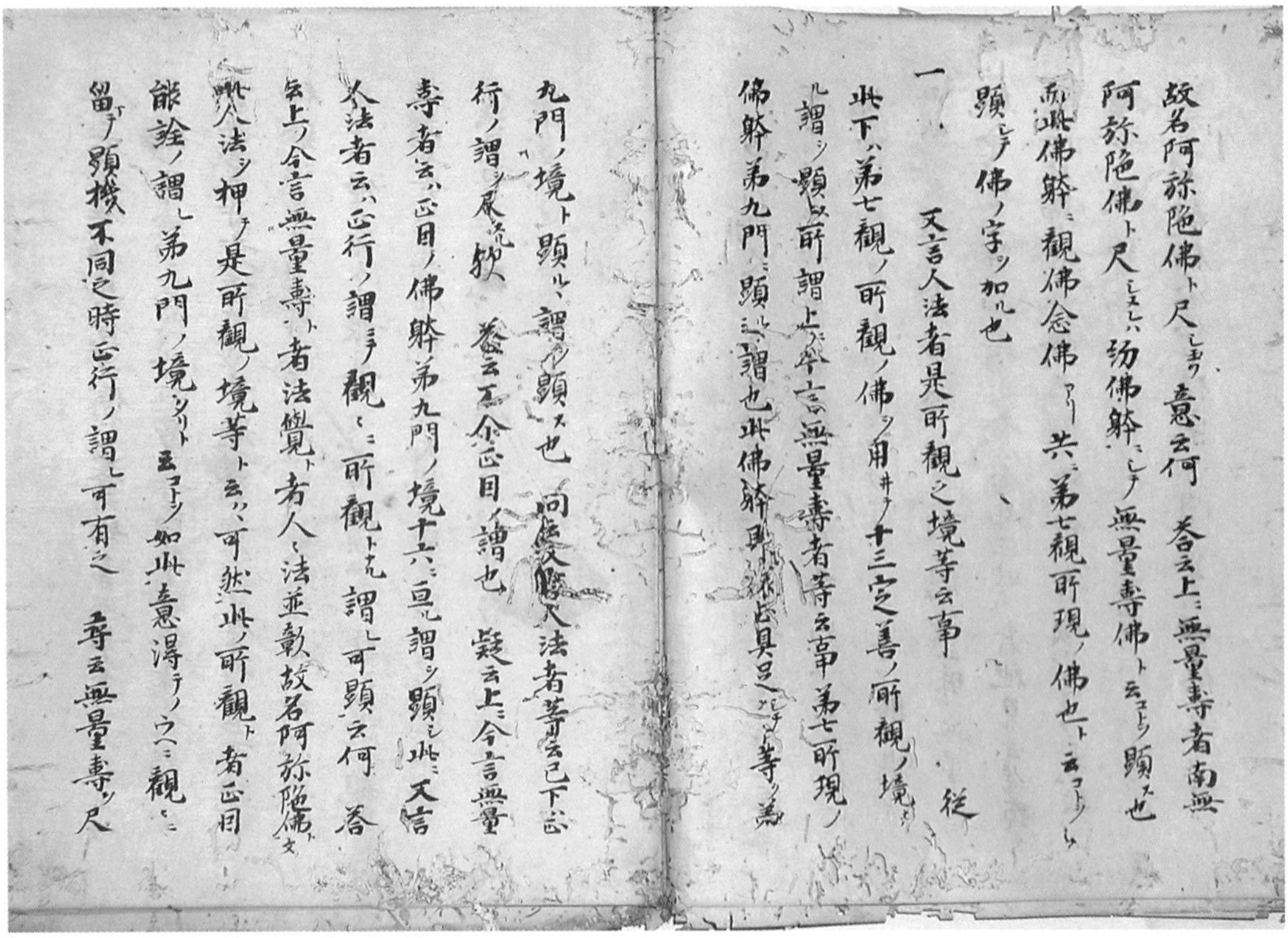

（三十丁左）

故名阿弥陀佛《ト》尺《シ玉フ》　意云何　荅云上《ニ》無量壽者南無
阿弥陀佛《ト》尺《シヌレハ》　幼佛躰《ニシテ》無量壽佛《ト》云《コトヲ》　顕《ス》也
而此佛躰《ニ》観佛念佛《アリ》　共《ニ》第七観所現《ノ》佛也《ト》云《コトヲ》
顕《シテ》佛《ノ》字《ヲ》加《ル》也

一　　又言人法者是所観之境等云事　　従
此下《ハ》第七観《ノ》所観《ノ》佛《ヲ》用《キテ》十三定之善《ノ》所観《ノ》境《ナル》
謂《ヲ》顕《ス》所謂上《ニ》今言無量壽者等云事第七所現《ノ》
佛躰第九門《ニ》顕《ル、》謂也此佛躰即依正具足《シテ》等《ク》第

（三十一丁右）

九門《ノ》境《ト》顕《ル、》謂《ヲ》顕《ス》也　問云又言人法者等云已下《ハ》正
行《ノ》謂《ヲ》尺《スル》歟　荅云不尓正回《ノ》謂也　疑云上《ニ》今言無量
壽者云《ハ》正回《ノ》佛躰第九門《ノ》境十六《ニ》亘《ル》謂《ヲ》顕《シ》此《ニ》又言
人法者云《ハ》正行《ノ》謂《ニテ》観々《ニ》所観《トナル》謂《レ》可顕云何　荅
云上《ノ》今言無量壽者法覺《ト》者人々法並彰故名阿弥陀佛《ト》文
此人法《ヲ》押《テ》是所観《ノ》境等《ト》云《ハ、》可然此《ノ》所観《ト》者正回
能詮《ノ》謂《レ》第九門《ノ》境《タリト》云《コトヲ》如此意潯《テノ》ウヘニ観々《ニ》
留《マテ》顕機不同之時正行《ノ》謂《レ》可有之　尋云無量壽《ヲ》尺

【三十丁左】

答えて云わく、上に無量寿は南無阿弥陀佛と釈しぬれば、佛体に約して無量寿佛と云うことを顕わすなり。しかるにこの佛体に観佛・念佛あり。共に第七観所現の佛なりと云うことを顕わして、佛の字を加うるなり。

一、「又言人法者是所観之境」等云う事。

これより下は第七観の所観の佛を用いて、十三定善の所観の境なる謂れを顕わす。いわゆる上に「今言無量寿者」等云うこと、第七所現の佛体、第九門に顕わるる謂れなり。この佛体即ち依・正具足して、等しく第九門の境と顕わるる謂れを顕わすなり。

【三十一丁右】

問いて云わく、「又言人法者」等云う已下は、正行の謂れを釈するや。答えて云わく、しからず。正因の謂れなり。疑いて云わく、上に「今言無量寿者」と云うは、正因の佛体、第九門の境、十六に亘る謂れを顕わし、これに「又言人法者」と云うは、正行の謂れにて観観に所観となる謂れ顕わすべし、いかん。答えて云わく、上の「今、無量寿と言うは法、覚とは人、人・法並べ彰す故に阿弥陀佛と名づく」文と。この人法を押さえて「これ所観の境」等と云わば、しかるべし。[*1] この所観とは、正因・能詮の謂れ、第九門の境たりと云うことをかくのごとく意得てのうえに、観観に留まって機の不同を顕わすの時、正行の謂れこれあるべし。尋ねて云わく、無量寿を釈するに三重の位あり。その意、いかん。

*1 大谷大学蔵本では「可知」とある

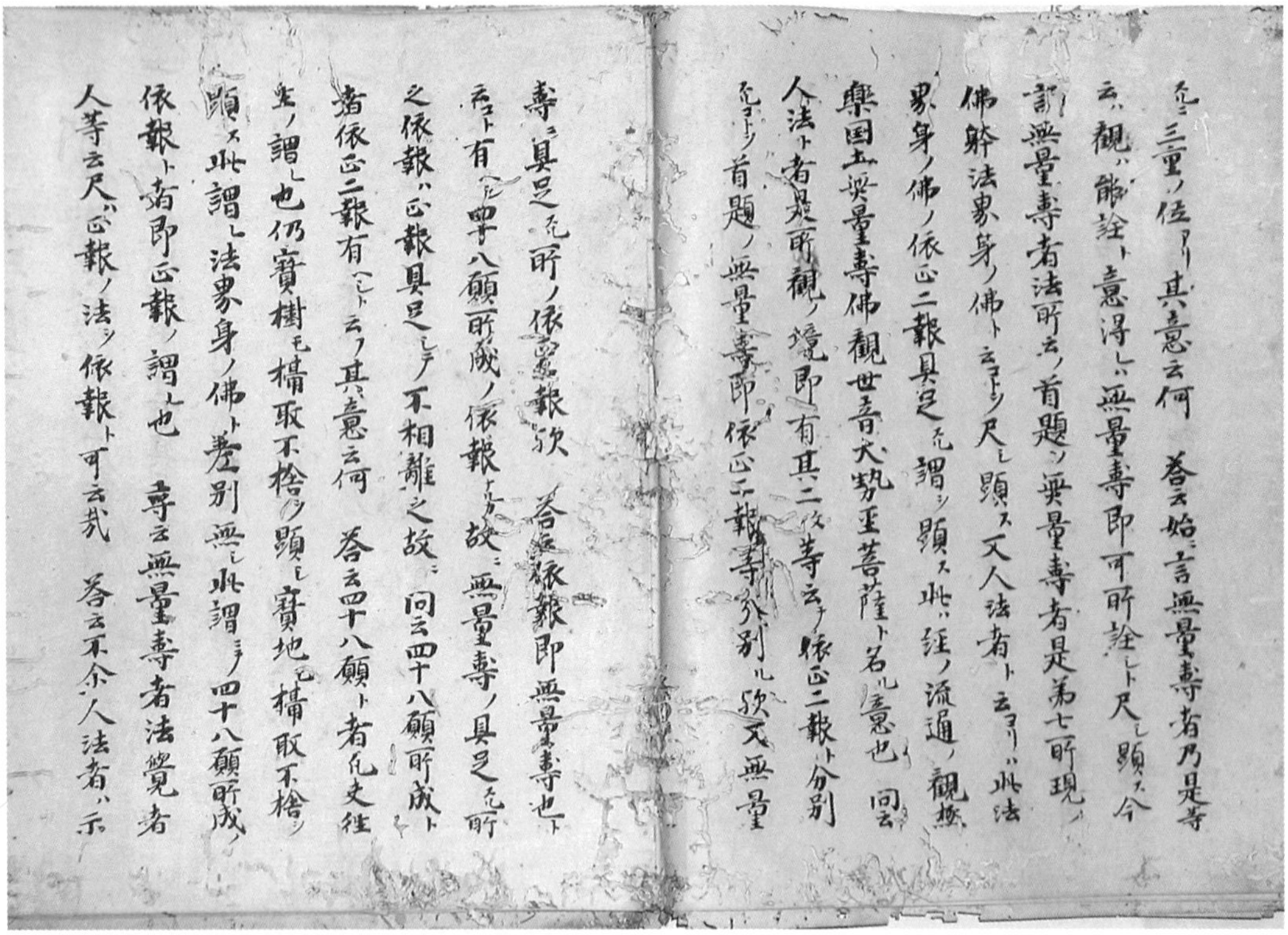

(三十一丁左)

《スルニ》三重《ノ》位《アリ》　其意云何　荅云始《ニ》言無量壽者乃是等
云《ハ》観《ハ》能詮《ト》意得《レハ》無量壽即可所詮一《シト》尺《シ》顕《ス》今
言無量壽者法所云一《ノ》首題《ノ》無量壽者是第七所現《ノ》
佛躰法界身《ノ》佛《ト》云《コトヲ》尺《シ》顕《ス》又人法者《ト》云《ヨリハ》此法
界身《ノ》佛《ノ》依正二報具足《スル》謂《ヲ》顕《ス》此《ハ》経《ノ》流通《ノ》観標
樂国土無量壽佛観世音大勢至菩薩《ト》名《ル》意也　問云
人法《ト》者是所観《ノ》境即有其二《文》等云《テ》依正二報《ト》分別
《スルコトヲ》首題《ノ》無量壽即依正二報等分別《ル》欤又無量

(三十二丁右)

壽《ニ》具足《スル》所《ノ》依正二報欤　荅云依報即無量壽也《ト》
云《コト》有《ヘシ》四十八願所成《ノ》依報《ナルカ》故《ニ》無量壽《ノ》具足《スル》所
之依報《ハ》正報具足《シテ》不相離一之故《ニ》問云四十八願所成《ト》
者依正二報有《ヘシト》云《フ》其意云何　荅云四十八願《ト》者凡夫往
生《ノ》謂《レ》也仍寶樹《モ》攝取不捨《ヲ》顕《シ》寶地《モ》攝取不捨《ヲ》
顕《ス》此謂《レ》法界身《ノ》佛《ト》差別無《シ》此謂《ニテ》四十八願所成《ノ》
依報《ト》者即正報《ノ》謂《レ》也　尋云無量壽者法覺者
人等云尺《ハ》正報《ノ》法《ヲ》依報《ト》可云哉　荅云不尒一人法者《ハ》示

【三十一丁左】

答えて云わく、始めに「言無量寿者乃是」等云うは、観は能詮と意得れば、無量寿即ち所詮たるべしと釈し顕わす。「今言無量寿者法」と云うところの首題の無量寿は、これ第七所現の佛体、法界身の佛と云うことを釈し顕わす。「又人法者」と云うよりは、これ法界身の佛の依・正二報具足する謂れを顕わす。これは経の流通の「観極楽国土無量寿佛観世音大勢至菩薩[*1]」と名づくる意なり。問いて云わく、「人法とは、これ所観の境なり、即ちその二あり」文等云いて、依・正二報と分別することを首題の「無量寿即依正二報」等分別するか。

【三十二丁右】

また無量寿に具足するところの依・正二報か。答えて云わく、依報即ち無量寿なりと云うことあるべし。四十八願所成の依報なるが故に、無量寿の具足するところの依報は正報具足して相離れざるの故に。問いて云わく、四十八願所成とは依・正二報あるべしと云う、その意いかん。答えて云わく、四十八願とは凡夫往生の謂れなり。よって宝樹も摂取不捨を顕わし、宝地も摂取不捨を顕わす。この謂れ法界身の佛と差別なし。この謂れにて四十八願所成の依報とは、即ち正報の謂れなり。尋ねて云わく、「無量寿者法覚者人」等云う釈は、正報の法を依報と云うべきや。答えて云わく、しからず。

＊1　「此經名觀極樂國土無量壽佛觀世音菩薩。」（『大正蔵』十二・三四六頁中）

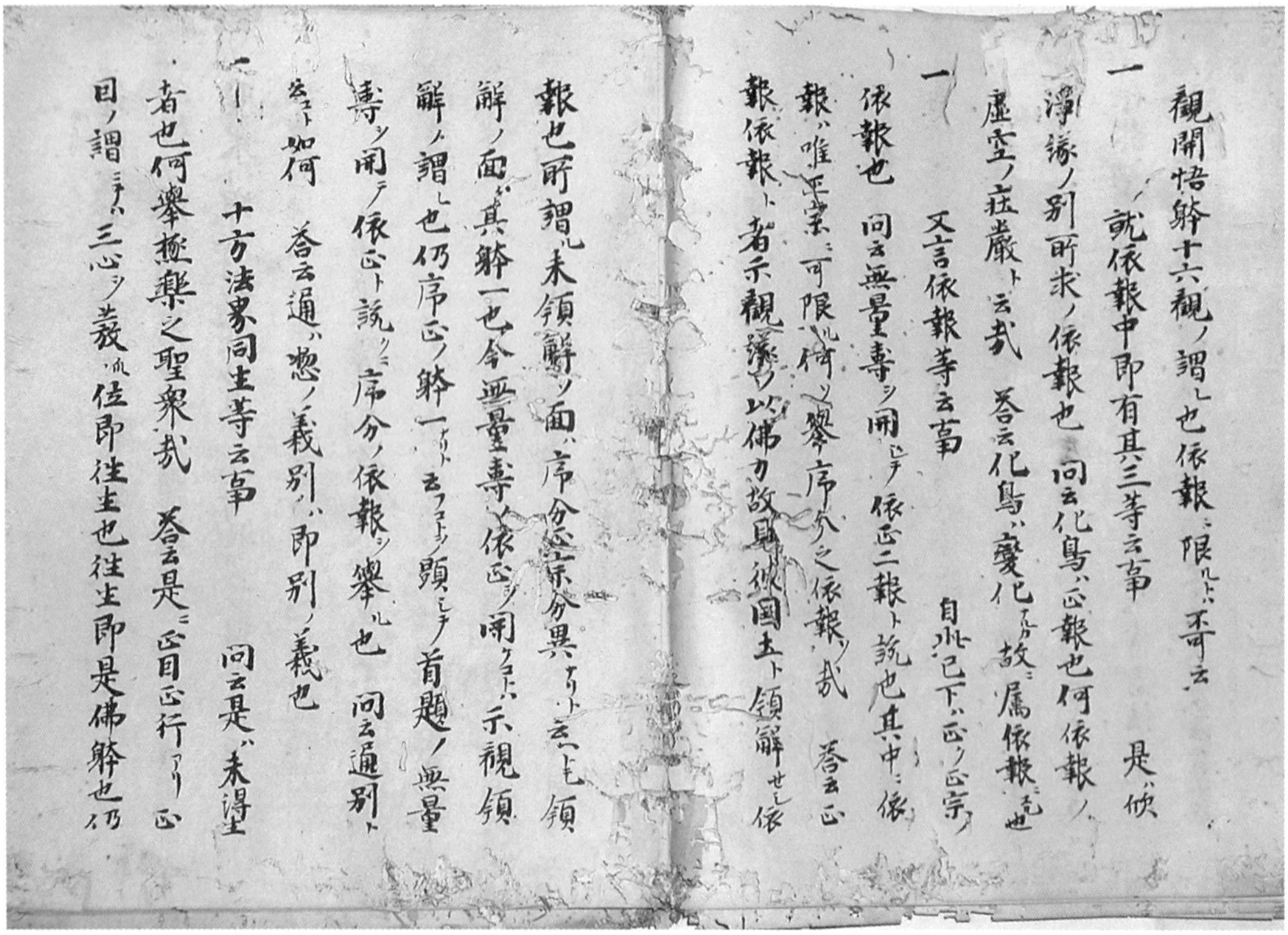

（三十二丁左）

観開悟躰十六観《ノ》謂レ也依報《ニ》限《ルトハ》不可云一
一　就依報中即有其三等云事　是《ハ》欣
浄縁《ノ》別昕求《ノ》依報也　問云化鳥《ハ》正報也何依報ノ
虚空《ノ》荘厳《ト》云歟　荅云化鳥《ハ》變化《ナルカ》故《ニ》屬依報《ニ》一《スル》也
一　又言依報等云事　自此二已下《ハ》正《ク》正宗《ノ》
依報也　問云無量壽《ヲ》開《シテ》依正二報《ト》說也其中《ニ》依
報《ハ》唯正宗《ニ》可限一《ル》何《ソ》舉序分之依報二《ヲ》歟　荅云正
報依報《ト》者示観縁《ノ》以佛力故見彼国土《ト》領解《セシ》依

（三十三丁右）

報也昕謂《ル》未領解《ノ》面《ハ》序分正宗分異《ナリト》云《ヘトモ》領
解《ノ》面《ハ》其躰一也今無量壽《ノ》依正《ヲ》開《クコトハ》示観領
解《ノ》謂《レ》也仍序正《ノ》躰一《ナリト》云《フコトヲ》顕《シテ》首題《ノ》無量
壽《ヲ》開《テ》依正《ト》說《クニ》序分《ノ》依報《ヲ》舉《ル》也　問云通別《ト》
云《コト》如何　荅云通《ハ》惣《ノ》義別《ハ》即別《ノ》義也
一　十方法界同生等云事　問云是《ハ》未淂生
者也何舉極樂之聖衆一歟　荅云是《ニ》正回正行《アリ》正
回《ノ》謂《ニテハ》三心《ヲ》菝《爪》位即往生也往生即是佛躰也仍

【三十二丁左】

人法は示観開悟の体、十六観の謂れなり。依報に限るとは云うべからず。

一、「就依報中即有其三」等云う事。

これは欣浄縁の別所求の依報なり。問いて云わく、化鳥は正報なり。何ぞ依報の虚空の荘厳と云う。答えて云わく、化鳥は変化なるが故に依報に属するなり。

一、「又言依報」等云う事。

これより已下は、正しく正宗の依報なり。問いて云わく、無量寿を開して依・正二報と説くなり。その中に依報はただ正宗に限るべし。何ぞ序分の依報を挙ぐる。答えて云わく、正報・依報とは示観縁の「以佛力故見彼国土[*1]」と領解せし依報なり。

【三十三丁右】

いわゆる未領解の面は序分、正宗分異なりと云えども、領解の面はその体一なり。今、無量寿の依・正を開くことは、示観領解の謂れなり。よって序・正の体一なりと云うことを顕わして、首題の無量寿を開きて依・正と説くに、序分の依報を挙ぐるなり。問いて云わく、通・別と云うこと、いかん。答えて云わく、通は惣の義、別は即ち別の義なり。

一、「十方法界同生」等云う事。

問いて云わく、これは未得生者なり。何ぞ極楽の聖衆に挙ぐる。答えて云わく、これに正因・正行あり。正因の謂れにては、三心を発す位、即ち往生なり。往生即ちこれ佛体なり。

＊1 「以佛力故見彼國土」（『大正蔵』十二・三四一頁下）

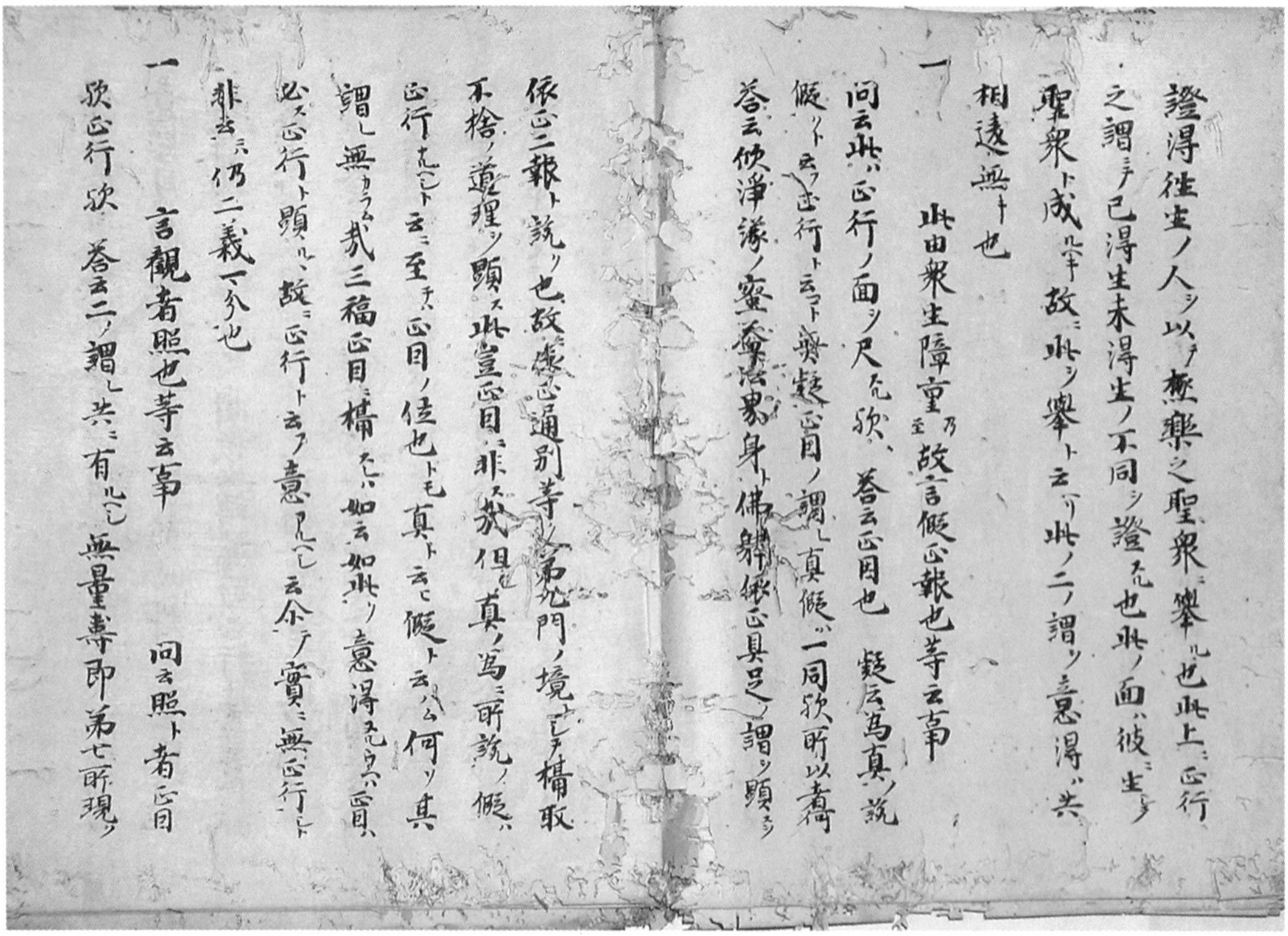

(三十三丁左)
證淂往生ノ人ヲ以テ極樂之聖衆ニ擧ル也此上ニ正行
之謂ニテ已淂生未淂生ノ不同ヲ證スル也此ノ面ハ彼ニ生シテ
聖衆ト成ルヘキ故ニ此ヲ擧ト云ヘリ此ノ二ノ謂ヲ意淂ハ共ニ
相遠無キ也
一　此由衆生障重乃至故言假正報也等云事
問云此ハ正行ノ面ヲ尺スル歟　荅云正因也　疑云爲真ノ說
假クト云フ正行ト云コト無疑正因ノ謂レ真假ハ一同歟所以者何
荅云欣浄縁ノ蜜益法界身ト佛躰依正具足之謂ヲ顕スヲ

(三十四丁右)
依正二報ト說ク也故ニ依正通別等第九門ノ境トシテ攝取
不捨ノ道理ヲ顕ス此豈正因ニ非ス哉但シ真ノ爲ニ所說ノ假ハ
正行ナルヘシト云ニ至テハ正因ノ位也トモ真ト云ヒ假ト云ハム何ソ其
謂レ無カラム哉三福正因ニ攝スレハ如云如此ク意淂ヌルウヘハ正因ハ
必ス正行ト顕スル、故ニ正行ト云フ意アルヘシ　云尒テ實ニ無正行シト
非云ニハ仍二義可分也
一　言観者照也等云事　問云照ト者正因
歟正行歟　荅云二ノ謂レ共ニ有ルヘシ　無量壽即第七所現ノ

【三十三丁左】

よって証得往生の人をもって極楽の聖衆に挙ぐるなり。この上に正行の謂れにて、已得生・未得生の不同を証するなり。この面は、かしこに生じて聖衆と成るべき故に、これを挙ぐと云えり。この二の謂れを意得れば、共に相違なきなり。
一、「此由衆生障重乃至故言仮正報也」等云う事。
問いて云わく、これは正行の面を釈するか。答えて云わく、正因なり。疑いて云わく、真のために仮を説くと云う。正行と云うこと疑いなし。正因の謂れ、真・仮は一同か、所以《ゆえん》は何《いかん》。答えて云わく、欣浄縁の密益、法界身と佛体、依・正具足の謂れを顕わすを依・正二報と説くなり。


【三十四丁右】

故に依・正、通・別等しく第九門の境として、摂取不捨の道理を顕わす。これあに正因にあらずや。ただし真のために説くところの仮は正行なるべしと云うに至りては、正因の位なりとも真と云い、仮と云わん。何ぞその謂れなからん。三福正因に摂すれば、云うがごとし。かくのごとく意得ぬる上は、正因は必ず正行と顕わるる故に、正行と云う意あるべし。しか云いて、実に正行なしと云うにはあらず。よって二義分かつべきなり。
一、「言観者照也」[*1]等云う事。
問いて云わく、「照」とは正因か正行か。答えて云わく、二の謂れ共にあるべし。

＊1 「言観者照也。」（『大正蔵』三七・二四七頁上）

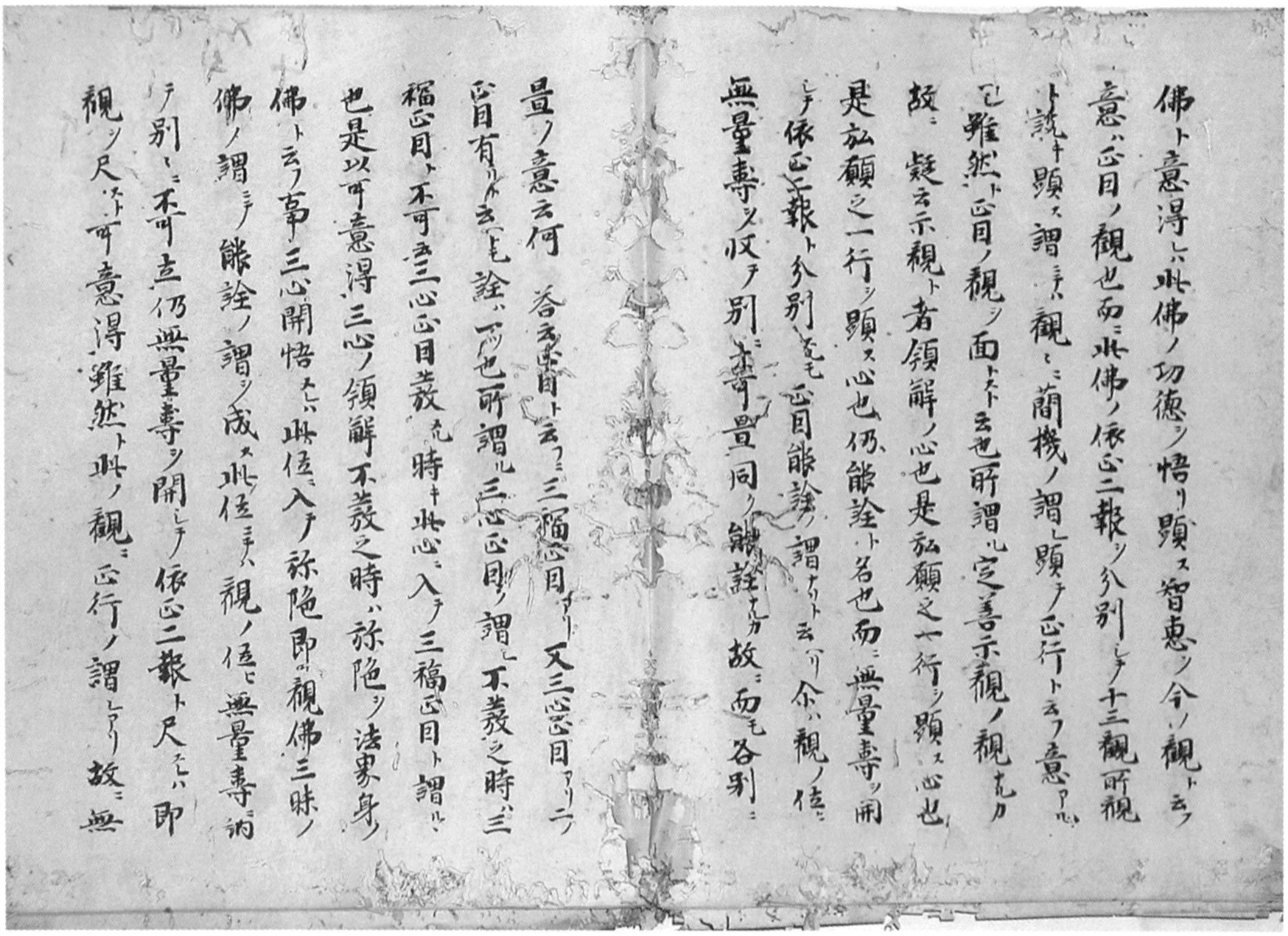

（三十四丁左）

佛《ト》意淂《レハ》此佛《ノ》功徳《ヲ》悟《リ》顕《ス》智恵《ヲ》今《ノ》観《ト》云《フ》
意《ハ》正回《ノ》観也而《ニ》此佛《ノ》依正二報《ヲ》分別《シテ》十三観所観《ト》
説《キ》顕《ス》謂《ニテハ》観々《ニ》蔺機《ノ》謂《レ》顕《テ》正行《ト》云《フ》意《アルヘシ》
雖然㆓正回《ノ》観《ヲ》面《トスト》云也所謂《ル》它善示観《ノ》観《ナルカ》
故《ニ》疑云示観《ト》者領解《ノ》心也是弘願之一行《ヲ》顕《ス》心也
是弘願之一行《ヲ》顕《ス》心也仍能詮《ト》名也而《ニ》無量壽《ヲ》開《シテ》
依正二報《ト》分別《スルモ》正回能詮《ノ》謂《ナリト》云《ヘリ》介《ハ》観《ノ》位《ニ》
無量壽《ヲ》収《テ》別《ニ》不可置㆒同《ク》能詮《ナルカ》故《ニ》而《モ》各別《ニ》

（三十五丁右）

置《ク》意云何　荅云正回《ト》云《フニ》三福正回《アリ》又三心正回《アリ》二《ノ》
正回有《リト》云《ヘトモ》詮《ハ》一《ツ》也所謂《ル》三心正回《ノ》謂《レ》不莪㆒之時《ハ》三
福正回《ト》不可云㆓三心正回莪《ヌル》時《キ》此心《ニ》入《テ》三福正回《ト》謂《ル》、
也是以可意淂㆓三心《ノ》領解不莪之時《ハ》弥陁《ヲ》法界身《ノ》
佛《ト》云《フ》事三心開悟《ヌレハ》此位《ニ》入《テ》弥陁即観佛三昧《ノ》
佛《ノ》謂《ニテ》能詮《ノ》謂《ヲ》成《ス》此《ノ》位《ニテハ》観《ノ》位《ヒ》無量壽《ニ》納《テ》
別々《ニ》不可立㆒仍無量壽《ヲ》開《シテ》依正二報《ト》尺《スレハ》即
観《ヲ》尺《スト》可意淂㆒雖然《ト》此《ノ》観《ニ》正行《ノ》謂《レアリ》故《ニ》無

【三十四丁左】

　無量寿即ち第七所現の佛と意得れば、この佛の功徳を悟り顕わす智恵を今の観と云う意は、正因の観なり。しかるにこの佛の依・正二報を分別して、十三観所観と説き顕わす謂れにては、観々に箇機の謂れ顕われて正行と云う意あるべし。しかりと雖も、正因の観を面とすと云うなり。いわゆる定善示観の観なるが故に。疑いて云わく、示観とは領解の心なり。これ弘願の一行を顕わす心なり。[*1]よって能詮と名づくるなり。しかるに無量寿を開して依・正二報と分別するも、正因・能詮の謂れなりとも云えり。しかれば観の位に無量寿を収めて、別に置くべからず。同じく能詮なるが故に。しかも各別に置く意、いかん。

【三十五丁右】

　答えて云わく、正因と云うに三福正因あり。また三心正因あり。二の正因ありと云えども、詮は一つなり。いわゆる三心正因の謂れ発らざるの時は、三福正因と云うべからず。三心正因発りぬる時、この心に入りて三福正因と謂るるなり。これをもって意得べし。三心の領解発らざるの時は、弥陀を法界身の佛と云うこと、三心開悟しぬればこの位に入りて、弥陀即ち観佛三昧の佛の謂れにて能詮の謂れを成ず。この位にては観の位、無量寿に納めて別々に立つべからず。よって無量寿を開して依・正二報と釈すれば、即ち観を釈すと意得べし。しかりと雖も、この観に正行の謂れあり。

＊1　遊行寺本は、この文をくりかえす。誤写か、ここではくりかえさない。

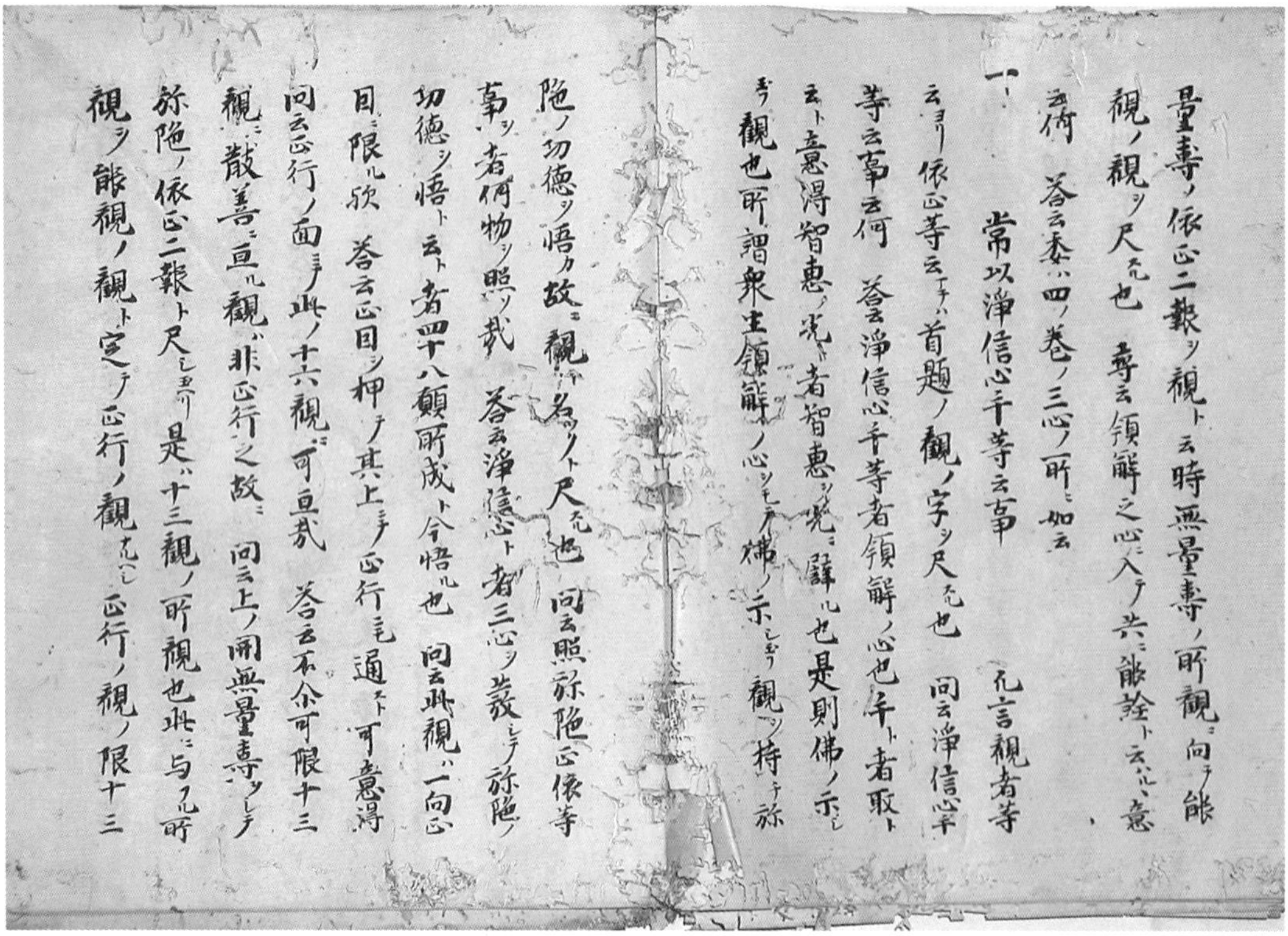

（三十五丁左）

量壽《ノ》依正二報《ヲ》観《ト》云時無量壽《ノ》所観《ニ》向《テ》能
観《ノ》観《ヲ》尺《スル》也　尋云領解之心《ニ》入《テ》共《ニ》能詮《ト》云《ハル、》意
云何　荅云委《ハ》四《ノ》巻《ノ》三心《ノ》所《ニ》如云一
一　　常以淨信心手等云事　　凢言観者等
云《ヨリ》依正等云《マテハ》首題《ノ》観《ノ》字《ヲ》尺《スル》也　問云淨信心手
等云事云何　荅云淨信心手等者領解《ノ》心也手《ト》者取《ト》
云《ト》意淂智恵《ノ》光《ト》者智恵《ヲ》光《ニ》辟《ル》也是則佛《ノ》示《メシ》
《玉フ》観也所謂衆生領解ノ心《ヲモテ》佛《ノ》示《シ玉フ》観《ヲ》持《チ》弥

（三十六丁右）

陀《ノ》功徳《ヲ》悟《カ》故《ニ》観《ト》名《ツクト》尺《スル》也　問云照弥陁正依等
事一《ヲ》者何物《ヲ》照《ソ》哉　荅云淨信心《ト》者三心《ヲ》菝《シテ》弥陁《ノ》
功徳《ヲ》悟《ト》云《ト》者四十八願所成《ト》今悟《ル》也　問云此観《ハ》一向正
囘《ニ》限《ル》欤　荅云正囘《ヲ》押《テ》其上《ニテ》正行《ニモ》通《スト》可意淂一
問云正行《ノ》面《ニテ》此《ノ》十六観《ニ》可亘哉　荅云不尓可限十三
観一《ニ》散善《ニ》亘《ル》観《ハ》非正行一之故《ニ》　問云上《ノ》開無量壽一《ヲシテ》
弥陁《ノ》依正二報《ト》尺《シ玉ヘリ》　是《ハ》十三観《ノ》所観也此《ニ》与《フル》所
観《ヲ》能観《ノ》観《ト》定《テ》正行《ノ》観《ナルヘシ》　正行《ノ》観《ノ》限十三

【三十五丁左】

故に無量寿の依・正二報を観と云う時、無量寿の所観に向かいて能観の観を釈するなり。尋ねて云わく、領解の心に入りて共に能詮と云わるる意、いかん。答えて云わく、委しくは四の巻の三心の所に云うがごとし。

一、「常以浄信心手」[*1]等云う事。

およそ「言観者」等云うより、「依正」[*2]等と云うまでは、首題の観の字を釈するなり。問いて云わく、「浄信心手」等云うこと、いかん。答えて云わく、「浄信心手」等は領解の心なり。手とは取ると云うと意得。「智恵の光」[*3]とは、智恵を光に譬うるなり。これ則ち佛の示したまう観なり。いわゆる衆生領解の心をもって、佛の示したまう観を持ち、弥陀の功徳を悟るが故に、観と名づくと釈するなり。

【三十六丁右】

問いて云わく、「照弥陀正依等事」[*4]は、何物を照らすぞや。答えて云わく、浄信心とは三心を発して弥陀の功徳を悟ると云うとは、四十八願所成と今悟るなり[*5]。問いて云わく、この観は一向正因に限るか。答えて云わく、正因を押さえて、その上にて正行にも通ずと意得べし。問いて云わく、正行の面にて、この十六観に亘るべきや。答えて云わく、しからず。十三観に限るべし。散善に亘る観は正行にあらざるの故に。問いて云わく、上の無量寿を開して弥陀の依・正二報と釈したまえり。これは十三観の所観なり。これに与うる所観を能観の観と定めて、正行の観なるべし。正行の観の十三観に限る所以は何。

＊1　「常以浄信心手」（『大正蔵』三七・二四七頁上）
＊2　『観経疏』では「正依」、遊行寺蔵本等『他筆鈔』では「依正」とある
＊3　「智慧之輝」（『大正蔵』三七・二四七頁上）　大谷大学蔵本及び浄橋寺蔵本には「光に」の記述がない
＊4　「照彼彌陀正依等事。」（『大正蔵』三七・二四七頁上）
＊5　大谷大学蔵本及び浄橋寺蔵本には「今悟らしむるなり」とある

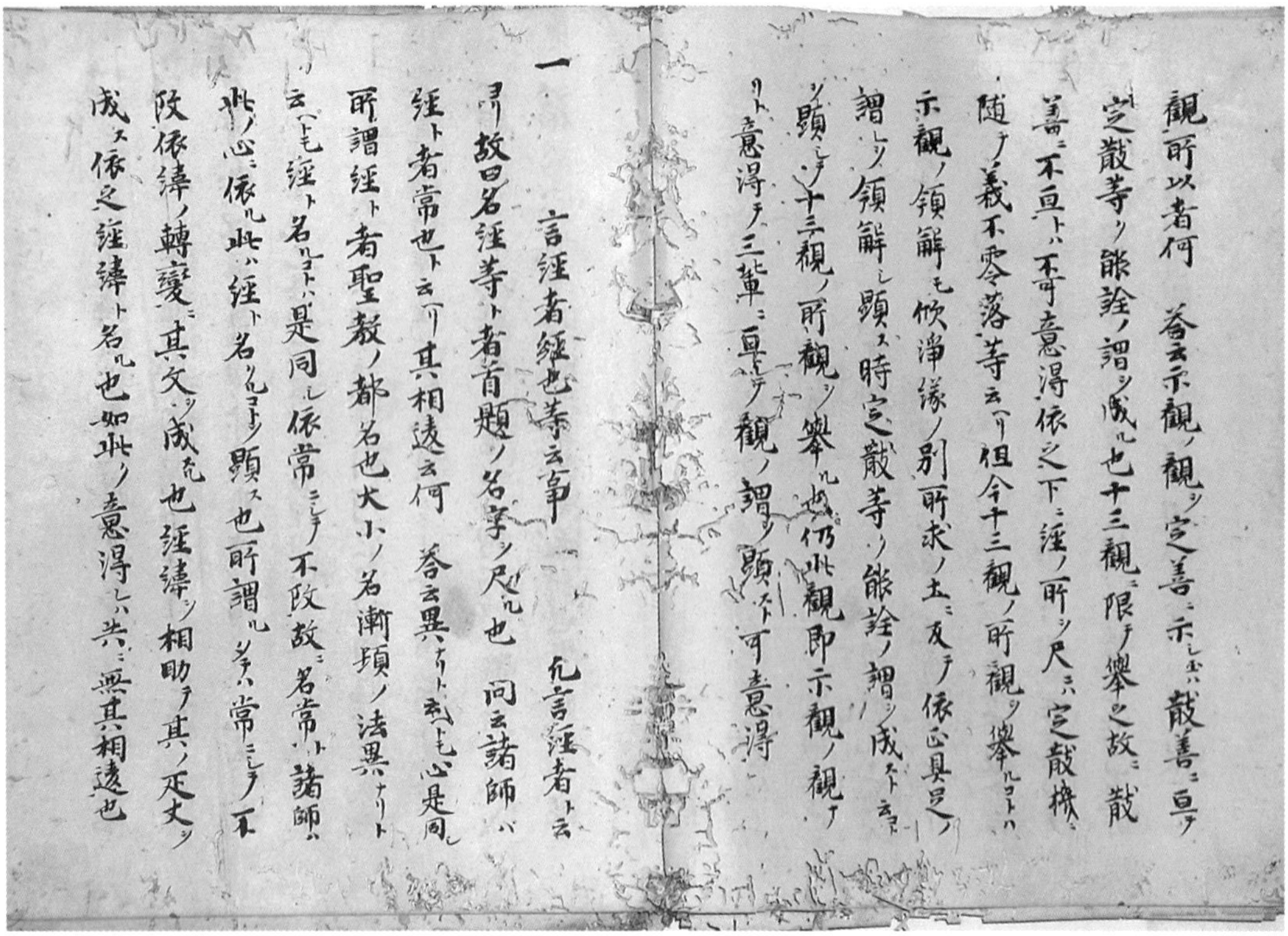

（三十六丁左）

観二所以者何　荅云示観《ノ》観《ヲ》𡧘善《ニ》示《シ玉ハ、》散善《ニ》亘《テ》
𡧘散等《ク》能詮《ノ》謂《ヲ》成《ル》也十三観《ニ》限《テ》舉之故《ニ》散
善《ニ》不亘一《トハ》不可意淂一依之二下《ニ》經《ノ》所《ヲ》尺《ニハ》𡧘散機《ニ》
随《テ》義不零落一等云《ヘリ》但今十三観《ノ》所観《ヲ》舉《ルコトハ》
示観《ノ》領解《モ》欣淨縁ノ別所求《ノ》土《ニ》反《テ》依正具足《ノ》
謂《レヲ》領解《シ》顕《ス》時𡧘散等《ク》能詮《ノ》謂《ヲ》成《スト》云《コト》
《ヲ》顕《シテ》十三観《ノ》所観《ヲ》舉《ル》也仍此観即示観《ノ》観《ナ》
《リト》意淂《テ》三輩《ニ》亘《シテ》観《ノ》謂《ヲ》顕《スト》可意淂一

（三十七丁右）

一　　言経者経也等云事　　凡言経者《ト》云
《ヨリ》故曰名経等《ト》者首題《ノ》名字《ヲ》尺《ル》也　問云諸師《ハ》
経《ト》者常也《ト》云《ヘリ》其相遠云何　荅云異《ナリト》云《ヘトモ》心是同《シ》
所謂経《ト》者聖教《ノ》都名也大小《ノ》名漸頓《ノ》法異《ナリト》
云《ヘトモ》経《ト》名《ルコトハ》是同《シ》依常《ニシテ》不阞一故《ニ》名常一諸師《ハ》
此《ノ》心《ニ》依《ル》此《ハ》経《ト》名《クルコトヲ》顕《ス》也所謂《ル》タテハ常《ニシテ》不
阞一依緯《ノ》轉變《ニ》其《ノ》文《ヲ》成《スル》也経緯《ヲ》相助《テ》其《ノ》疋丈《ヲ》
成《ス》依之一経緯《ト》名《ル》也如此《ク》意淂《レハ》共《ニ》無其相遠一也

【三十六丁左】
答えて云わく、示観の観を定善に示したまわば、散善に亘りて定・散等しく能詮の謂れを成ずるなり。十三観に限りて挙ぐるの故に、散善に亘らずとは意得べからず。これによりて下に「経」の所を釈するには、「定・散、機に随いて、義、零落せず」[*1]等云えり。ただし今、十三観の所観を挙ぐることは、示観の領解も欣浄縁の別所求の土に反りて、依・正具足の謂れを領解し顕わす時、定・散等しく能詮の謂れを成ずと云うことを顕わして、十三観の所観を挙ぐるなり。よってこの観即ち示観の観なりと意得て、三輩に亘して観の謂れを顕わすと意得べし。

【三十七丁右】
一、「言経者経《たて》也」等云う事。
およそ「言経者」と云うより「故曰名経」[*2]等とは、首題の名字を釈するなり。問いて云わく、諸師は経とは常なりと云えり。その相違、いかん。答えて云わく、異なりと云えども心これ同じ。いわゆる経とは聖教の都《すべ》ての名なり。大小の名、漸・頓の法異なりと云えども、経と名づくることはこれ同じ。よって常にして改めざる故に常と名づく。諸師はこの心に依る。これは経と名づくることを顕わすなり。いわゆるたては常にして改めず、緯《ぬき》の転変によって、その文を成ずるなり。経・緯を相助けて、その疋丈《ひつじょう》を成ず。これによって経・緯と名づくるなり。かくのごとく意得れば、共にその相違なきなり。

＊1　「定散随機義不零落。」(『大正蔵』三七・二四七頁上)
＊2　「言經者經也。經能持緯。得成匹丈有其丈用。經能持法理事相應。定散随機義不零落。能令修趣之者必藉教行之縁因乘願往生證彼無爲之法樂。既生彼國更無所畏。長時起行果極菩提。法身常住比若虚空。能招此益故曰爲經」(『大正蔵』三七・二四七頁上)

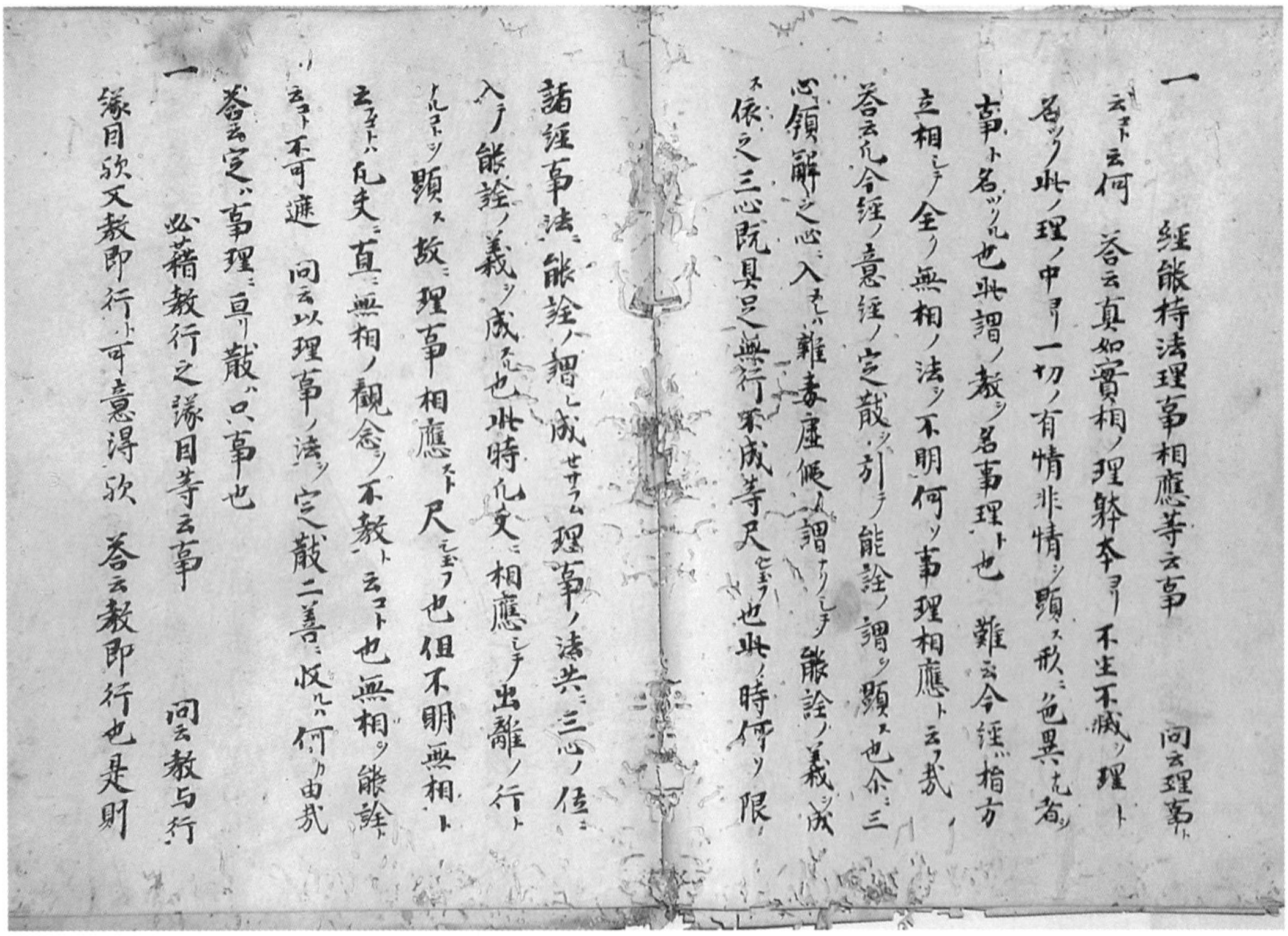

（三十七丁左）

一　　經能持法理事相應等云事　　問云理事《ト》
云《コト》云何　荅云真如實相《ノ》理躰本《ヨリ》不生不滅《ヲ》理《ト》
名《ツク》此《ノ》理《ノ》中《ヨリ》一切《ノ》有情非情《ヲ》顕《ス》形《ニ》色異《ナル》者《ヲ》
事《ト》名《ツクル》也此謂《ノ》教《ヲ》名事理《ト》一也　難云今經《ハ》指方
立相《シテ》全《ク》無相《ノ》法《ヲ》不明一何《ソ》事理相應《ト》云《フ》哉
荅云凡《ク》今經《ノ》意經《ノ》亡散《ヲ》引《テ》能詮《ノ》謂《ヲ》顕《ス》也尒《ニ》三
心領解之心《ニ》入《ヌレハ》雑毒虚假《ノ》謂《ナクシテ》能詮《ノ》義《ヲ》成
依《ス》之三心既具足無行不成等尺《シ玉フ》也此《ノ》時何《ソ》限

（三十八丁右）

諸經事法《ニ》一能詮《ノ》謂《レ》成《セサラム》　理事《ノ》法共《ニ》三心《ノ》位《ニ》
入《テ》能詮《ノ》義《ヲ》成《スル》也此時凡夫《ニ》相應《シテ》出離《ノ》行《トナルコトヲ》
　顕《ス》故《ニ》理事相應《スト》尺《シ玉フ》也但不明無相《ト》一
云《フコトハ》凡夫《ニ》直《ニ》無相《ノ》觀念《ヲ》不教《ト》二云《コト》也無相《ヲ》能詮《ト》
云《コト》不可遮　問云以理事《ノ》法《ヲ》一亡散二善《ニ》収《ルハ》何《カ》由哉
荅云亡《ハ》事理《ニ》亘《リ》散《ハ》只事也
一　　必藉教行之縁囙等云事　　問云教与行一
縁囙欤又教即行《ト》可意得一欤　荅云教即行也是則

【三十七丁左】

一、「経能持法理事相応」等云う事。

問いて云わく、「理事」と云うこと、いかん。答えて云わく、真如実相の理体、本《もと》より不生不滅を理と名づく。この理の中より、一切の有情・非情を顕わす形に色異なる者を事と名づくるなり。この謂れの教えを「事理[*1]」と名づくるなり。難じて云わく、今経は指方立相して、全く無相の法を明かさず。何ぞ事・理相応と云う。答えて云わく、およそ今経の意、経[*2]の定・散を引きて能詮の謂れを顕わすなり。しかるに三心領解の心に入りぬれば、雑毒虚仮の謂れなくして、能詮の義を成ず。これによって「三心既具足[*3]無行不成[*4]」等釈したまうなり。

【三十八丁右】

この時、何ぞ諸経、事法に限り、能詮の謂れ成ぜざらん。理・事の法、共に三心の位に入りて能詮の義を成ずるなり。この時、凡夫に相応して出離の行となることを顕わす。故に理・事相応す[*5]と釈したまうなり。ただし無相と明かさずと云うことは、凡夫に直ちに無相の観念を教えずと云うことなり。無相を能詮と云うこと遮すべからず。問いて云わく、理・事の法をもって定・散二善に収むるは何が由や。答えて云わく、定は事・理に亘り、散はただ事なり。

一、「必籍教行之縁因」等云う事。

問いて云わく、行と教、縁因か。また教即ち行と意得べきか。答えて云わく、教即ち行なり。

＊1　大谷大学蔵大では「事謂」とある
＊2　浄橋寺蔵本では「諸経」とある
＊3　大谷大学蔵大及び浄橋寺蔵本は「足」の字がない
＊4　「三心既具。無行不成」(『大正蔵』三七・二七三頁中)
＊5　大谷大学蔵本及び浄橋寺蔵本には「して出離の行~理事相応す」の部分が脱落

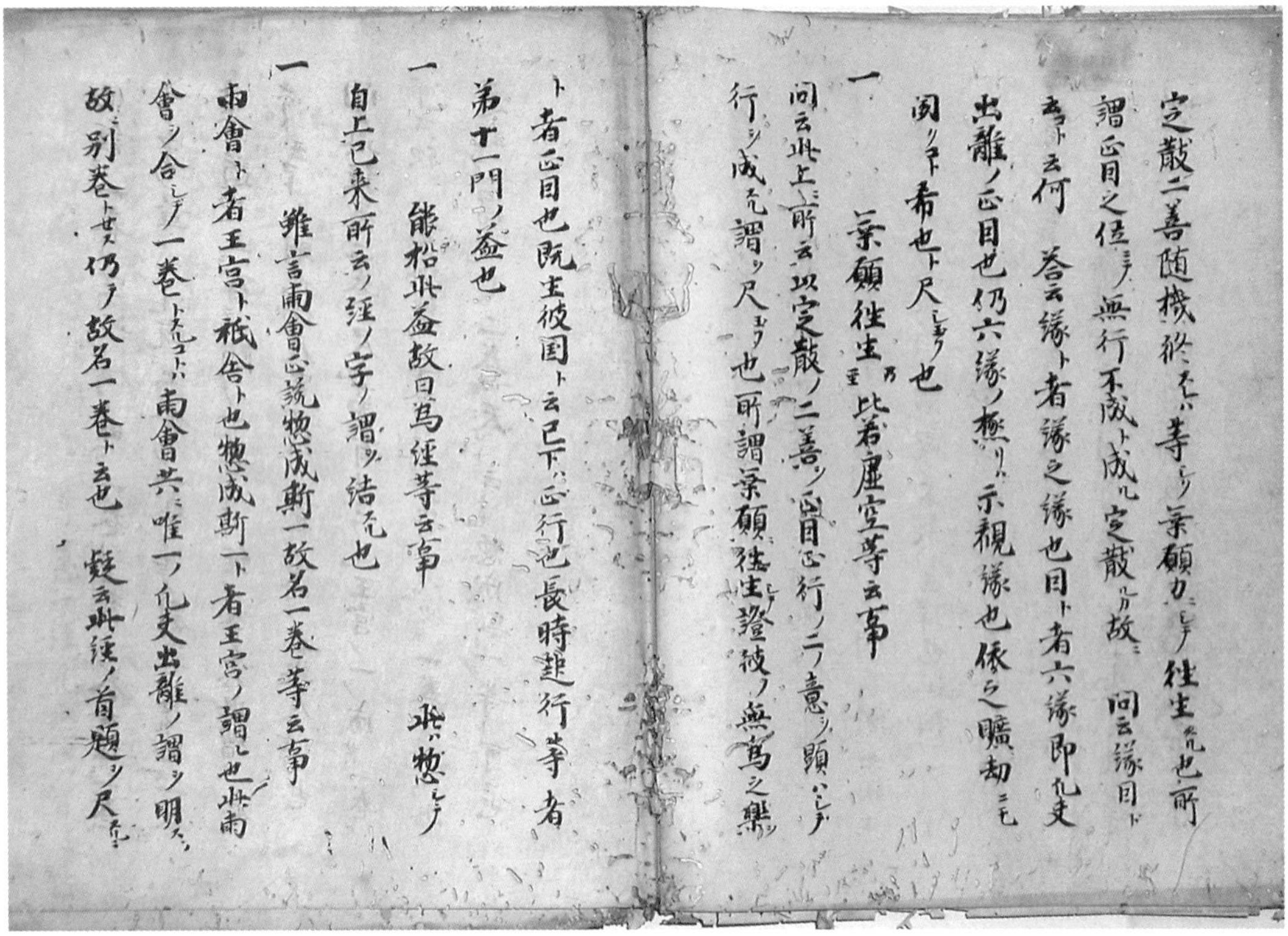

〔三十八丁左〕

㝎散二善随機㆒修《スレハ》等《シク》乗願力《ニ》㆒《シテ》往生《スル》也所
謂正囙之位《ニテ》無行不成《ト》成《ル》㝎散《ナルカ》故《ニ》問云縁囙《ト》
云《コト》云何　荅云縁《ト》者縁之縁也囙《ト》者六縁即凢夫
出離《ノ》正囙也仍六縁《ノ》標《リハ》示観縁也依之曠劫《ニモ》
聞《クコト》希也《ト》尺《シ玉フ》也
一　乗願往生乃至比若虚空等云事
問云此上《ニ》所云㆒以㝎散《ノ》二善《ヲ》㆓正囙正行《ノ》二《ノ》意《ヲ》顕《ハシテ》
行《ヲ》成《スル》謂《ヲ》尺《玉フ》也所謂乗願《ニ》㆒往生《シテ》證彼《ノ》無為之樂《ヲ》㆒

〔三十九丁右〕

《ト》者正囙也既生彼国《ト》云已下《ハ》正行也長時起行等者
第十一門《ノ》益也
一　能粭此益故曰為経等云事　此《ハ》惣《シテ》
自上㆓已来所云《ノ》㆒経《ノ》字《ノ》謂《ヲ》結《スル》也
一　雖言両會正説惣成斯一故名一巻等云事
両會《ト》者王宮《ト》祇舎《ト》也惣成斯一《ト》者王宮《ノ》謂《レ》也此両
會《ヲ》合《シテ》一巻《トスルコトハ》両會共《ニ》唯一《ノ》凢夫出離《ノ》謂《ヲ》明《ス》
故《ニ》別巻《トセス》仍《テ》故名一巻《ト》云也　疑云此経《ノ》首題《ヲ》尺《スルニ》

【三十八丁左】
これ即ち定・散二善、機に随いて修すれば、等しく願力に乗じて往生するなり。いわゆる正因の位にて、無行不成と成る定・散なるが故に。問いて云わく縁因と云うこと、いかん。答えて云わく、縁とは縁の縁なり。因とは六縁即ち凡夫出離の正因なり。よって六縁の極まりは示観縁なり。これによって、曠劫にも聞くこと希なりと釈したまうなり。
一、「乗願往生乃至比若虚空」等云う事。
問いて云わく、この上に云うところの定・散の二善をもって正因・正行の二の意を顕わして、行を成ずる謂れを釈したまうなり。いわゆる「願に乗じて往生して、かの無為の楽を証す」とは正因なり。

【三十九丁右】
「既生彼国」と云う已下は正行なり。「長時起行」等は第十一門の益なり。
一、「能招此益故曰為経」等云う事。
これは惣じて上よりこのかた云うところの経の字の謂れを結するなり。
一、「雖言両会正説惣成斯一故名一巻」[*1]等云う事。
「両会」とは、王宮と耆闍となり。「惣成斯一」とは、王宮の謂れなり。この両会を合して一巻とすることは、両会共に唯一の凡夫出離の謂れを明かす故に、別巻とせず。よって「故名一巻」と云うなり。疑いて云わく、この経の首題を釈するに、しかるに経には一巻の字なし。

＊1　「雖言兩會正説。總成斯一故名一卷。」（『大正蔵』三七・二四七頁上）

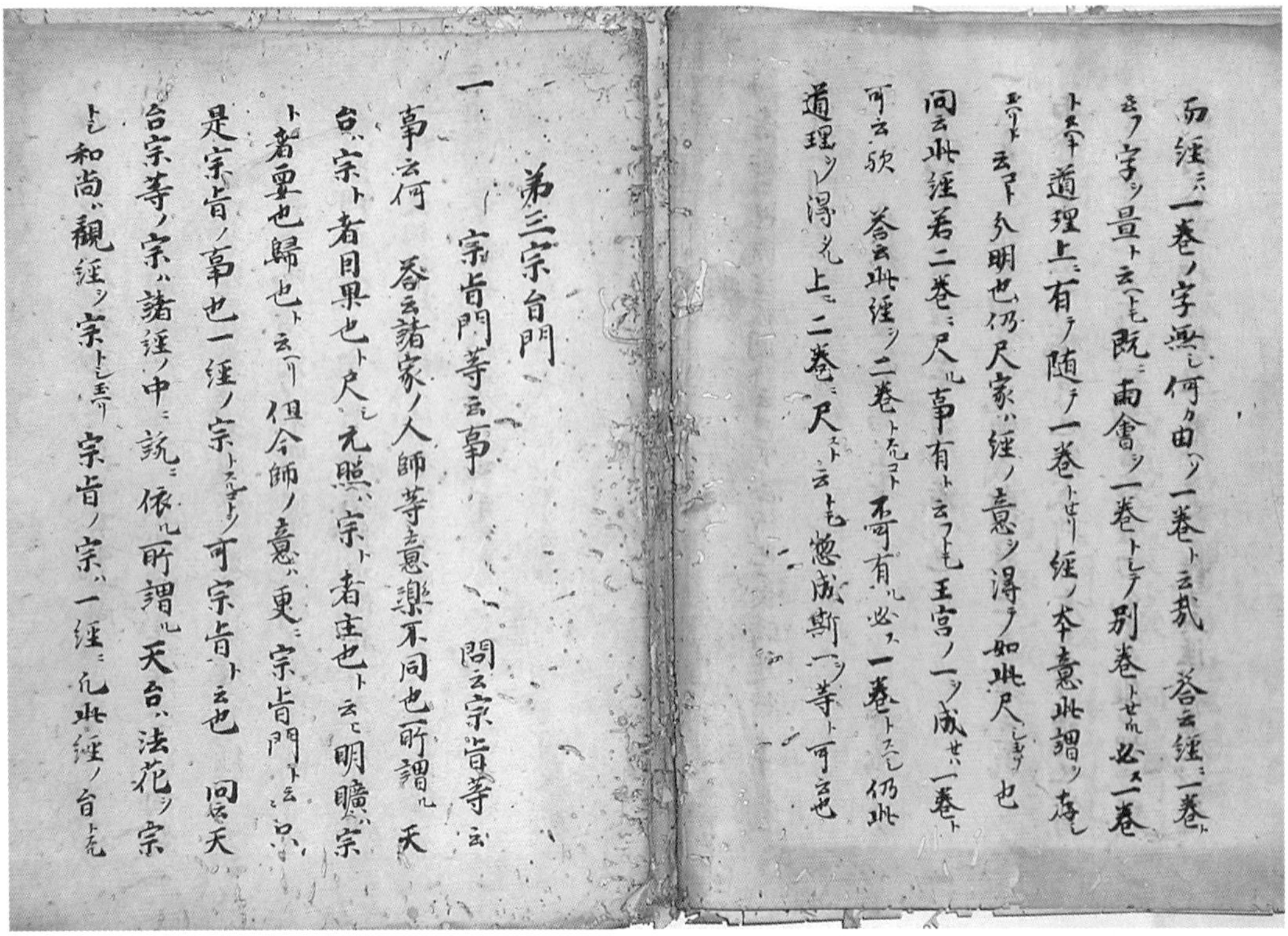

(三十九丁左)

而経《ニハ》一巻《ノ》字無《シ》何《カ》由《ヘソ》一巻《ト》云哉　荅云経《ニ》一巻《ト》
云《フ》字《ヲ》畳《ト》云《ヘトモ》既《ニ》両會《ヲ》一巻《トシテ》別巻《トセ爪》必《ス》一巻《トスヘキ》
道理上《ニ》有《テ》随《テ》一巻《トセリ》経《ノ》本意此謂《ヲ》存《シ玉ヘリト》
云《コト》分明也仍尺家《ハ》経《ノ》意《ヲ》淂《テ》如此尺《シ玉フ》也
問云此経若二巻《ニ》尺《ル》事有《ト》云《フトモ》王宮《ノ》一《ヲ》成《セハ》一巻《ト》
可云歟　荅云此経《ヲ》二巻《トスルコト》不可有《ル》必《ス》一巻《トスヘシ》　仍此
道理《ヲ》淂《タル》上《ニ》二巻《ニ》尺《スト》云《トモ》惣成斯一《ヲ》等《ト》可云也

(四十丁右)

第三宗台門

一　　宗旨門等云事　　　問云宗旨等云
事云何　荅云諸家《ノ》人師等意楽不同也所謂《ル》天
台宗《ハ》者《ト》曰果也《ト》尺《シ》元照《ハ》宗《ト》者主也《ト》云《ヒ》明曠《ハ》宗《ト》
者要也帰也《ト》云《ヘリ》但今師《ノ》意《ハ》更《ニ》宗旨門《ト》云ゝ只
是宗旨《ノ》事也一経《ノ》宗《トスルコトヲ》可宗旨《ト》云也　問云天
台宗等《ノ》宗《ハ》諸経《ノ》中《ニ》說《ニ》依《ル》所謂《ル》天台《ハ》法花《ヲ》宗《トシ》
和尚《ハ》観経《ヲ》宗《トシ玉ヘリ》　宗旨《ノ》宗《ハ》一経《ニ》凢此経《ノ》台《トスル》

【三十九丁左】

何が由《ゆえ》ぞ一巻と云う。答えて云わく、経に一巻と云う字を置くと云えども、既に両会を一巻として別巻とせず。必ず一巻とすべき道理、上にありて随いて一巻とせり。経の本意、この謂れを存じたまえりと云うこと分明[*1]なり。よって釈家は経の意を得て、かくのごとく釈したまうなり。問いて云わく、この経もし二巻に釈することありと云うとも、王宮の一を成ぜば一巻と云うべきか。答えて云わく、この経を二巻とすることあるべからず。必ず一巻とすべし。よってこの道理を得たる上に、二巻に釈すと云えども、「惣成斯一」等と云うべきなり。

【四十丁右】

第三宗旨門

一、「宗旨門[*2]」等云う事。

問いて云わく、「宗旨」等云うこと、いかん。答えて云わく、諸家の人師等意楽不同なり。いわゆる天台は宗とは因果なりと釈し、元照は宗とは主なりと云い、明曠は宗とは要なり、帰なりと云えり。ただし今師の意は更に宗旨門と云云。ただこれ宗旨のことなり。一経の宗とすることを宗旨とすべしと云うなり。問いて云わく、天台宗等の宗は諸経の中に説に依る。いわゆる天台は法華を宗とし、和尚は観経を宗としたまえり。宗旨の宗は一経におよそ此経の旨とする物と云うことなり。

＊1　大谷大学蔵本には「分別明」とある

＊2　「三辯釋宗旨不同教之大小者。」（『大正蔵』三七・二四七頁上）

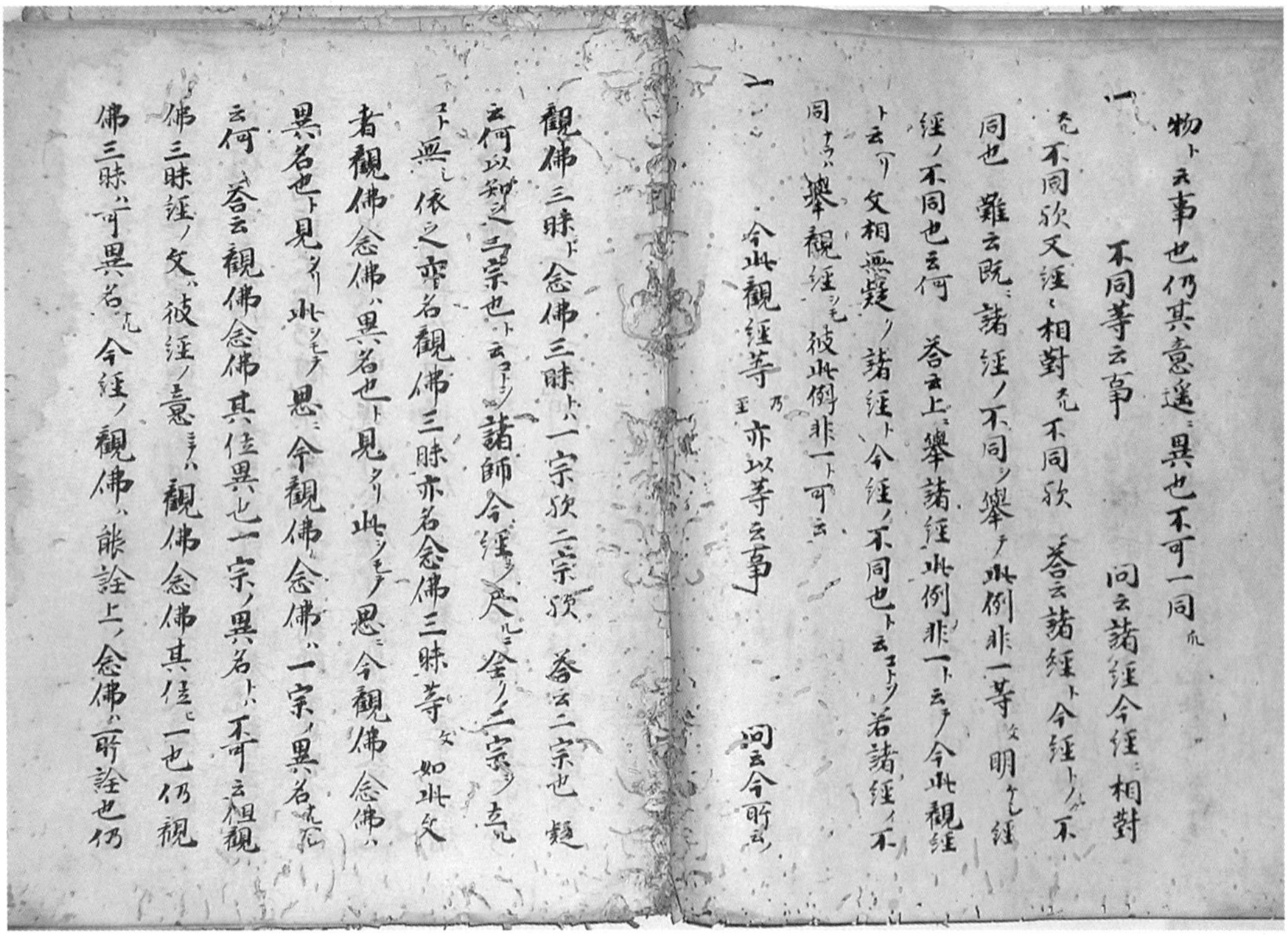

（四十丁左）

物《ト》云事也仍其意遥《ニ》異也不可一同爪

一　　不同等云事　　問云諸経今経《ニ》相對《スル》

不同欤又経〻相對《スル》不同欤　荅云諸経《ト》今経《トノ》不

同也　難云既《ニ》諸経《ノ》不同《ヲ》舉《テ》此例非一等《文》明《ケシ》経

経《ノ》不同也云何　荅云上《ニ》舉諸経㆒此例非一《ト》云《テ》今此観経《ト》

云《ヘリ》文相無疑《ク》㆒諸経《ト》今経《ノ》不同也《ト》云《コトヲ》若諸経《ノ》不

同《ナラハ》舉観経㆒《ヲモ》彼此例非一《ト》可云㆒

一　　今此観経乃至亦以等云事　　問云今旿云《ノ》

（四十一丁右）

観佛三昧《ト》念仏三昧《トハ》一宗欤二宗欤　荅云二宗也　疑

云何以知之㆓二宗也《ト》云《コトヲ》諸師今経《ヲ》尺《ルニ》全《ク》二宗《ヲ》立《ルコト》

無《シ》依之㆒亦名観佛三昧㆒亦名念佛三昧㆒等《文》如此文

者観佛念佛《ハ》異名也《ト》見《タリ》此《ヲモテ》思《ニ》今観佛念佛《ハ》

異名也《ト》見《タリ》此《ヲモテ》思《ニ》今観佛念佛《ハ》一宗《ノ》異名《ナルヘシ》

云何　荅云観佛念佛其位異也一宗ノ異名《トハ》不可云㆒但観

佛三昧経《ノ》文《ハ》彼経《ノ》意《ニテハ》観佛念佛其位《ヒ》一也仍観

佛三昧《ハ》可異名《ナル》今経《ノ》観佛《ハ》能詮上《ノ》念佛《ハ》旿詮也仍

【四十丁左】

よってその意、遥かに異なり。一同すべからず。

一、「不同」[*1]等云う事。

問いて云わく、諸経今経に相対する不同か、また経々相対する不同か。答えて云わく、諸経と今経との不同なり。難じて云わく、既に諸経の不同を挙げて、「此例非一」[*2]等文、明きらけし。経・経の不同なり、いかん。答えて云わく、上に諸経を挙げ「此例非一」と云いて、「今此観経」[*3]と云えり。文相疑なく諸経と今経の不同なりと云うことを。若し諸経の不同ならば、『観経』をも挙げ、「彼此例非一」と云うべし。

一、「今此観経乃至亦以」[*4]等云う事。

問いて云わく、今云うところの観佛三昧と念仏三昧とは一宗か二宗か。答えて云わく、二宗なり。

【四十一丁右】

疑いて云わく、何をもってこれを知る。二宗なりと云うことを。諸師今経を釈するに、全く二宗を立つることなし。これによって「また観佛三昧と名づく、また念佛三昧と名づく」等文。かくのごとき文は観佛・念佛は異名なりと見えたり。[*5]これをもって思うに、今、観佛・念佛は一宗の異名なるべし、いかん。答えて云わく、観佛・念佛その位異なり。一宗の異名とは云うべからず。ただし観佛三昧経の文は、かの経の意にては観佛・念佛その位一なり。よって観佛三昧は異名なるべし。今経の観佛は能詮、上の念佛は所詮なり。

＊1　「三辯釋宗旨不同教之大小者。」（『大正蔵』三七・二四七頁上）
＊2　「如維摩經以不思議解脱爲宗。如大品經以空慧爲宗。此例非一。」（『大正蔵』三七・二四七頁上）
＊3　「今此觀經即以觀佛三昧爲宗。亦以念佛三昧爲宗。」（『大正蔵』三七・二四七頁上）
＊4　「今此觀經即以觀佛三昧爲宗。亦以念佛三昧爲宗。」（『大正蔵』三七・二四七頁上）
＊5　遊行寺本は、この文をくりかえす。誤写か、ここではくりかえさない

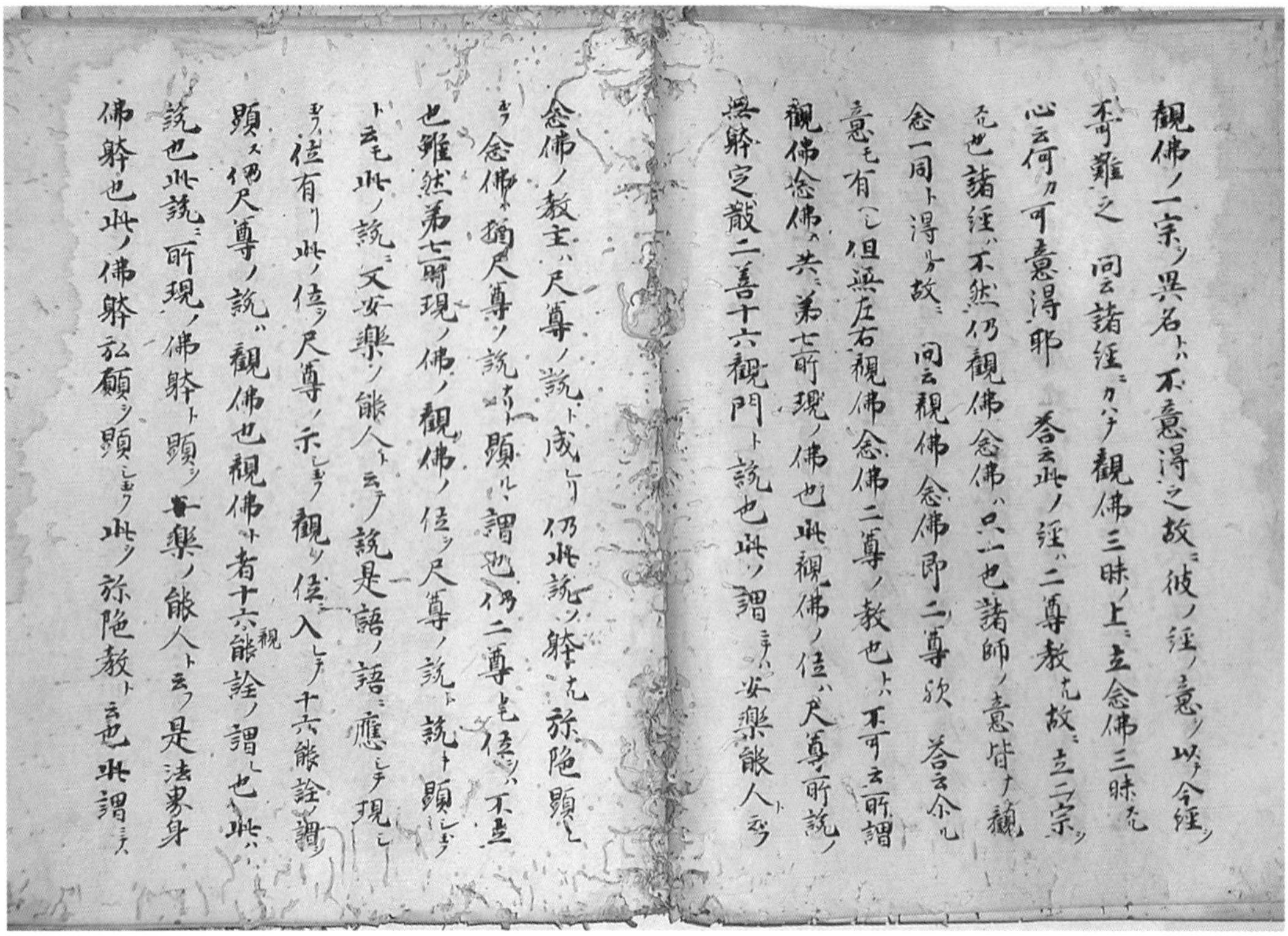

（四十一丁左）

観佛《ノ》一宗《ヲ》異名《トハ》不意淂㆓之故《ニ》彼《ノ》経《ノ》意《ヲ》以《テ》今経《ヲ》
不可難㆒之　問云諸経《ニ》カハテ観佛三昧《ノ》上《ニ》立念佛三昧《スル》
心云何《カ》可意淂㆒耶　荅云此《ノ》経《ハ》二尊教《ナル》故《ニ》立二宗㆒《ヲ》
《スル》也諸経《ハ》不然㆒仍観佛念佛《ハ》只一也諸師《ノ》意皆《ナ》観
念一同《ト》淂《ルカ》故《ニ》　問云観佛念佛即二尊歟　荅云尒《ル》
意《モ》有《ヘシ》但無左右㆒観佛念佛二尊《ノ》教也《トハ》不可云㆓旷謂
観佛念佛《ハ》共《ニ》第七旷現《ノ》佛也此観佛《ノ》位《ハ》尺尊旷説《ノ》
無躰㝎散二善十六観門《ト》説也。此《ノ》謂《ニテハ》安樂能人《ト》云《フ》

（四十二丁右）

念佛ノ教主《ハ》尺尊《ノ》説《ト》成《レリ》仍此説《ノ》躰《ナル》弥陀顕《レ》
《玉フ》念佛《ハ》猶尺尊《ノ》説《ナリト》顕《ル、》謂也仍二尊《トモ》位《ヲハ》不立㆒
也雖然第七旷現《ノ》佛《ノ》観佛《ノ》位《ヲ》尺尊《ノ》説《ト》説《キ》顕《シ玉フ》
《ト》云《モ》此《ノ》説《ニ》又安樂《ノ》能人《ト》云《テ》説是語《ノ》語《ニ》應《シテ》現《シ》
《玉フ》位有《リ》此《ノ》位《ヲ》尺尊《ノ》示《シ玉フ》観《ノ》位《ニ》入《レテ》十六能詮《ノ》謂《ヲ》
顕《ス》仍尺尊《ノ》説《ハ》観佛也観《ト》者十六○《観》能詮《ノ》謂《レ》也此《ハ》
説也此説《ニ》旷現《ノ》佛躰《ト》顕《ヲ》安樂《ノ》能人《ト》云《フ》是法界身
佛躰也此《ノ》佛躰弘願《ヲ》顕《シ玉フ》此《ヲ》弥陀教《ト》云也此謂《ニテハ》

【四十一丁左】

よって観佛の一宗を異名とは意得ざるの故に、彼の経の意をもって今経をこれ難ずべからず。問いて云わく、諸経に変わって、観佛三昧の上に念佛三昧を立する心、いかんが意得べき。答えて云わく、この経は二尊教なる故に、二宗を立するなり。諸経はしからず。よって観佛・念佛はただ一なり。諸師の意、皆観・念一同と得るが故に。問いて云わく、観佛・念佛、即ち二尊か。答えて云わく、しかる意もあるべし。ただし左右なく観佛・念佛二尊の教えなりとは云うべからず。いわゆる観佛・念佛は、共に第七所現の佛なり。この観佛の位は、釈尊所説の「無体定・散二善十六観門」と説くなり。この謂れにては、「安楽能人」[*1]と云う念佛の教主は釈尊の説と成れり。

【四十二丁右】

よってこの説の体なる弥陀、顕われたまう。念佛はなお釈尊の説なりと顕わるる謂れなり。よって二尊とも位をば立てざるなり。「しかりと雖も、第七所現の佛の観佛の位を釈尊の説と説き顕わしたまう」と云うも、この説にまた安楽の能人と云いて、説是語の語に応じて現じたまう位あり。この位を釈尊の示したまう観の位に入れて、十六能詮の謂れを顕わす。よって釈尊の説は観佛なり。観とは十六観能詮の謂れなり。これは説なり。この説に「所現の佛体」と顕わすを安楽の能人と云う。これ法界身、佛体なり。この佛体、弘願を顕わしたまう。これを弥陀教と云うなり。

＊1　「安樂能人顯彰別意之弘願。」（『大正蔵』三七・二四六頁中）

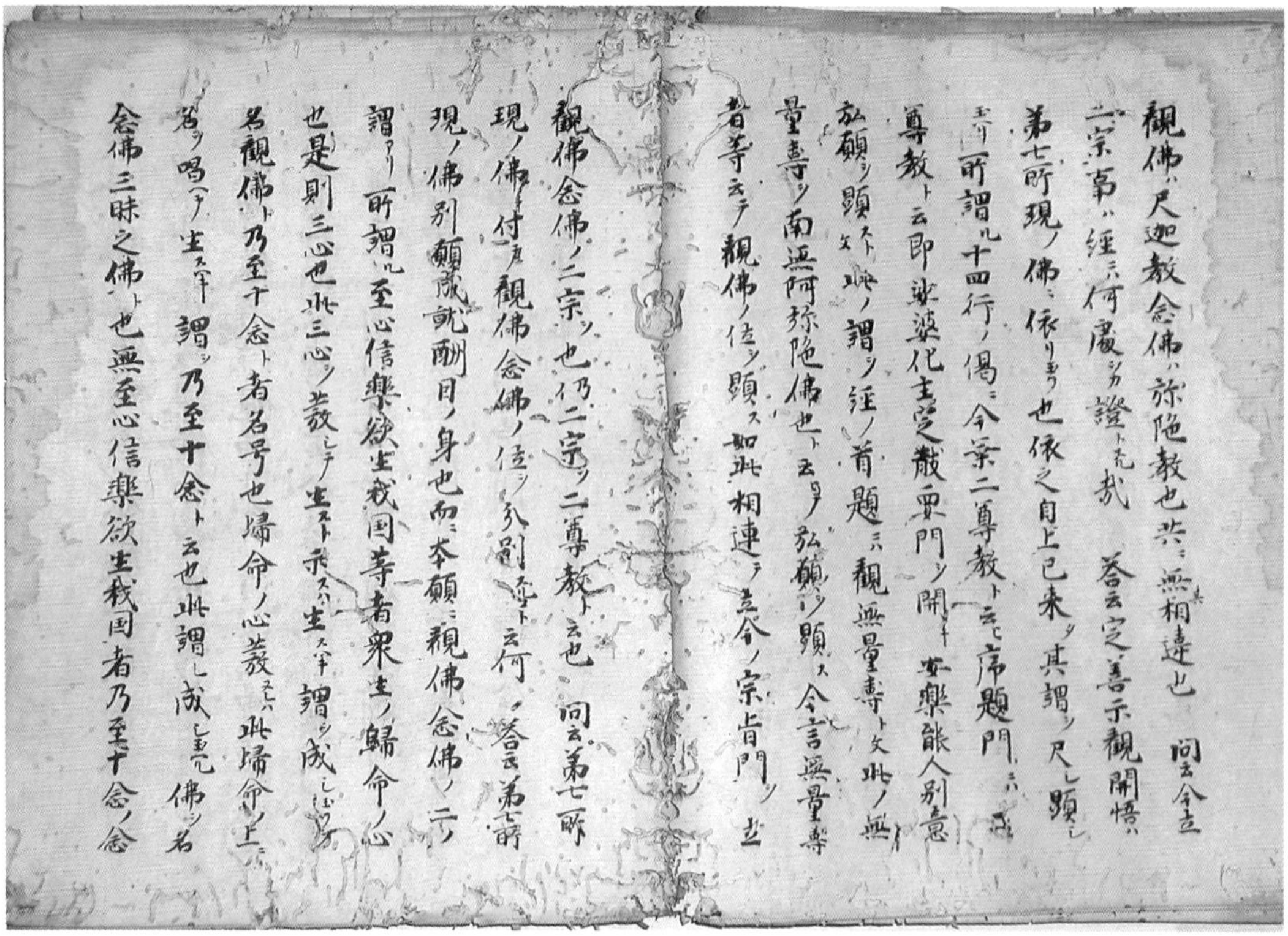

（四十二丁左）

観佛《ハ》尺迦教念佛《ハ》弥陁教也共《ニ》無○《其》相違也　問云今立
二宗一事《ハ》経《ニハ》何處《ヲカ》證《トスル》哉　荅云㝎善示観開悟《ハ》
第七𣅜現《ノ》佛《ニ》依《リ玉フ》也依之自上一已来《タ》其謂《ヲ》尺《シ》顕《シ》
一𣅜《玉ヘリ》謂《ル》十四行《ノ》偈《ニ》今乗二尊教《ト》云《ヒ》序題門《ニハ》一
尊教《ト》云即娑婆化主㝎散要門《ヲ》開《キ》安樂能人別意
弘願《ヲ》顕《スト》文此《ノ》謂《ヲ》経《ノ》首題《ニハ》観無量壽《ト》文此ノ無
量壽《ヲ》南無阿弥陀佛也《ト》云《ヒテ》弘願《ヲ》顕《ス》今言無量壽
者等云《テ》観佛《ノ》位《ヲ》顕《ス》如此相連《テ》立今《ノ》宗旨門《ヲ》立

（四十三丁右）

観佛念佛《ノ》二宗一也仍二宗《ヲ》二尊教《ト》云也　問云第七𣅜
現《ノ》佛《ニ》付《テ》観佛念佛《ノ》位《ヲ》分別《スルコト》云何　荅云第七𣅜
現《ノ》佛別願成就酬囙《ノ》身也而《ニ》本願《ニ》観佛念佛《ノ》二《ノ》
謂《アリ》𣅜謂《ル》至心信樂欲生我国等者衆生《ノ》歸命《ノ》心
也是則三心也此三心《ヲ》蕟《シテ》生《スト》示《スハ》生《スヘキ》《ヲ》謂成《シ玉フヲ》
名観佛《ト》一乃至十念《ト》者名号也歸命《ノ》心蕟《ヌレハ》此歸命《ノ》上《ニ》
名《ヲ》唱《ヘテ》生《スヘキ》《ヲ》謂乃至十念《ト》云也此謂《レ》成《シ玉ヘル》佛《ヲ》名
念佛三昧之佛一《ト》也無至心信樂欲生我国一者乃至十念《ノ》念

【四十二丁左】

この謂れにては、観佛は釈迦教、念佛は弥陀教なり。共にその相違なきなり。問いて云わく、今二宗を立つる事は、経には何れの処をか証とする。答えて云わく、定善示観、開悟は第七所現の佛に依りたまうなり。これによりて上よりこのかたその謂れを釈し顕わしたまえり。いわゆる「十四行の偈」に「今乗二尊教[*1]」と云い、序題門には「二尊教」と云う。即ち「娑婆の化主、定・散の要門を開き、安楽の能人は別意の弘願を顕わす[*2]」文と。この謂れを経の首題には「観無量寿」文と。この「無量寿」を「南無阿弥陀佛なり」と云いて、弘願を顕わす。「今、無量寿と言うは」等云いて、観佛の位を顕わす。かくのごとく相連ねて、今の宗旨門を立て、観佛・念佛の二宗を立つるなり。


【四十三丁右】

よって二宗を二尊教と云うなり。問いて云わく、第七所現の佛に付きて、観佛・念佛の位を分別すること、いかん。答えて云わく、第七所現の佛別願成就酬因の身なり。しかるに本願に観佛・念佛の二の謂れあり。いわゆる「至心に信楽して、我が国に生ぜんと欲す[*3]」等とは、衆生の帰命の心なり。これ則ち三心なり。この三心を発こして生ずと示すは、生ずべき謂れを成じたまうを観佛と名づく。「乃至十念」とは名号なり。帰命の心発こりぬれば、この帰命の上に名を唱えて生ずべき謂れを、乃至十念と云うなり。この謂れ成じたまえる佛を、念佛三昧の佛と名づくるなり。「至心に信楽して、我が国に生ぜんと欲す」ることなくば、乃至十念の念発こるべからず。

＊1　「今乗二尊教廣開淨土門」（『大正蔵』三七・二四六頁上）
＊2　然娑婆化主因其請故即廣開淨土之要門。安樂能人顯彰別意之弘願。」（『大正蔵』三七・二四六頁上）
＊3　「設我得佛。十方衆生至心信樂。欲生我國乃至十念。若不生者不取正覺。」（『大正蔵』十二・二六八頁上）

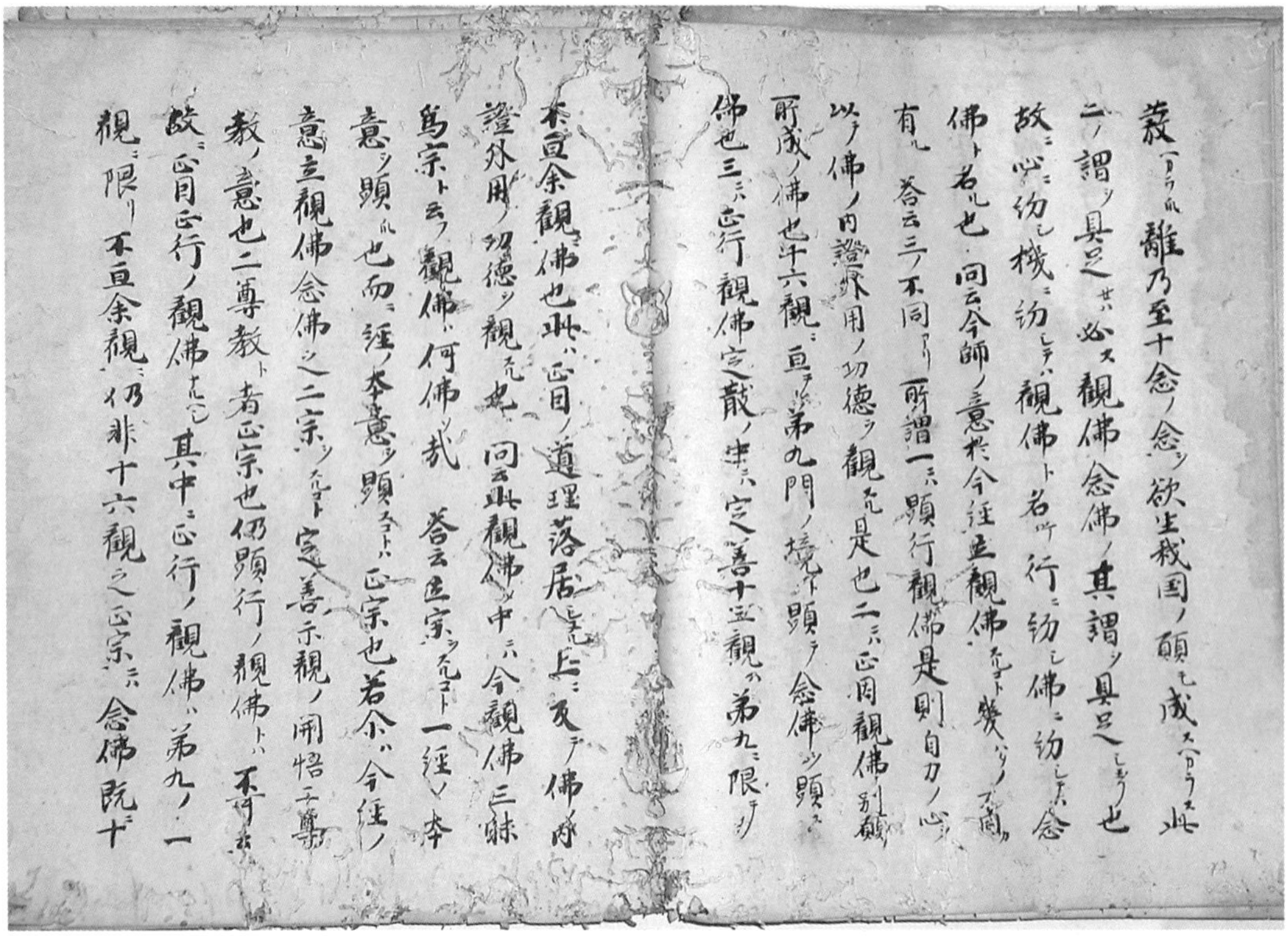

(四十三丁左)

莪《ヘカラス》　離乃至十念《ノ》念《ヲ》欲生我国《ノ》願《モ》成《スヘカラス》　此
二《ノ》謂《ヲ》具足《セハ》必《ス》観佛念佛《ノ》其謂《ヲ》具足《シ玉フ》也
故《ニ》心《ニ》約《シ》機《ニ》約《シテハ》　観佛《ト》名《ケ》行《ニ》約《シ》佛《ニ》約《シテハ》　念
佛《ト》名《ル》也　問云今師《ノ》意於今経立観佛《スルコト》幾《ハクノ》不同《カ》
有《ル》　荅云三《ノ》不同《アリ》　所謂一《ニハ》　顕行《ノ》観佛是則自力《ノ》心《ヲ》
以《テ》佛《ノ》内證外用《ノ》功徳《ヲ》観《スル》　是也二《ニハ》　正囙観佛別願
所成《ノ》佛也十六観《ニ》亘《テ》第九門《ノ》境《ト》顕《テ》念佛《ヲ》顕《ス》
佛也三《ニハ》　正行観佛宆散《ノ》中《ニハ》　宆善十三観《ハ》第九《ニ》限《テ》

(四十四丁右)

不亘余観佛《ニ》也此《ハ》正囙《ノ》道理落居《シヌル》　上《ニ》反《テ》佛《ノ》内
證外用《ノ》功徳《ヲ》観《スル》也　問云此観佛《ノ》中《ニハ》　今観佛三昧
為宗《ト》云《フ》観佛《ハ》何佛《ソ》耶　荅云立宗《ヲスルコト》一経《ノ》本
意《ヲ》顕《爪》也而《ニ》経《ノ》本意《ヲ》顕《スコトハ》　正宗也若尓《ハ》今経《ノ》
意立観佛念佛之二宗《ヲスルコト》宆善示観《ノ》開悟二尊
教《ノ》意也二尊教《ト》者正宗也仍顕行《ノ》観佛《トハ》不可云
故《ニ》正囙正行《ノ》観佛《ナルヘシ》　其中《ニ》正行《ノ》観佛《ハ》第九《ノ》一
観《ニ》限《リ》不亘余観《ニ》仍非十六観之正宗《ニハ》念佛既《ニ》十

【四十三丁左】

「乃至十念」の念を離れて、「我が国に生ぜんと欲す」の願も成ずべからず。この二の謂れを具足せば、必ず観佛・念佛のその謂れを具足したまうなり。故に心に約し機に約しては、観佛と名づけ、行に約し佛に約しては、念佛と名づくるなり。問いて云わく、今師の意、今経において観佛を立すること幾ばくの不同かある。答えて云わく、三の不同あり。いわゆる一には顕行の観佛、これ則ち自力の心をもって佛の内証・外用の功徳を観ずる、これなり。二には正因の観佛、別願所成の佛なり。十六観に亘って第九門の境と顕わして、念佛を顕わす佛なり。三には正行・観佛・定散の中には定善十三観は第九に限りて、余観に亘らざる佛なり。

【四十四丁右】

これは正因の道理、落居しぬる上に、反りて佛の内証・外用の功徳を観ずるなり。問いて云わく、この観佛の中には、今「観佛三昧を宗となす」[*1]と云う「観佛」は何佛ぞや。答えて云わく、宗を立すること、一経の本意を顕わすなり。しかるに経の本意を顕わすことは正宗なり。もししからば、今経の意、観佛・念佛の二宗を立すること、定善示観の開悟、二尊教の意なり。二尊教とは正宗なり。よって顕行の観佛とは云うべからず。故に正因・正行の観佛なるべし。その中に正行の観佛は、第九の一観に限り余観に亘らず。よって十六観の正宗にはあらず。

＊1 「今此観經即以観佛三昧爲宗。亦以念佛三昧爲宗。」（『大正蔵』三七・二四七頁上）

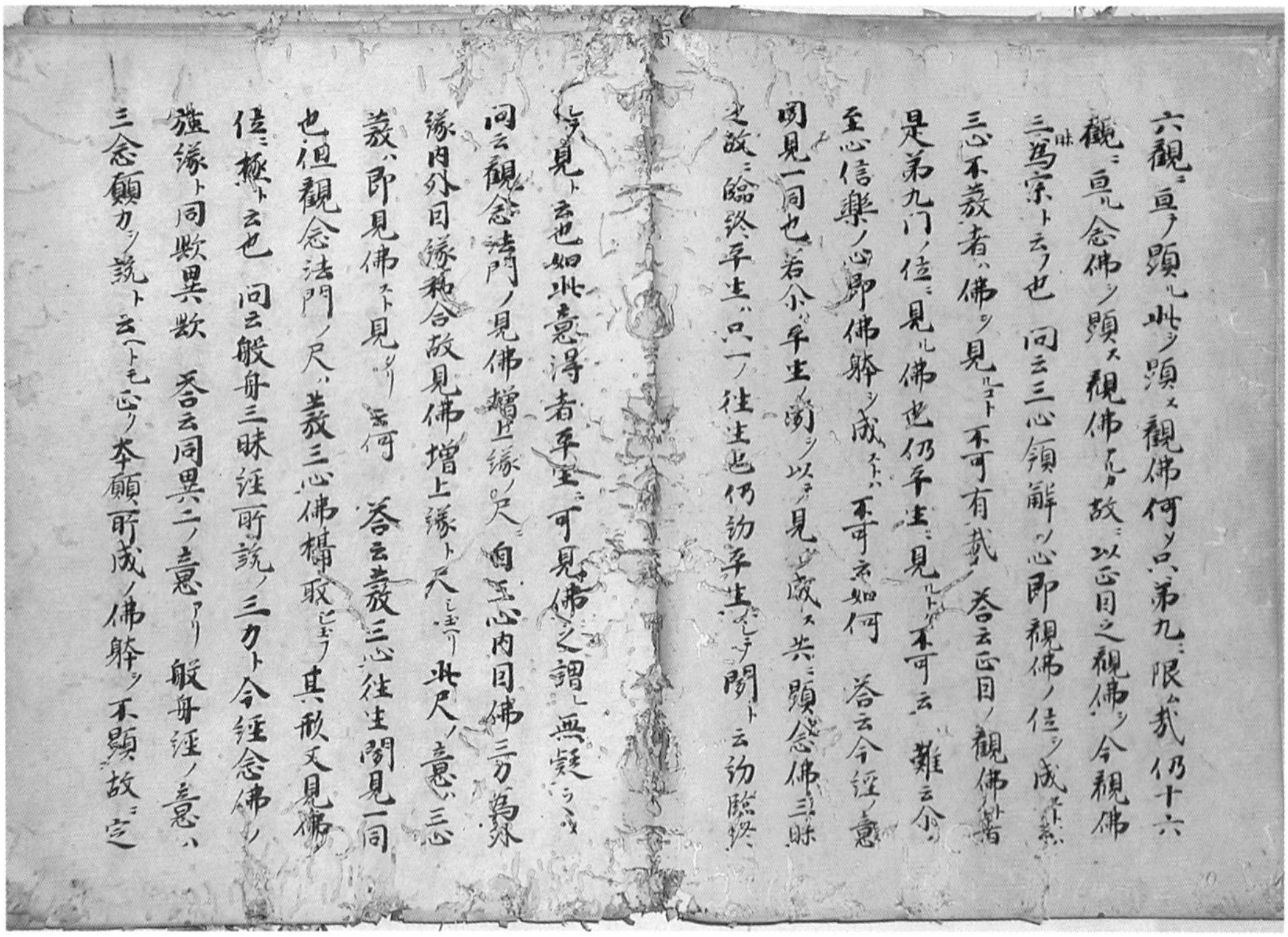

(四十四丁左)
六観《ニ》亘《テ》顕《ル》此《ヲ》顕《ス》観佛何《ソ》只第九《ニ》限《ム》㦲仍十六
観《ニ》亘《ル》念佛《ヲ》顕《ス》観佛《ナルカ》故《ニ》以正曰之観佛一《ヲ》今観佛
三〇《味》為宗《ト》云《フ》也　問云三心領解《ノ》心即観佛《ノ》位《ヲ》成《スト》云《ハ》
三心不菽一者《ハ》佛《ヲ》見《ルコト》不可有一㦲　荅云正曰《ノ》観佛《ト》者
是第九門《ノ》位《ニ》見《ル》佛也仍平生《ニ》見《ルトハ》不可云一難云尒《ハ》
至心信樂《ノ》心即佛躰《ヲ》成《ストハ》不可云一如何　荅云今経《ノ》意
聞見一同也若尒《ハ》平生《ノ》聞《ヲ》以《テ》見《ヲ》成《ス》共《ニ》顕《ス》念佛三昧一
之故《ニ》臨終平生《ハ》只一《ノ》往生也仍約平生一《ニ》《シテ》聞《ト》云約臨終一

(四十五丁右)
《シテ》見《ト》云也如此意淂者平生《ニ》可見佛一之謂《レ》無疑一《ウ》之《レ》
問云観念法門《ノ》見佛増上縁《ノ》尺《ニ》自三心内曰佛三力為外
縁内外曰縁和合故見佛増上縁《ト》尺《シ玉ヘリ》此尺《ノ》意《ハ》三心
菽《ハ》即見佛《スト》見《タリ》云何　荅云菽三心往生聞見一同
也但観念法門《ノ》尺《ハ》菽三心一佛攝取《シ玉フ》其形又見佛《ノ》
位《ニ》摽《ト》云也　問云般舟三昧経旪説《ノ》三力《ト》今経念佛《ノ》
強縁《ト》同歟異歟　荅云同異二一《ノ》意《アリ》般舟経《ノ》意《ハ》
三念願力《ヲ》説《ト》云《ヘトモ》正《ク》本願旪成《ノ》佛躰《ヲ》不顕一故《ニ》㝎

【四十四丁左】

念佛既に十六観に亘って顕わる。これを顕わす観佛、何ぞただ第九に限らん。よって十六観に亘る念佛を顕わす観佛なるが故に、正因の観佛をもって、今「観佛三昧を宗となす」と云うなり。問いて云わく、三心領解の心、即ち観佛の位を成ずと云うは、三心発さざる者は佛を見ることあるべからざるや。答えて云わく、正因の観佛とは、これ第九門の位に見る佛なり。よって平生に見るとは云うべからず。難じて云わく、しからば「至心信楽」の心、即ち佛体を成ずとは云うべからず、いかん。答えて云わく、今経の意、聞・見一同なり。もししからば平生の聞をもって見を成ず。共に念佛三昧を顕わすの故に、臨終・平生はただ一の往生なり。よって平生に約して聞と云い、臨終に約して見と云うなり。

【四十五丁右】

かくのごとく意得ば、平生に見佛すべきの謂れ、これを疑うなかれ。問いて云わく、『観念法門』の見佛増上縁の釈に「自《みずか》らの三心を内因とし、佛の三力を外縁となす。内・外の因縁和合するが故に、見佛増上縁[*1]」と釈したまえり。この釈の意は、三心発らば即ち見佛すと見えたり、いかん。答えて云わく、発三心往生、聞・見一同なり。ただし『観念法門』の釈は、三心を発して佛を摂取したまう。その形、また見佛の位に極むと云うなり。問いて云わく、『般舟三昧経』所説の「三力[*2]」と今経念佛の強縁と同か異か。答えて云わく、同・異二の意あり。「般舟（三昧）経」の意は、三念願力を説くと云えども、正しく本願所成の佛体を顕わさざる故に、定・散の上に三念願力を立てず。

＊1　「亦是彌陀佛三力外加。致使凡夫念者乗自三心力故得見佛。至誠心信心願心爲内因。又藉彌陀三種願力以爲外縁。外内因縁和合故即得見佛。故名見佛三昧増上縁」（『大正蔵』四七・二六頁下）

＊2　「持佛力。三昧力。本功徳力。」（『大正蔵』十三・八九九頁中）

(四十五丁左)

散《ノ》上《ニ》不立三念願力㆒仍《ヲ》今《ノ》一行《ト》同《トハ》不可云㆒又同《ト》云《フ》
意《アリ》所謂《ル》三念願力《ノ》中《ニ》大誓願力《ト》云今《ノ》本願也此《ノ》
謂《レニテ》同異《アルヘシ》　問云般舟経《ノ》三念願力《ト》者何等《ソ》耶
答云一《ニハ》大誓願力此《ハ》本願也二《ニハ》三昧定力是《ハ》定散《ノ》
功徳也三《ニハ》本功徳力是《ハ》本有常住《ノ》功徳也　疑云観
念法門《ノ》弥陀《ノ》三念願力《ハ》共《ニ》今《ノ》本願《ナルヘキカ》　云何　答
云今経《ノ》意《ニハ》共《ニ》可然㆒彼《ノ》経《ノ》面《ハ》共《ニ》本願《トハ》不可
意得㆒彼《ハ》諸佛《ノ》惣願《ヲ》今家《ノ》意通《シテ》別《ニ》入《レテ》尺《スル》也

(四十六丁右)

一　　三昧等云事　　問云三昧《ハ》梵語也此
云《ニハ》定《ト》翻《ス》而《ニ》今念佛《ト》者念佛《ヲ》定善《ト》可云㆒歟
答云三昧《ト》者調直定也而凡夫《ノ》乱想《ヲ》止《ルコトハ》今定善
示観《ノ》開悟也所謂《ル》示観領解《ノ》心發《ヌレハ》不留自力《ニ》
之故《ニ》乱想難成㆒《シト》云《コト》不可有㆒仍観佛三昧《ト》名《ク》念佛《ハ》
解《ノ》上《ノ》行《ナレハ》自力雜毒《ノ》謂《レ》無《シ》此《ヲ》衆生往生《ノ》行《ト》
云《ヒ》此念佛《ヲ》衆生《ノ》三昧《ノ》行《ト》云也如此意得者諸経《ノ》
三昧《ハ》五乗《ノ》用《ニ》搆《ムル》三昧也今《ノ》三昧《ハ》凡夫《ノ》上《ニ》所立㆒

【四十五丁左】

よって今の一行と同とは云うべからず。また同と云う意あり。いわゆる三念願力の中に、「大誓願力」と云う、今の本願なり。この謂れにて同・異あるべし。問いて云わく、『般舟経』の三念願力とは、何等ぞや。答えて云わく、一には大誓願力、これは本願なり。二には三昧定力、これは定・散の功徳なり。三には本功徳力、これは本有常住の功徳なり。疑いて云わく、観念法門の「弥陀の三念願力」[*1]は、共に今の本願なるべきか、いかん。答えて云わく、今経の意には共にしかるべし。かの経の面は、共に本願とは意得べからず。彼は諸佛の総願を、今家の意、通じて別に入れて釈するなり。

【四十六丁右】

一、「三昧」等云う事。

問いて云わく、「三昧」は梵語なり。此土には定と翻ず。しかるに今「念佛」とは、念佛を定善と云うべきか。答えて云わく、三昧とは調直定なり。しかるに凡夫の乱想を止むることは、今、定善示観の開悟なり。いわゆる示観領解の心発りぬれば、自力に留まらざるの故に、乱想成じ難しと云うことあるべからず。よって「観佛三昧」と名づく。念佛は解の上の行なれば、自力雑毒の謂れなし。これを衆生往生の行と云い、この念佛を衆生の三昧の行と云うなり。かくのごとく意得れば、諸経の三昧は五乗の用に摂《おさ》むる三昧なり。今の三昧は凡夫の上に立つるところなり。

＊1 「此即是彌陀佛三念願力外加故得令見佛。言三力者。即如般舟三昧經説云。一者以大誓願力加念故得見佛。二者以三昧定力加念故得見佛。三者以本功徳力加念故得見佛。」（『大正蔵』四七・二五頁下～二六頁上）

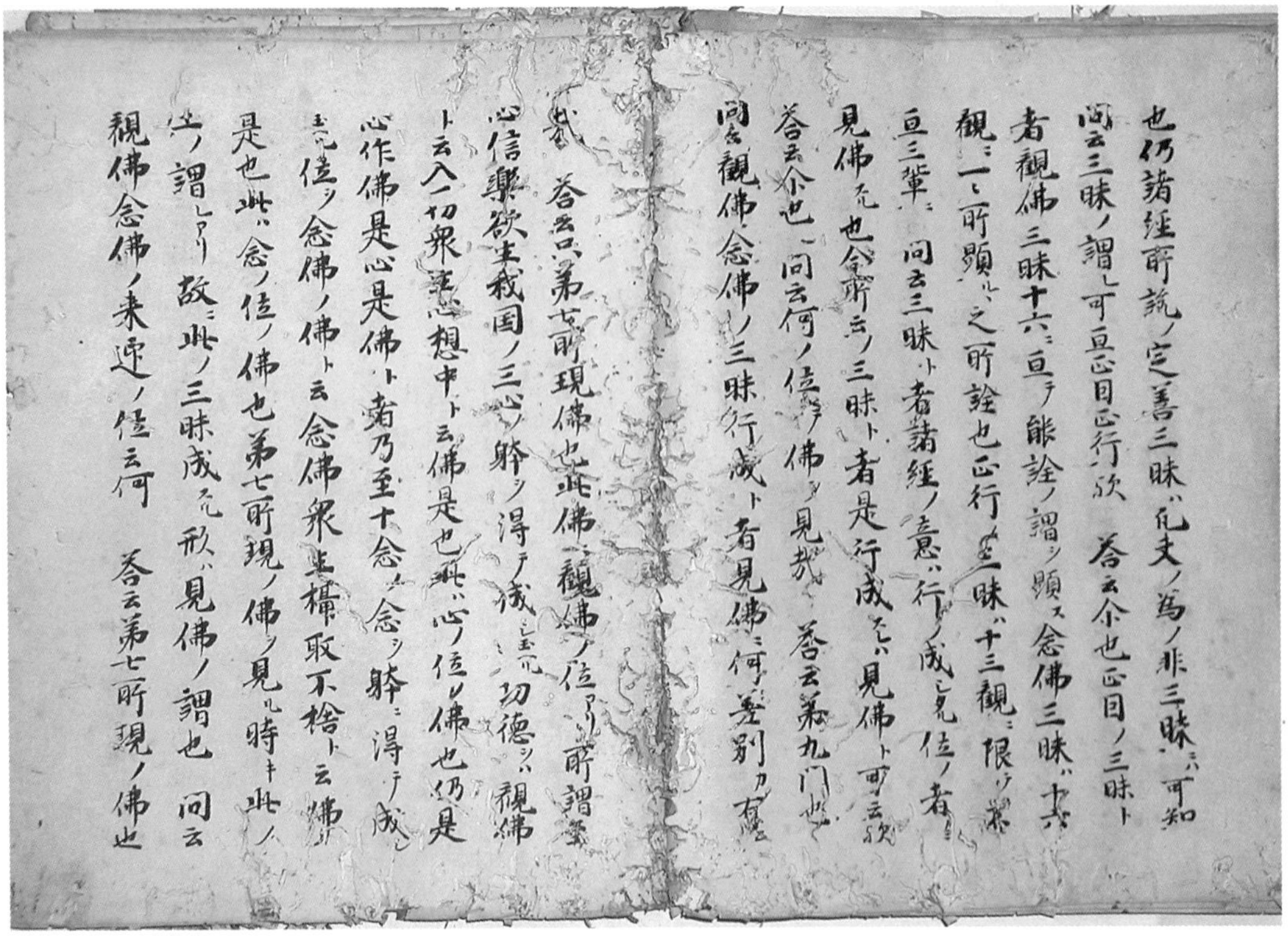

(四十六丁左)

也仍諸經𠩄說《ノ》㝎善三昧《ハ》凡夫《ノ》爲《ノ》非三昧《ニハ》可知
問云三昧《ノ》謂《レ》可亘正囙正行歟　荅云尒也正囙《ノ》三昧《ト》
者觀佛三昧十六《ニ》亘《テ》能詮《ノ》謂《ヲ》顕《ス》念佛三昧《ハ》十六
觀《ニ》一〻𠩄顕《ル、》之𠩄詮也正行《ノ》三昧《ハ》十三觀《ニ》限《テ》不
亘三輩《ニ》　問云三昧《ト》者諸經《ノ》意《ハ》行《ノ》成《シタル》位《ノ》者《ノミ》
見佛《スル》也今𠩄云《ノ》三昧《ト》者是行成《スレハ》見佛《ト》可云歟
荅云尒也　問云何《ノ》位《ニテ》佛《ヲ》見𢦏　荅云第九門也
問云觀佛念佛《ノ》三昧行成《ト》者見佛《ニ》何《ノ》差別《カ》有

(四十七丁右)

𢦏　荅云只第七𠩄現佛也此佛《ニ》觀佛《ノ》位《アリ》𠩄謂至
心信樂欲生我国《ノ》三心《ノ》躰《ヲ》淂《テ》成《シ玉ヘル》功徳《ヲハ》觀佛《ト》
云入一切衆生心想中《ト》云佛是也此《ハ》心《ノ》位《ノ》佛也仍是
心作佛是心是佛《ト》者乃至十念《ノ》念《ヲ》躰《ニ》淂《テ》成《シ玉ヘル》
位《ヲ》念佛《ノ》佛《ト》云念佛衆生攝取不捨《ト》云佛
是也此《ハ》念《ノ》位《ノ》佛也第七𠩄現《ノ》佛《ヲ》見《ル》時《キ》此《ノ》
二《ノ》謂《レアリ》故《ニ》此《ノ》三昧成《スル》形《ハ》見佛《ノ》謂也　問云
觀佛念佛《ノ》来迎《ノ》位云何　荅云第七𠩄現《ノ》佛也

【四十六丁左】

よって諸経所説の定善三昧は、凡夫の為の三昧にはあらず。知るべし。問いて云わく、「三昧」の謂れ、正因・正行に亘るべきか。答えて云わく、しかなり。正因の三昧とは「観佛三昧」、十六に亘りて能詮の謂れを顕わす。「念佛三昧」は十六観に一々顕わるるところの所詮なり。正行の三昧は十三観に限りて三輩に亘らず。問いて云わく、三昧とは諸経の意は行の成じたる位の者のみ見佛するなり。今云うところの三昧とは、これ行成ずれば見佛と云うべきか。答えて云わく、しかなり。問いて云わく、何の位にて佛を見るや。答えて云わく、第九門なり。問いて云わく、観佛・念佛の三昧行成とは、見佛に何の差別かある。

【四十七丁右】

答えて云わく、ただ第七所現の佛なり。この佛に観佛の位あり。いわゆる「至心・信楽・欲生我国」の三心の体を得て成じたまえる功徳をば、観佛と云う。「一切衆生の心想の中に入りたまう」[*1]と云う佛、これなり。これは心の位の佛なり。よって「この心、佛と作《な》り、この心、これ佛なり」[*2]とは、「乃至十念」の念を体に得て成じたまえる位を、念佛の佛と云う。「念佛衆生、摂取不捨」[*3]と云う佛、これなり。これは念の位の佛なり。第七所現の佛を見る時、この二の謂れあり。故に、この「三昧」成ずる形は見佛の謂れなり。
問いて云わく、観佛・念佛の来迎の位いかん。答えて云わく、第七所現の佛なり。

＊1　「入一切衆生心想中。」（『大正蔵』十二・三四三頁上）
＊2　「是心作佛。是心是佛。」（『大正蔵』十二・三四三頁上）
＊3　「念佛衆生摂取不捨。」（『大正蔵』十二・三四三頁中）

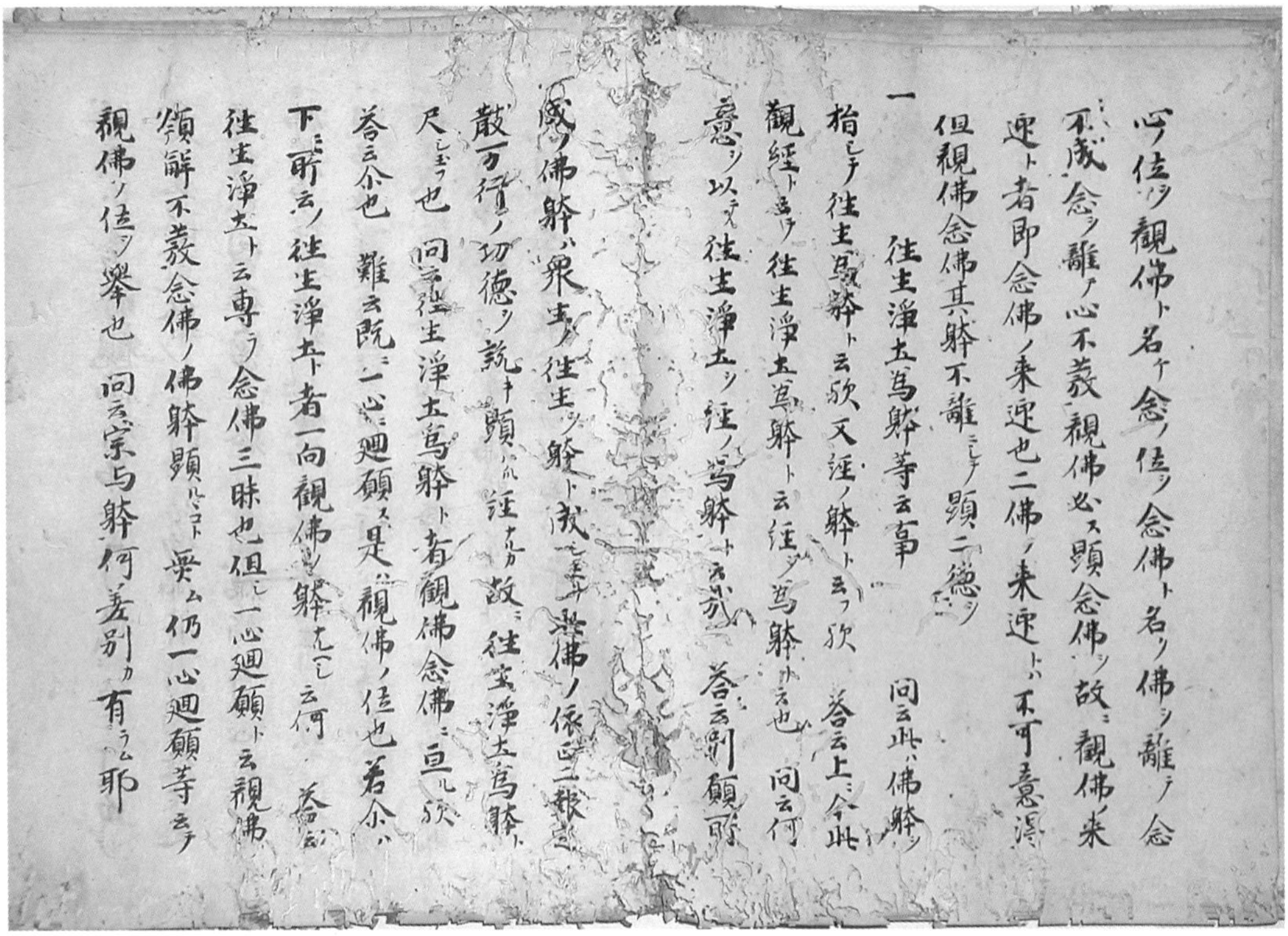

（四十七丁左）
心《ノ》位《ヲ》観佛《ト》名《ケ》念《ノ》位《ヲ》念佛《ト》名《ク》佛《ヲ》離《テ》念
不成一念《ヲ》離《テ》心不莪一観佛必《ス》顕念佛一故《ニ》観佛《ノ》来
迎《ト》者即念佛《ノ》来迎也二佛《ノ》来迎《トハ》不可意淂一
但観佛念佛其躰不離《ニシテ》顕二徳一《ヲ》
一　往生淨土爲躰等云事　問云此《ハ》佛躰《ヲ》
指《シテ》往生爲躰《ト》云欤又経《ノ》躰《ト》云《フ》欤　荅云上《ニ》今此
観経《ト》云《テ》往生淨土爲躰《ト》云経《ヲ》爲躰《ト》云也　問云何
意《ヲ》以《テ》往生淨土《ヲ》経《ノ》爲躰二《ト》云欤　荅云別願旫

（四十八丁右）
成《ノ》佛躰《ハ》衆生《ノ》往生《ヲ》躰《ト》成《シ玉ヘリ》　此佛《ノ》依正二報乏
散万行《ノ》功徳《ヲ》説《キ》顕《ハ爪》経《ナルカ》故《ニ》往生淨土爲躰《ト》
尺《シ玉フ》也　問云往生淨土爲躰《ト》者観佛念佛《ニ》亘《ル》欤
荅云尓也　難云既《ニ》一心《ニ》廻願《ス》是《ハ》観佛《ノ》位也　若尓《ハ》
下《ニ》旫云一《ノ》往生淨土《ト》者一向観佛《ノ》躰《ナルヘシ》　云何　荅云
往生淨土《ト》云専《ラ》念佛三昧也但《シ》一心廻願《ト》云観佛
領解不莪一念佛《ノ》佛躰顕《ル、コト》　無《ム》仍一心廻願等云《テ》
観佛《ノ》位《ヲ》舉也　問云宗与躰一何差別《カ》有《ラム》耶

【四十七丁左】

心の位を観佛と名づけ、念の位を念佛と名づく。佛を離れて念成ぜず、念を離れて心発らず。観佛必ず念佛を顕わす故に、観佛の来迎とは、即ち念佛の来迎なり。二佛の来迎とは意得べからず。ただ観佛、念佛その体、不離にして二徳を顕わす。

一、「往生浄土為体」等云う事。

問いて云わく、これは佛体を指して「往生為体」と云うか、また、経の体と云うか。答えて云わく、上に「今此観経」と云いて、「往生浄土為体」と云う経を「為体」と云うなり。問いて云わく、何の意をもって、往生浄土を経の体となすと云うや。

【四十八丁右】

答えて云わく、別願所成の佛体は、衆生の往生を体と成したまえり。これ佛の依・正二報、定・散万行の功徳を説き顕わす経なるが故に、「往生浄土為体」と釈したまうなり。問いて云わく「往生浄土為体」とは観佛・念佛に亘るか。答えて云わく、しかなり。難じて云わく、既に「一心に廻願す」、これは観佛の位なり。若ししからば、下に云うところの「往生浄土」とは、一向に観佛の体なるべし、いかん。答えて云わく、往生浄土と云う、専ら念佛三昧なり。ただし一心廻願と云う観佛の領解発らずば、念佛の佛体顕わるることなからん。よって一心廻願等云いて、観佛の位を挙ぐるなり。問いて云わく、「宗」と「体」と何の差別かあらん。

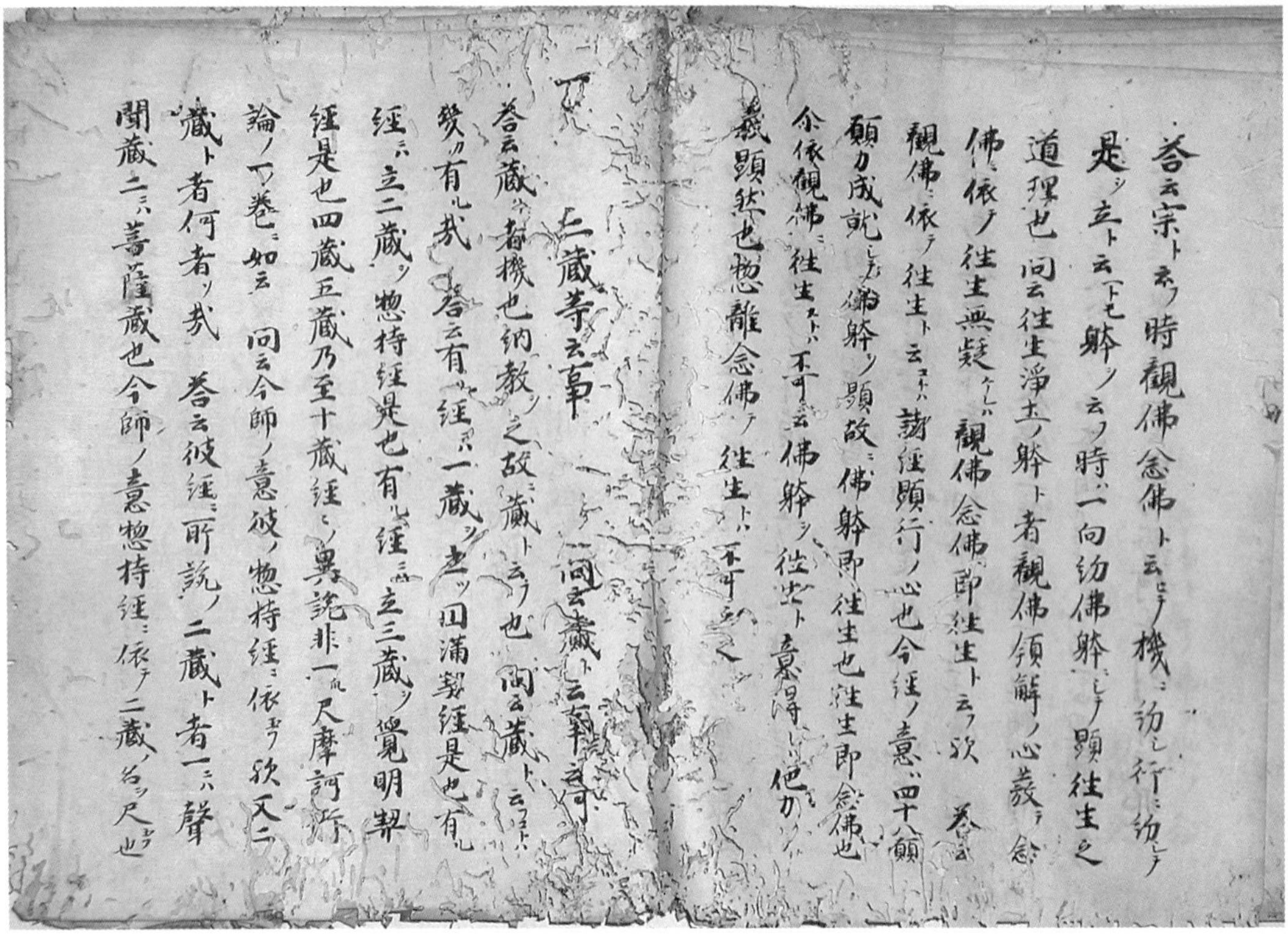

（四十八丁左）

荅云宗《ト》云《フ》時観佛念佛《ト》云《ヒテ》機《ニ》紡《シ》行《ニ》紡《シテ》
是《ヲ》立《ト》云《ヘトモ》躰《ヲ》云《フ》時《ハ》一向紡佛躰㆒《ニシテ》顕往生之
道理㆓也　問云往生浄土《ノ》躰《ト》者観佛領解《ノ》心𦮀《テ》念
佛《ニ》依《テ》往生無疑《ケレハ》観佛念佛即往生《ト》云《フ》欤　荅云
観佛《ニ》依《テ》往生《ト》云《コトハ》諸経顕行《ノ》心也今経《ノ》意《ハ》四十八願
願力成就《シテ》佛躰《ヲ》顕故《ニ》佛躰即往生也往生即念佛也
介依観佛㆒《ニ》往生《ストハ》不可云㆒佛躰《ヲ》往生《ト》意得《レハ》他力《ノ》
義顕然也惣離念佛㆒《テ》往生《トハ》不可云㆓之

（四十九丁右）

一　二蔵等云事　問云蔵《ト》云事云何
荅云蔵《ト》者機也納教㆒《ヲ》之故《ニ》蔵《ト》云《フ》也　問云蔵《ト》云《フコトハ》
幾《カ》有《ル》欤　荅云有《リ》経《ニハ》一蔵《ヲ》立《ツ》円満契経是也有《ル》
経《ニハ》立二蔵㆒《ヲ》惣持経是也有《ル》経《ニハ》立三蔵㆒《ヲ》覺明羿
経是也四蔵五蔵乃至十蔵経〻《ノ》異説非一㆒爪尺摩訶衍
論《ノ》一《ノ》巻《ニ》如云㆒　問云今師《ノ》意彼《ノ》惣持経《ニ》依《玉フ》欤又二
蔵《ト》者何者《ソ》欤　荅云彼経《ニ》所説㆓《ノ》二蔵《ト》者一《ニハ》聲
聞蔵二《ニハ》菩薩蔵也今師《ノ》意惣持経《ニ》依《テ》二蔵《ノ》名《ヲ》尺《玉フ》也

【四十八丁左】

答えて云わく、「宗」と云う時、観佛・念佛と云いて、機に約し、行に約してこれを立つと云えども、「体」を云う時は、一向佛体に約して往生の道理を顕わすなり。問いて云わく「往生浄土の体」とは、観佛領解の心発りて、念佛によって往生疑いなければ、観佛・念佛即往生と云うか。答えて云わく、観佛によって往生と云うことは、諸経顕行の心なり。今経の意は、四十八願願力成就して佛体を顕わす故に、佛体即往生なり。往生即念佛なり。しかれば、観佛によって往生すとは云うべからず。佛体を往生と意得れば、他力の義、顕然なり。総じて、念佛離れて往生とはこれ云うべからず。

【四十九丁右】

一、「二蔵」[*1]等云う事。

問いて云わく、「蔵」と云うこと、いかん。答えて云わく、蔵とは機なり。教を納むるの故に蔵と云うなり。問いて云わく、蔵と云うことは幾《いくばく》かあるや。答えて云わく、あり。経には一蔵を立つ。『圓満契経』これなり。ある経には二蔵を立つ。『総持経』これなり。ある経には三蔵を立つ。『覚明契経』これなり。四蔵、五蔵、乃至十蔵、経・経の異説一にあらず。『釈摩訶衍論』の一の巻に云うがごとし。問いて云わく、今師の意、かの『総持経』によりたまうか、また「二蔵」とは何者ぞや。答えて云わく、かの経に説くところの「二蔵」とは、一には声聞蔵、二には菩薩蔵なり。今師の意、『総持経』によって「二蔵」の名を釈したまうなり。

＊1「問曰。此経二藏之中何藏攝。」（『大正蔵』三七・二四七頁上）

（四十九丁左）

一　菩薩蔵等云事　　問云何《ノ》教《ヲ》菩薩蔵《ノ》
本《トシテ》此経《ヲ》搆《シ》何《ノ》教《ヲ》頓教《ノ》本《トシテ》此《ノ》経《ヲ》搆《スト》云犾
荅云搆論等《ノ》說《ニ》依《テ》大乗《ヲ》菩薩蔵《ト》云《フ》又大乗《ニ》漸
頓《ノ》二教《ヲ》立《ツ》故《ニ》今暫《ク》彼《ノ》論《ノ》意《ニテ》菩薩蔵《ヲ》搆《メ》
頓教《ノ》搆《トハ》云也　疑云菩薩《ヲ》教《フル》教《ヲハ》菩薩蔵《ト》名《ケ》
聲聞《ヲ》教《フルヲハ》聲聞蔵《ト》名《ツクト》云《ハ》今此《ノ》経《ハ》凡夫《ヲ》教《フル》教《ナルカ》
故《ニ》凡夫蔵《ト》可云一何《ソ》菩薩蔵《ノ》搆《ト》云《フ》犾　荅云菩薩《ニモ》
凡夫聖人《ノ》位異也聲聞《ニモ》凡夫聖人《ノ》位異也菩薩者

（五十丁右）

為凡夫二《ト》云《コト》非遮一《スルニハ》都此経《ハ》說大乗法《ヲ》一之故《ニ》菩薩蔵《ニ》
搆《スト》云也　問云十四行偈等《ニ》一昕云一《ノ》菩薩蔵《ト》同欤　荅云《ク》
大乗《ノ》教《ナレハ》菩薩蔵《ト》云《コトヲハ》不可遠一《ス》但《シ》直《ニ》今経《ヲ》頓教
菩薩蔵《ト》者此《ハ》正回《ノ》謂《ニテ》諸経《ノ》頓教菩薩蔵即今
経也《ト》云《コトヲ》顕《スハ》今諸経《ノ》頓教菩薩《ノ》謂《ヲ》本《トシテ》今経《ヲ》
搆《スル》也此《ハ》正行《ノ》謂《レ》也仍同《シト》云《ナカラ》而《モ》小《コシク》昕替一《アルヘシ》
昕謂《ル》正回正行《ノ》謂《レ》也

【四十九丁左】

一、「菩薩蔵」[*1]等云う事。

問いて云わく、何れの教を菩薩蔵の本としてこの経を摂し、何れの教を頓教の本ととしてこの経を摂すと云うや。答えて云わく、『摂論』等の説によって、大乗を菩薩蔵と云う。また、大乗に漸・頓の二教を立つ。故に、今暫くかの論の意にて、「菩薩蔵を摂して、頓教の摂」とは云うなり。疑いて云わく、菩薩を教うる教えをば菩薩蔵と名づけ、声聞を教うるをば声聞蔵と名づくと云わば、今この経は凡夫を教うる教えなるが故に凡夫蔵と云うべし。何ぞ「菩薩蔵の摂」と云う。答えて云わく、菩薩にも、凡夫・聖人の位異なり。声聞にも、凡夫・聖人の位異なり。

【五十丁右】

菩薩は凡夫となすと云うこと、遮するにはあらず。すべてこの経は大乗法を説くの故に、菩薩蔵に摂すと云うなり。問いて云わく、十四行偈等に云うところの菩薩蔵と同じか。答えて云わく、大乗の教なれば、菩薩蔵と云うことをば違すべからず。ただし、直に今経を頓教菩薩蔵とは、これは正因の謂れにて、諸経の頓教菩薩蔵、即ち今経なりと云うことを顕わす。今は、諸経の頓教菩薩（蔵）の謂れを本として、今経を摂するなり。これは正行の謂れなり。よって同じと云いながら、しかも小《すこ》しく替わるところあるべし。いわゆる正因・正行の謂れなり。

＊1 「答曰。今此観經菩薩藏收。頓教攝」（『大正蔵』三七・二四七頁上）

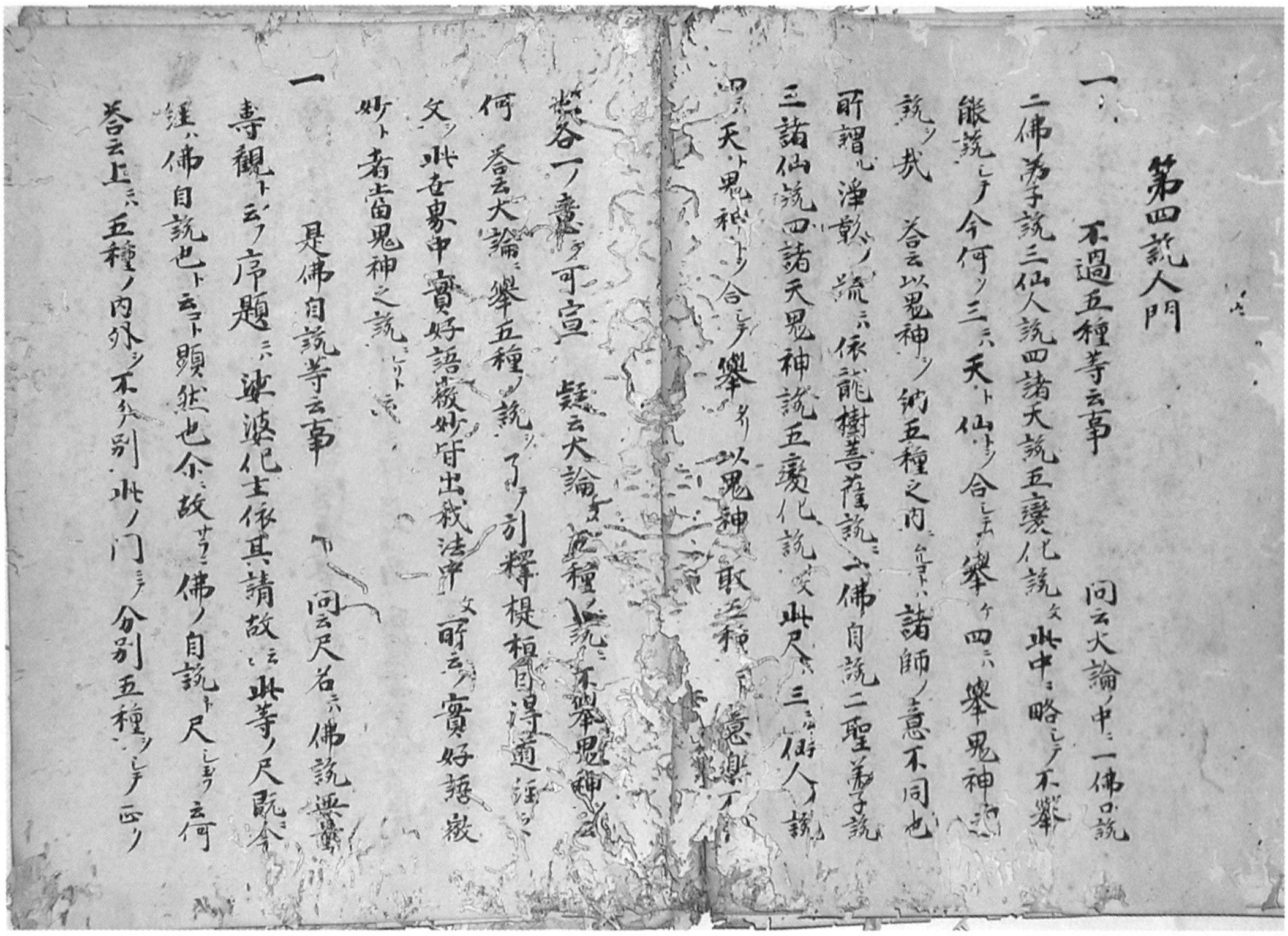

（五十丁左）

第四說人門

一　不過五種等云事　問云大論《ノ》中《ニ》一佛口說

二佛弟子說三仙人說四諸天說五變化說《文》此中《ニ》略《シテ》不舉

能說㆒《シテ》今何《ソ》三《ニハ》天《ト》仙《トヲ》合《シテ》舉《ケ》四《ニハ》舉鬼神之

說㆒《ヲ》犾　荅云以鬼神㆒《ヲ》納五種之內《ニ》㆒《ムルコトハ》諸師《ノ》意不同也

昕謂《ル》淨影《ノ》疏《ニハ》依龍樹菩薩說㆓《ニ》一佛自說㆒二聖弟子說

三諸仙說四諸天鬼神說五變化說《文》此尺《ハ》三《ニハ》仙人《ノ》說

四《ニハ》天《ト》鬼神《トヲ》合《シテ》舉《タリ》以鬼神㆒《ヲ》取五種《ニ》㆒《コト》意樂不■

（五十一丁右）

也各一《ノ》意《ヲ》可宣㆒　疑云大論《ニハ》五種《ノ》說《ニ》不举鬼神㆓《ヲ》云

何　荅云大論《ニハ》舉五種《ノ》說㆓《ヲ》了《テ》引釋提桓囙淂道經之

文㆒《ヲ》此世界中實好語微妙皆出我法中㆒《文》昕云㆒《ノ》實好語微

妙《ト》者當鬼神之說《ニ》㆒《レリト》云ゝ

一　是佛自說等云事　問云尺名《ニハ》佛說無量

壽観《ト》云《フ》序題《ニハ》娑婆化主依其請故云ゝ此等《ノ》尺既《ニ》今

經《ハ》佛自說也《ト》云《コト》顕然也介《ニ》故《サラニ》佛《ノ》自說《ト》尺《シ玉フ》云何

荅云上《ニハ》五種《ノ》内外《ヲ》不分別㆒此《ノ》門《ニテ》分別五種㆒《ヲ》《シテ》正《ク》

【五十丁左】

第四説入門

一、「不過五種」[*1]等云う事。

問いて云わく、『大論』の中に、「一佛口説、二佛弟子説、三仙人説、四諸天説、五変化説」[*2]文。この中に、略して能説、挙げずして、今何ぞ三には天と仙とを合して挙げ、四には鬼神の説を挙ぐる。答えて云わく、鬼神をもって五種の内に納むることは、諸師の意不同なり。いわゆる浄影の疏には、龍樹菩薩説によって、「一佛自説、二聖弟子説、三諸仙説、四諸天鬼神説、五変化説」[*3]文。この釈は、三には仙人の説、四には天と鬼神とを合して挙げたり。鬼神をもって五種に取ること、意楽不同[*4]なり。

【五十一丁右】

おのおの一の意を宣ぶべし。疑いて云わく、『大論』には五種の説に鬼神を挙げず、いかん。答えて云わく、『大論』には五種の説を挙げ了りて、『釈提桓因得道経』[*5]の文を引きて、「これ世界中、実好語微妙、皆我法中に出ず」[*6]文。云うところの「実好語微妙」とは、鬼神の説に当たれりと云云。

一、「是佛自説」[*7]等云う事。

問いて云わく、釈名には佛説無量寿観と云う。序題には、「娑婆化主依其請故」[*8]云云。これらの釈、既に今経は佛の自説なりと云うこと顕然なり。しかるに、ことさらに佛の自説と釈したまう、いかん。答えて云わく、上には五種の内外を分別せず、この門にて五種を分別して、正しく佛の自説の謂れを顕わすなり。

＊1　「凡諸經起説不過五種。」（『大正蔵』三七・二四七頁上）
＊2　「佛法人説。一者佛自口説。二者佛弟子説。三者仙人説。四者諸天説。五者化人説。」『大智度論』（『大正蔵』二五・六六頁中）
＊3　「諸經起説凡有五種。如龍樹辨。一佛自説。二聖弟子説。三神仙説。四諸天鬼神所説。五變化説。」慧遠『觀無量壽經義疏』（『大正蔵』三七・一七三頁中）
＊4　「同」を大谷大学蔵本より補う
＊5　「復次如釋提桓因得道經。」（『大正蔵』二五・六六頁中）
＊6　「世間眞實善語微妙好語皆出我法中。」（『大正蔵』二五・六六頁中）
＊7　「今此觀經是佛自説。」（『大正蔵』三七・二四七頁上）
＊8　「然娑婆化主因其請故即廣開淨土之要門。」（『大正蔵』三七・二四六頁中）

（五十一丁左）

佛《ノ》自說《ノ》謂《ヲ》顕《ス》也　難云顕五種《ヲ》一《シテ》雖不分別一佛《ノ》
自說《ト》云《コトハ》顕《ヌ》又今更《ニ》分別五種《ヲ》一《スル》其意云何　答云自
說《ト》者此《ニ》二《ノ》意《アリ》一《ニハ》相對五種《ニ》一《シテ》非聖弟子等之說《ニ》一
佛《ノ》自說《ナリト》云二《ニハ》佛《ノ》說必《ス》依請《ニ》一《玉フ》也而《ニ》不請一《サルヲ》說《キ》
《玉ヘハ》又自說《ト》名《ツク》今自說《ト》云《フコトハ》文《ノ》面《ハ》五種《ノ》中《ノ》佛《ノ》自說《ト》
云《ヘトモ》思《フ》旿《ハ》無問自說《ト》云《コトヲ》顕《シ玉フ》也　問云五種《ヲ》擧《テ》
後《ニ》今此《ノ》観経《ハ》佛《ノ》自說也《ト》云《ヘリ》全《ク》無問自說《ノ》自說《トハ》
不見一欤　答云《ク》文《ノ》面《ハ》尒《リ》但一向五種《ノ》中《ノ》自說計《ハ》上《ノ》序

（五十二丁右）

題尺名《ニテ》佛《ノ》說也《ト》云《コトハ》顕《ハレヌ》重《テ》更《ニ》佛《ノ》自說《トハ》不可
云一佛《ノ》自說《トハ》者即其真實《ノ》躰《ハ》無問自說《ノ》說《ナリト》云《コトヲ》
存《シ玉フ》也　問云旿云一《ノ》無問自說《ト》者散善顕行縁《ノ》三福《ノ》自說欤
又正宗《ノ》三心《ノ》自說欤　答云三心《ノ》自說也　疑云三福自說○《三心自說》一《ノ》
自說也何以《テカ》三心自說《ト》㝎《ル》𢦏　答云既《ニ》佛說観無量壽
経《ト云》ゝ旿云一《ノ》観《ト》者三心自說《ノ》躰也此三心《ヲ》十六観《ト》云《フ》此今
《ノ》正宗也正宗十六観《ヲ》自說《ト》云《フコト》也序分《ノ》三福《トハ》不可云一
但散善自開《ノ》本意《ハ》三心自說《ノ》謂《ヲ》為顕一也仍序正一同《ノ》

【五十一丁左】

難じて云わく、五種を顕わして分別せずと雖も、佛の自説と云うことは顕われぬ。また、今更に五種を分別するその意、いかん。答えて云わく、自説とは、これに二の意あり。一には、五種に相対して、聖弟子等の説にあらず、佛の自説なりと云う。二には、佛の説必ず請によりたまうなり。しかるに、請ぜざるを説きたまえば、また、自説と名づく。今自説と云うことは、文の面は五種の中の佛の自説と云えども、思うところは無問自説と云うことを顕わしたまうなり。問いて云わく、五種を挙げて後に、今この『観経』は佛の自説なりと云えり。全く無問自説の自説とは見えざるか。答えて云わく、文の面はしかり。ただし、一向五種の中の自説ばかりは、上の序題・釈名にて、佛の説なりと云うことは顕われぬ。

【五十二丁右】

重ねて更に佛の自説とは云うべからず。佛の自説とは、即ちその真実の体は無問自説の説なりと云うことを存じたまうなり。問いて云わく、云うところの無問自説とは、散善顕行縁の三福の自説か、また正宗の三心の自説か。答えて云わく、三心の自説なり。疑いて云わく、三福自説、三心自説、二の自説なり。何をもってか三心自説と定むる。答えて云わく、既に『佛説観無量寿経』と云云。云うところの観とは、三心自説の体なり。この三心を十六観と云う。これ今の正宗なり。正宗十六観を自説と云うことなり。序分の三福とは云うべからず。ただ散善自開の本意は三心自説の謂れを顕わさんがためなり。

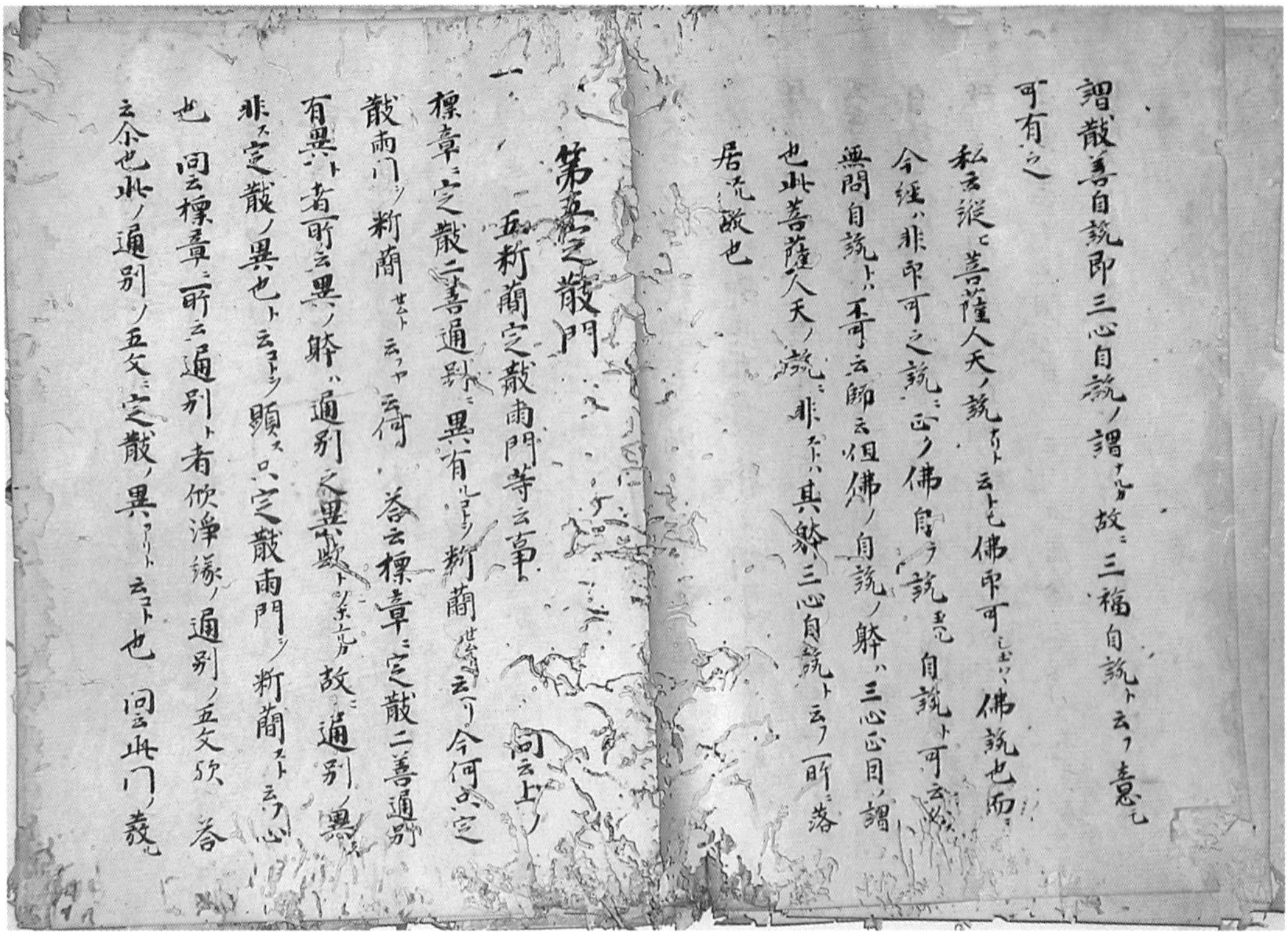

(五十二丁左)

謂散善自説即三心自説《ノ》謂《ナルカ》故《ニ》三福自説《ト》云《フ》意《モ》
可有二之
私云縦《ヒ》菩薩人天《ノ》説《ナリト》云《トモ》佛印可《シ玉ハヽ》佛説也而《ニ》
今経《ハ》非印可之説《ニ》正《ク》佛自《ラ》説《玉ヘル》自説《ト》可云一必《ス》
無問自説《トハ》不可云二師云但佛《ノ》自説《ノ》躰《ハ》三心正囙《ノ》謂
也此菩薩人天《ノ》説《ニ》非《ストハ》其躰三心自説《ト》云《フ》𣅀《ニ》落
居《スル》故也

(五十三丁右)

第五㝎散門

一　五料蔄㝎散両門等云事　問云上《ノ》
標章《ニ》㝎散二善通別《ニ》異有《ルコトヲ》料蔄《セムト》云《ヘリ》今何只㝎
散両門《ヲ》料蔄《セムト》云《フヤ》云何　荅云標章《ニ》㝎散二善通別
有異《ト》一者𣅀云一異《ノ》躰《ハ》通別之異坎《トヲホユルカ》故《ニ》通別《ノ》異《ニハ》
非《ス》㝎散《ノ》異也《ト》云《コトヲ》顕《ス》只㝎散両門《ヲ》料蔄《スト》云《フ》心
也　問云標章《ニ》𣅀云一《ノ》通別《ト》者欣浄縁《ノ》通別《ノ》五文坎　荅
云尓也此《ノ》通別《ノ》五文《ニ》㝎散《ノ》異《アリト》云《コト》也　問云此門《ノ》莪《ル》

【五十二丁左】

よって、序・正一同の謂れ、散善自説即ち三心自説の謂れなるが故に、三福自説と云う意もこれあるべし。

私に云う。たとい菩薩・人・天の説なりと云えども、佛印可したまわば、佛説なり。しかるに、今経は印可の説にあらず。正しく佛自ら説きたまえる自説と云うべし。必ず無問自説とは云うべからず。師云わく、ただ佛の自説の体は三心正因の謂れなり。これ菩薩・人・天の説にあらずとは、その体三心自説と云うところに落居する故なり。


【五十三丁右】

第五定散門
一、「五料簡定散両門」[*1]等云う事。
問いて云わく、上の標章に「定・散二善、通・別に異あることを料簡せん」[*2]と云えり。今何ぞ、ただ「定・散両門を料簡せん」と云う、いかん。答えて云わく、標章に「定・散二善、通・別異有り」とは、云うところの異の体は、通・別の異かとおぼゆるが故に、通・別の異にはあらず、定・散の異なりと云うことを顕わす。ただ、定・散両門を料簡すと云う心なり。問いて云わく、標章に云うところの通・別とは、欣浄縁の通・別の五文か。答えて云わく、しかなり。この通・別の五文に定・散の異ありと云うことなり。

＊1 「五料簡定散兩門即有其六。」(『大正蔵』三七・二四七頁上)
＊2 「第五料簡定散二善通別有異。」(『大正蔵』三七・二四七頁下)

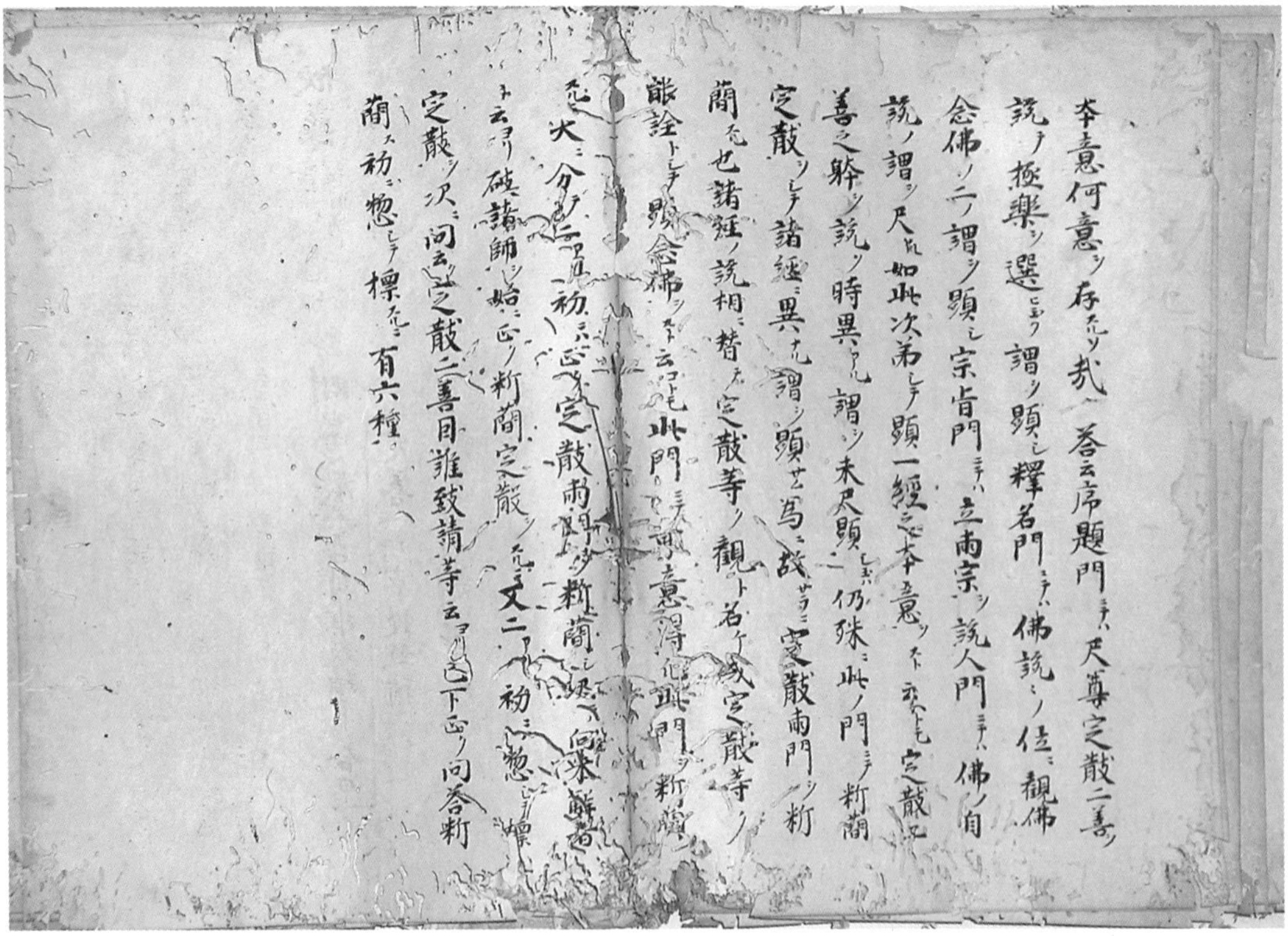

（五十三丁左）

本意何意《ヲ》存《スルソ》 㦲 荅云序題門《ニテハ》 尺尊㝎𢿦二善《ヲ》
說《テ》極樂《ヲ》選《ヒ玉フ》謂《ヲ》顕《シ》釋名門《ニテハ》 佛說々《ノ》位《ニ》観佛
念佛《ノ》二《ノ》謂《ヲ》顕《シ》宗旨門《ニテハ》 立両宗一《ヲ》說人門《ニテハ》 佛《ノ》自
說《ノ》謂《ヲ》尺《スル》如此次第《シテ》顕一經之本意一《ヲ》《スト》云《ヘトモ》 㝎𢿦二
善之躰《ヲ》說《ク》時異《アル》謂《ヲ》未尺顕一《シ玉ハ》仍殊《ニ》此《ノ》門《ニテ》粁蕑
㝎𢿦一《ヲ》《シテ》諸經《ニ》異《ナル》謂《ヲ》顕《サム》爲《ニ》故《サラニ》 㝎𢿦両門《ヲ》粁
蕑《スル》也諸經《ノ》說相《ニ》替《テ》㝎𢿦等観《ク》名《トケ》或㝎𢿦等《ク》
能詮《トシテ》 顕念佛一《ヲ》《スト》云《コトモ》 此門《ニテ》 可意淂一凢此門《ヲ》粁蕑

（五十四丁右）

《スルニ》大《ニ》分《テ》二《アリ》初《ニハ》正《ク》㝎𢿦両門《ヲ》粁蕑《シ》次《ニハ》向来解者《ト》
云《ヨリ》破諸師一《ヲ》始《ニ》正《ク》粁蕑㝎𢿦一《ヲ》《スルニ》又二《アリ》初《ニハ》惣《シテ》標
㝎𢿦一《ヲ》次《ニ》問云《ク》㝎𢿦二善曰誰致請等云《ヨリ》 已下正《ク》問荅粁
蕑《スニ》初《ニ》惣《シテ》標《スルニ》 有六種一

【五十三丁左】

問いて云わく、この門の発る本意、何の意を存するぞや。答えて云わく、序題門にては、釈尊定・散二善を説きて極楽を選びたまう謂れを顕わし、釈名門にては、佛説、説の位に観佛・念佛の二の謂れを顕わし、宗旨門にては、両宗を立つ。説人門にては、佛の自説の謂れを釈する。かくのごとく次第して一経の本意を顕わすと云えども、定・散二善の体を説く時、異ある謂れをいまだ釈し顕わしたまわず。よって殊にこの門にて定・散を料簡して、諸経に異なる謂れを顕わさんために、ことさらに定・散両門を料簡するなり。諸経の説相に替わりて、定・散等しく観と名づけ、或いは定・散等しく能詮として念佛を顕わすと云うことも、この門にて意得べし。

【五十四丁右】

およそこの門を料簡するに、大いに分かちて二あり。初めには正しく定・散両門を料簡し、次ぎには「向来解者」[*1]と云うより諸師を破す。始めに正しく定・散を料簡するに、また二あり。初めには総じて定・散を標し、次ぎに問いて云わく、「定・散二善因誰致請」等云うより已下、正しく問答料簡す。初めに総じて標するに六種あり。

＊1　「又向來解者與諸師不同。」(『大正蔵』三七・二四六頁上)

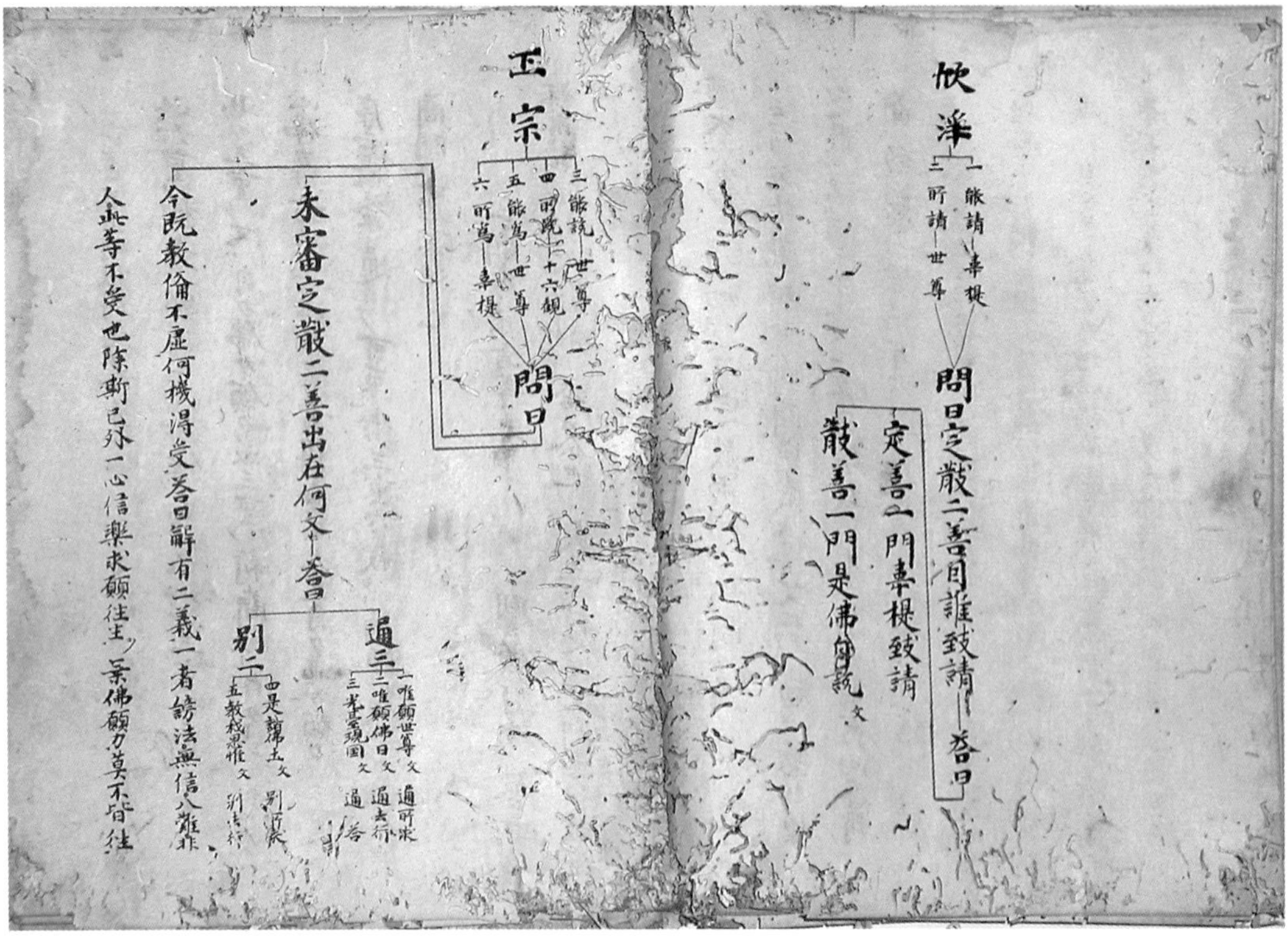

（五十四丁左）

欣淨

一 能請—韋提

二 昕請—世尊

問曰定散二善囙誰致請—荅曰

定善一門韋提致請

散善一門是佛自說文

（五十五丁右）

正宗

三 能說—世尊

四 昕說—十六観

五 能爲—世尊

六 昕爲—韋提

問曰

未審定散二善出在何文—荅曰

通三

一 唯願世尊文 通昕求

二 唯願佛日文 通去行

三 光臺現国文 通 荅

別二

四 是諸佛土文 別昕求

五 教我思惟文 別去行

今既教備不虚何機淂受 荅曰解有二義 一者謗法・無信・八難・非人・此等不受也除斯已外一心信樂求願往生ヲ乘佛願力莫不皆往

【五十四丁左】（常用漢字を使用）

- 欣浄
  - 一　能請—韋提
  - 二　所請—世尊
- 問曰定散二善因誰致請——答曰
  - 定善一門韋提致請
  - 散善一門是佛自説文

【五十五丁左】（常用漢字を使用）

- 正宗
  - 三　能説—世尊
  - 四　所説—十六観
  - 五　能為—世尊
  - 六　所為—韋提
- 問曰
  - 未審定散二善出在何文——答曰
    - 通三
      - 一唯願世尊文　通所求
      - 二唯願佛日文　通去行
      - 三光台現国文　通　答
    - 別二
      - 四是諸佛土文　別所求
      - 五教我思惟文　別去行
  - 今すでに教備わりて、いずれの機か受くるを得。答えて曰く、解するに二義あり。一は謗法・無信・八難・非人、これ等は受けざるなり。これを除く已外は一心に信楽して往生を求願し、仏の願力に乗じて皆往かざるはなし。

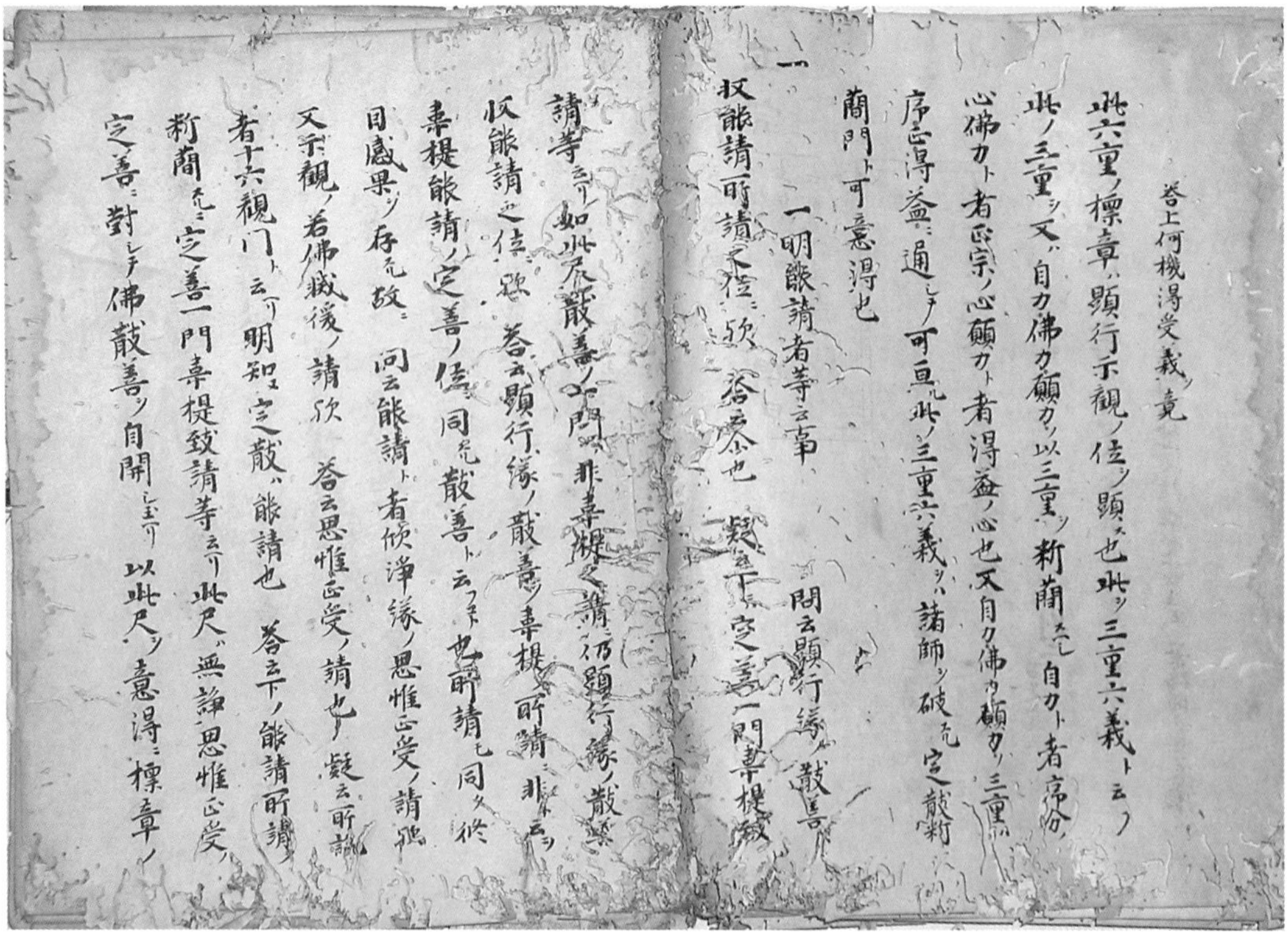

（五十五丁左）

荅上何機淂受義《ヲ》㆒竟

此六重《ノ》標章《ハ》顕行示観《ノ》位《ヲ》顕《ス》也此《ヲ》三重六義《ト》云《フ》

此《ノ》三重《ヲ》又《ハ》自力佛力願力《ノ》以三重《ヲ》㆒粁蕳《スヘシ》自力《ト》者序分《ノ》

心佛力《ト》者正宗《ノ》心願力《ト》者淂益《ノ》心也又自力佛力願力《ノ》三重《ハ》

序正淂益《ニ》通《シテ》可亘《ル》㆒此《ノ》三重六義《ヲハ》諸師《ヲ》破《スル》㐌散粁

蕳門《ト》可意淂㆒也

一　　一明能請者等云事　　　問云顕行縁《ノ》散善《ハ》

収能請所請之位《ニ》㆒歟　荅云尒也　疑云下《ニハ》㐌善一門韋提致

（五十六丁右）

請等《云ヘリ》如此尺散善《ノ》一門《ハ》非韋提之請《ニ》㆒仍顕行縁《ノ》散善

収能請之位《ニ》㆒歟　荅云顕行縁《ノ》散善《ヲ》韋提《ノ》所請《ニ》非《ト》云《ヲ》

韋提能請《ノ》㐌善《ノ》位《ニ》同《スル》散善《ト》云《フコト》也所請《モ》同《ク》修

回感果《ヲ》存《スル》故《ニ》問云能請《ト》者欣淨縁《ノ》思惟正受《ノ》請歟

又示観《ノ》若佛滅後《ノ》請歟　荅云思惟正受《ノ》請也　疑云所説

者十六観門《ト》云《ヘリ》明知《ヌ》㐌散《ハ》能請也　荅云下《ノ》能請所請《ヲ》

粁蕳《スルニ》㐌善一門韋提致請等《云ヘリ》此尺《ハ》無諍㆒思惟正受《ノ》

㐌善《ニ》對《シテ》佛散善《ヲ》自開《シ玉ヘリ》以此尺《ヲ》㆒意淂《ニ》標章《ノ》

【五十五丁左】

答上何機得受義ヲ竟

この六重の標章は、顕行・示観の位を顕わすなり。これを三重六義と云う。この三重を、または自力・佛力・願力の三重をもって料簡すべし。自力とは序分の心、佛力とは正宗の心、願力とは得益の心なり。また、自力・佛力・願力の三重は、序正・得益に通じて亘るべし。この三重六義をば、諸師を破する定散料簡門と意得べきなり。

一、「一明能請者」[*1]等云う事。

問いて云わく、顕行縁の散善は能請・所請の位に収むるか。答えて云わく、しかなり。疑いて云わく、下には「定善一門韋提致請」[*2]等と云えり。

【五十六丁右】

かくのごとき釈、散善の一門は韋提の請にあらず。よって顕行縁の散善、能請の位に収むるか。答えて云わく、顕行縁の散善を韋提の所請にあらずと云うを、韋提能請の定善の位に同ずる散善と云うことなり。所請も同じく修因感果を存する故に。問いて云わく、能請とは、欣浄縁の思惟正受の請か。また、示観の若佛滅後の請か。答えて云わく、思惟正受の請なり。疑いて云わく、所説は、十六観門と云えり。明らかに知んぬ、定・散は能請なり。答えて云わく、下の能請・所請を料簡するに、「定善一門韋提致請」等云えり。この釈は、諍《いさかい》なく思惟・正受の定善に対して佛、散善を自開したまえり。

＊1　「一明能請者即是韋提。」（『大正蔵』三七・二四七頁上）
＊2　「問曰。定散二善因誰致請。答曰。定善一門韋提致請。散善一門是佛自説。」（『大正蔵』三七・二四七頁中）

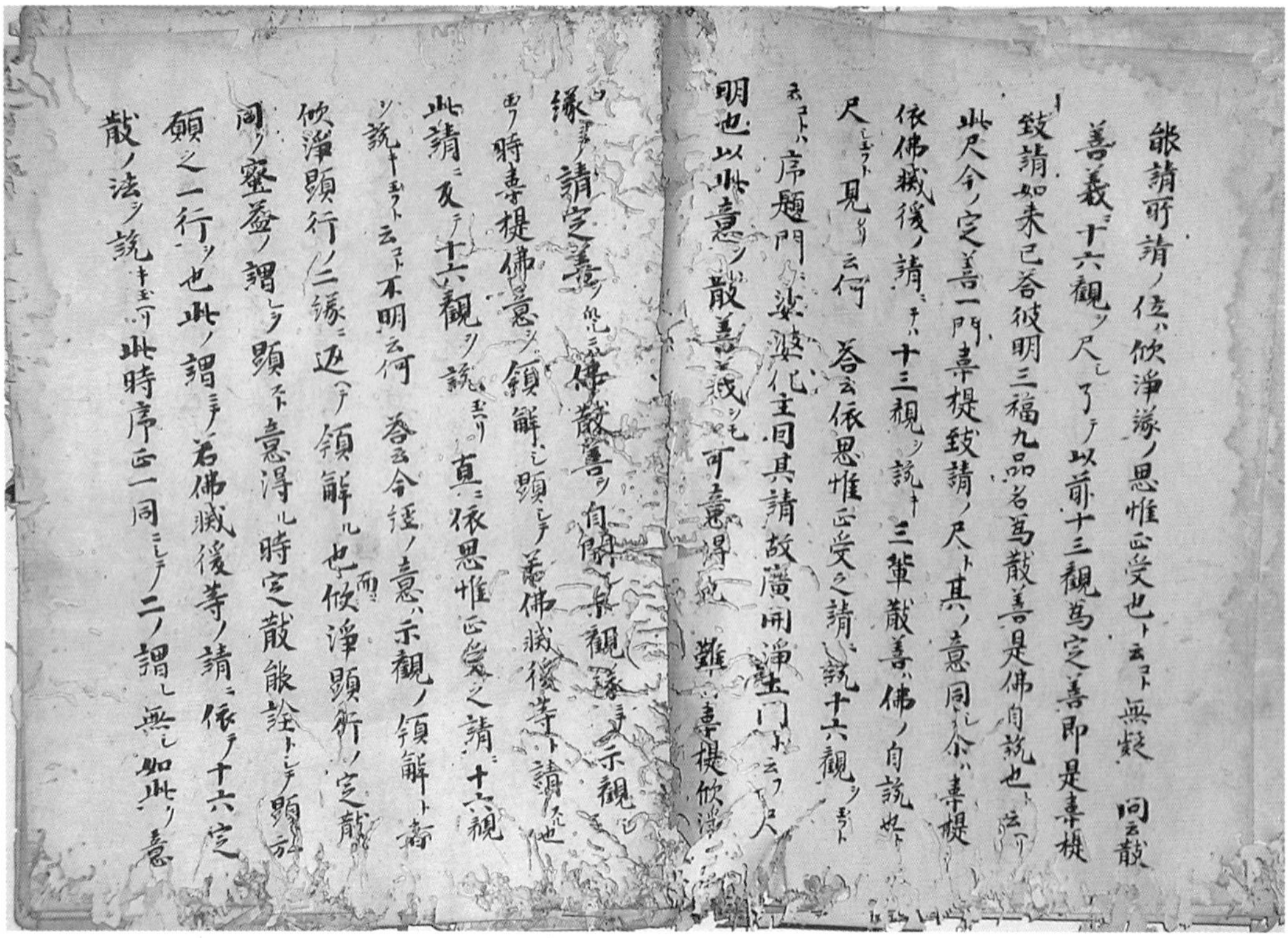

（五十六丁左）

能請所請《ノ》位《ハ》欣淨縁《ノ》思惟正受也《ト》云《コト》無疑一　問云散
善義《ニ》十六観《ヲ》尺《シ》了《テ》以前十三観為宐善一即是韋提
致請如来已荅彼明三福九品一名為散善是佛自説也《ト》云《ヘリ》
此尺今《ノ》宐善一門韋提致請《ノ》尺《ト》其《ノ》意同《シ》介《ハ》韋提
依佛滅後《ノ》請一《ニテハ》十三観《ヲ》説《キ》三輩散善《ハ》佛《ノ》自説也《ト》
尺《シ玉フト》見《タリ》云何　荅云依思惟正受之請一《ニ》説十六観一《ヲ玉フト》
云《コトハ》序題門《ニ》娑婆化主回其請一故廣開淨土門《ト》云《フ》尺
明也以此意一《ヲ》散善義《ヲモ》可意淂一也　難云韋提欣淨

（五十七丁右）

縁《ニテ》請宐善一《ヲ爪ルニハ》佛散善《ヲ》自開《シ》示観縁《ニテ》示観《シ玉フ》
時韋提佛意《ヲ》領解《シ》顕《シテ》若佛滅後等《ト》請《スル》也
此請反《ニテ》十六観《ヲ》説《玉ヘリ》直《ニ》依思惟正受之請一《ニ》十六観《ヲ》
説《キ玉フト》云《コト》不明二云何　荅云今経《ノ》意《ハ》示観《ノ》領解《ト》者
欣淨顕行《ノ》二縁《ニ》返《ヘテ》領解《ル》也《而ニ》○欣淨顕行《ノ》宐散《ハ》
同《ク》蜜益《ノ》謂《レヲ》顕《スト》意淂《ル》時宐散能詮《トシテ》顕弘
願之一行一《ヲ》也此《ノ》謂《ニテ》若佛滅後等《ノ》請《ニ》依《テ》十六宐
散《ノ》法《ヲ》説《キ玉ヘリ》此時序正一同《ニシテ》二《ノ》謂《レ》無《シ》如此一《ク》意

【五十六丁左】

この釈をもって意得るに、標章の能請・所請の位は、欣浄縁の思惟・正受なりと云うこと疑いなし。問いて云わく、散善義に十六観を釈し了りて、「前の十三観をもって定善となす。即ちこれ韋提の致請にして、如来すでに答えたまう。かの三福・九品を明かして、名づけて散善となす。これ佛の自説なり」[*1]と云えり。この釈、今の「定善一門韋提致請」の釈とその意同じ。しかれば、韋提佛滅後の請によっては十三観を説き、三輩散善は佛の自説なり、と釈したまうと見えたり、いかん。答えて云わく、思惟・正受の請によって十六観を説きたまうと云うことは、序題門に「娑婆化主因其請故広開浄土門」[*2]と云う釈、明らかなり。この意をもって、散善義をも意得べきなり。

【五十七丁右】

難じて云わく、韋提欣浄縁にて定善を請ずるには、佛散善を自開し、示観縁にて示観したまう時、韋提佛意を領解し顕わして、「若佛滅後」等と請ずるなり。この請に反して十六観を説きたまえり。直に思惟・正受の請によって、十六観を説きたまうと云うこと明らかならず、いかん。答えて云わく、今経の意は、示観の領解とは、欣浄・顕行の二縁に返えりて領解するなり。しかるに、欣浄・顕行の定・散は、同じく密益の謂れを顕わすと意得る時、定・散は能詮として弘願の一行を顕わすなり。この謂れにて、「若佛滅後」等の請によって十六定・散の法を説きたまえり。この時、序・正一同にして二の謂れなし。

＊1 「前明十三觀以爲定善。即是韋提致請如來已答。後明三福九品名爲散善。是佛自說。」（『大正蔵』三七・二七七頁下）
＊2 「然娑婆化主因其請故即廣開淨土之要門。」（『大正蔵』三七・二四六頁中）

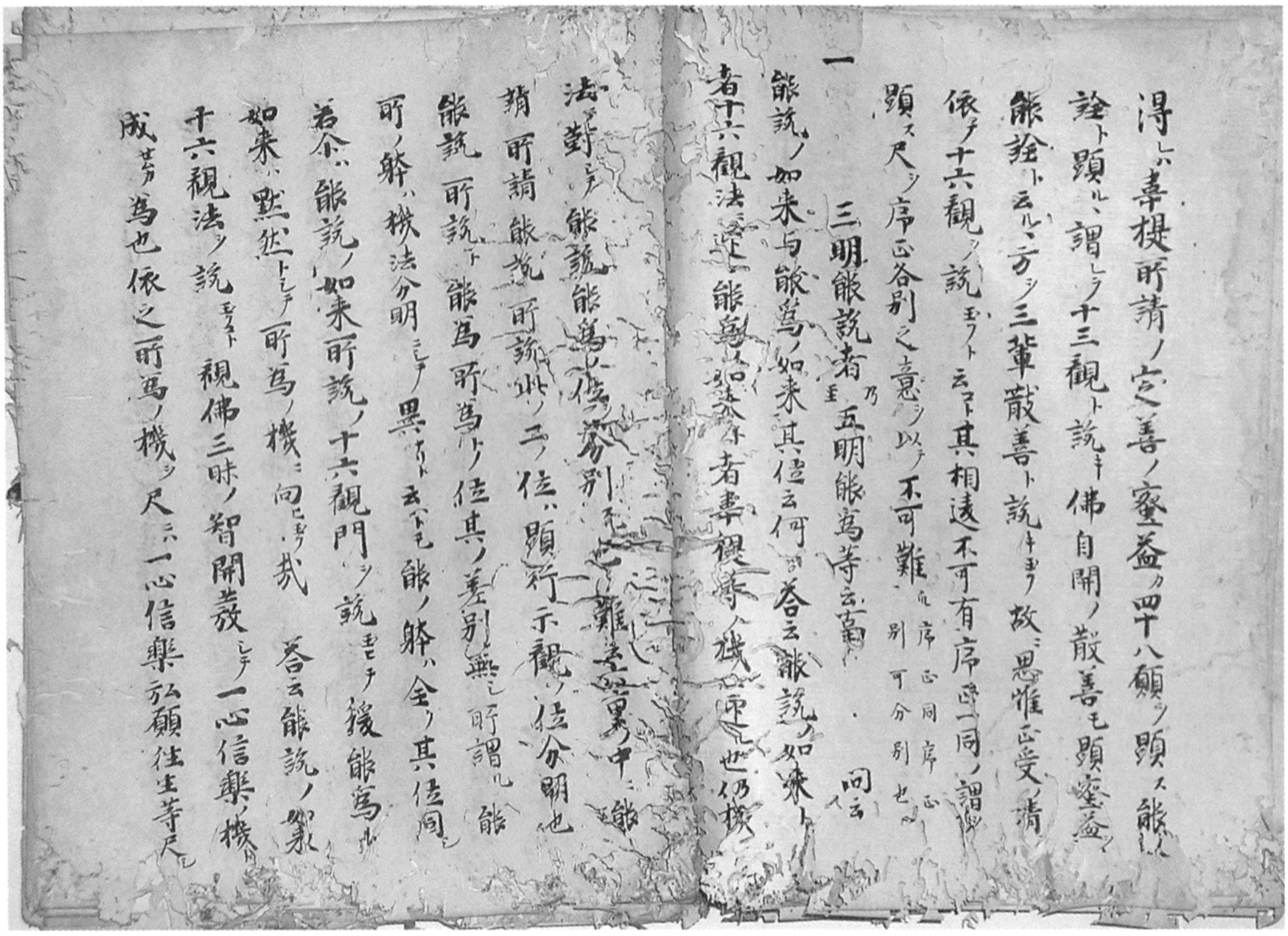

（五十七丁左）

淂《レハ》韋提所請《ノ》宐善《ノ》蜜益《カ》四十八願《ヲ》顕《ス》能
詮《ト》顕《ル、》謂《レヲ》十三観《ト》説《キ》佛自開《ノ》散善《モ》顕蜜益㆒《ヲ》
能詮《ト》云《ル、》方《ヲ》三輩散善《ト》説《キ玉フ》故《ニ》思惟正受《ノ》請《ニ》
依《テ》十六観《ヲ》説《玉フト》云《コト》其相遠不可有㆒序正一同《ノ》謂《ヲ》
顕《ス》尺《ヲ》序正各別之意《ヲ》以《テ》不可難㆒爪序正同序正別可分別也
一　三明能説者至乃五明能爲等云事　問云
能説《ノ》如来与能爲《ノ》如来㆒其位云何　荅云能説《ノ》如来《ト》
者十六観法《ニ》迎《ヘ》能爲《ノ》如来《ト》者韋提等《ノ》機《ニ》迎《ル》也仍機

（五十八丁右）

法《ニ》對《シテ》能説能爲《ノ》位《ヲ》分別《スル》也　難云六重《ノ》中《ニ》能
請㆒所請能説㆒所説此《ノ》二《ノ》位《ハ》顕行示観《ノ》位分明也
能説㆒所説《ト》能爲㆒所爲《トノ》位其《ノ》差別無《シ》㆒所謂《ル》能
所《ノ》躰《ハ》機法分明《ニシテ》異《ナリト》云《ヘトモ》能《ノ》躰《ハ》全《ク》其位同《シ》
若介《ハ》能説《ノ》如来所説《ノ》十六観門《ヲ》説《玉ヒテ》後能爲《ノ》
如来《ハ》默然《トシテ》所爲《ノ》機《ニ》向《ヒ玉フ》哉　荅云能説《ノ》如来
十六観法《ヲ》説《玉フコト》　観佛三昧《ノ》智開莪《シテ》一心信樂《ノ》機《ト》
成《セムカ》爲也依之所爲《ノ》機《ヲ》尺《ニハ》一心信樂弘願往生等尺《シ》

【五十七丁左】

かくのごとく意得れば、韋提所請の定善の密益が、四十八願を顕わす能詮と顕わるる謂れを十三観と説き、佛自開の散善も、密益を顕わす能詮と云わるる方を、三輩散善と説きたまう。故に、思惟・正受の請によって十六観を説きたまうと云うこと、その相違あるべからず。序・正一同の謂れを顕わす釈を、序・正各別の意をもって難ずべからず。序・正同と序・正別とを分別すべきなり。

一、「三明能説者乃至五明能為」[*1]等云う事。

問いて云わく、能説の如来、能為の如来とその位、いかん。答えて云わく、能説の如来とは十六観法に迎え、能為の如来とは韋提らの機に迎うるなり。

【五十八丁右】

よって、機・法に対して能説・能為の位を分別するなり。難じて云わく、六重の中に、能請・所請、能説・所説、この二の位は顕行・示観の位分明なり。能説・所説と能為・所為との位、その差別なし。いわゆる能・所の体は、機・法分明にして異なりと云えども、能の体は全くその位同じ。もししからば、能説の如来、所説の十六観門を説きたまいて後、能為の如来は黙然として所為の機に向かいたまうや。答えて云わく、能説の如来、十六観法を説きたまうこと、「観佛三昧の智開発して、一心信楽の機と成ぜんがためなり」。これによって所為の機を釈すには、「一心信楽弘願往生」[*2]等と釈したまうなり。

＊1　「三明能説者即是如來。四明所説即是定散二善十六觀門。五明能爲即是如來。」（『大正蔵』三七・二四七頁中）
＊2　「除斯已外一心信樂求願往生。」（『大正蔵』三七・二四七頁中）

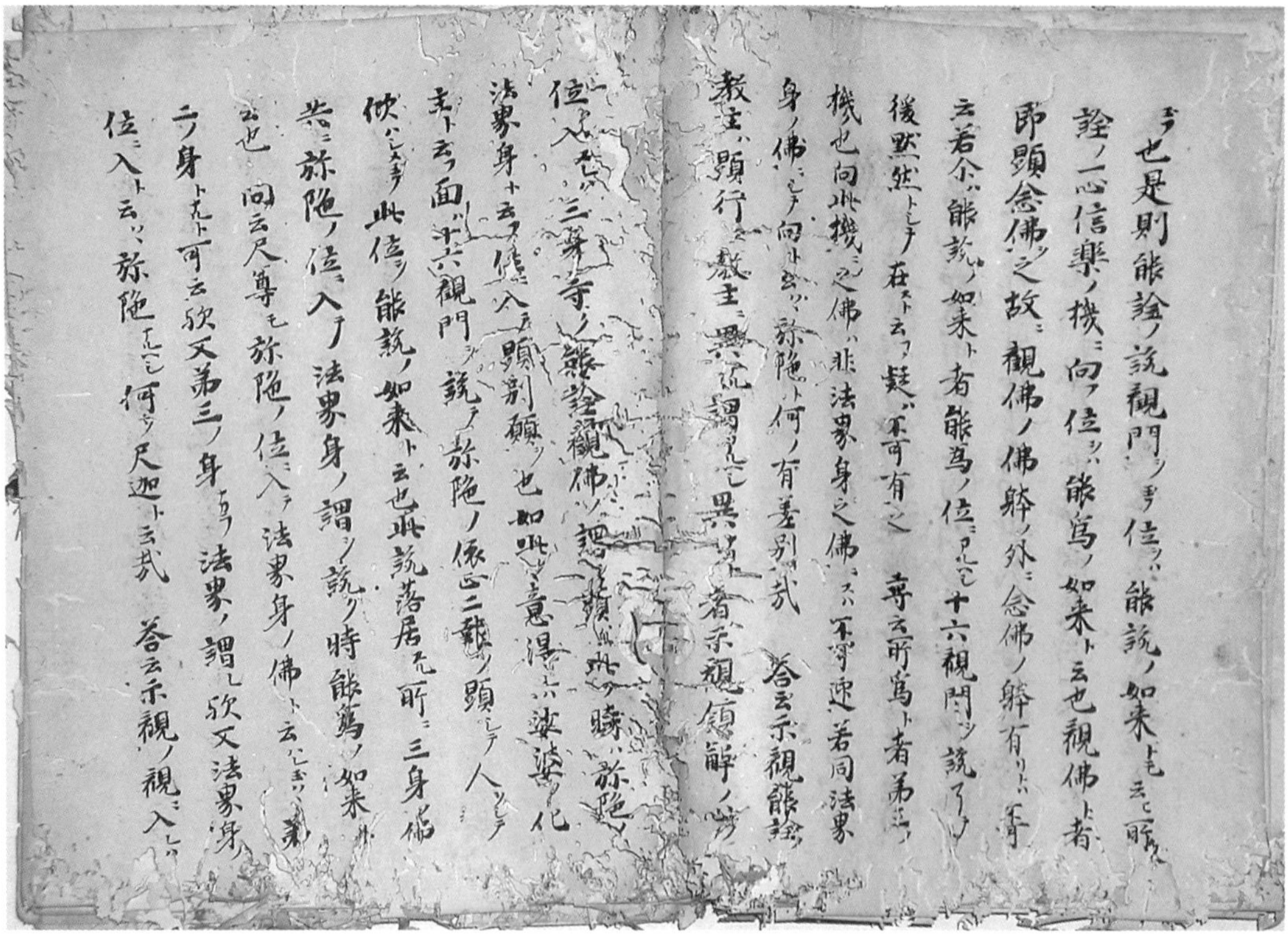

（五十八丁左）

《玉フ》也是則能詮《ノ》說觀門㆒《ヲ》《玉フ》位《ヲハ》能說《ノ》如来《トモ》云㆒《ヒ》𣅜
詮《ノ》一心信樂《ノ》機《ニ》向《フ》位《ヲハ》能爲《ノ》如来《ト》云也觀佛《ト》者
即顕念佛㆒《ヲ》之故《ニ》觀佛《ノ》佛躰《ノ》外《ニ》念佛《ノ》躰有《リトハ》不可
云若尒《ハ》能說《ノ》如来《ト》者能爲《ノ》位《ニアルヘシ》十六觀門《ヲ》說了《テ》
後默然《トシテ》在《スト》云《フ》疑《ハ》不可有㆒之　尋云𣅜爲《ト》者第三《ノ》
機也向此機㆒《ニ》之佛《ハ》非法界身之佛㆒《ニ》《スハ》不可迎㆒若同法界
身《ノ》佛㆒《ニ》《シテ》向《ト》云《ハ、》弥陁《ト》何《ノ》有差別㆒《カ》犾　荅云示觀能詮《ノ》
教主《ハ》顕行《ノ》教主《ニ》異《ナル》謂《アルヘシ》異《ナリト》者示觀領解《ノ》心《ノ》

（五十九丁右）

位《ニ》入《ヌレハ》三身等《ク》能詮觀佛《ノ》謂《ヲ》顕《ハ》此《ノ》時《ハ》弥陁《ノ》
法界身《ト》云《フ》位《ニ》入《テ》顕別願㆒《ヲ》也如此《ク》意得《レハ》娑婆《ノ》化
主《ト》云《フ》面《ハ》十六觀門《ヲ》說《テ》弥陁《ノ》依正二報《ヲ》顕《シテ》人《ヲシテ》
欣《ハシメ玉フ》此位《ヲ》能說《ノ》如来《ト》云也此說落居《スル》𣅜三身《ノ》佛
共《ニ》弥陁《ノ》位《ニ》入《テ》法界身《ノ》謂《ヲ》說《ク》時能爲《ノ》如来《ト》
云也　問云尺尊《モ》弥陁《ノ》位《ニ》入《テ》法界身《ノ》佛《ト》云《ハレ玉ハ、》第
二《ノ》身《トナルト》可云㆒欤又第三《ノ》身《ナカラ》法界《ノ》謂《レ》欤又法界身《ノ》
位《ニ》入《ト》云《ハ、》弥陁《ナルヘシ》何《ソ》尺迦《ト》云犾　荅云示觀《ノ》觀《ニ》入《レハ》

【五十八丁左】

これ則ち能詮の観門を説きたまう位をば能説の如来とも云い、所詮の一心信楽の機に向かう位をば能為の如来と云うなり。観佛とは即ち念佛を顕わすの故に、観佛の佛体の外に念佛の体ありとは云うべからず。もししからば、能説の如来とは能為の位にあるべし。十六観門を説き了りて後、黙然としてましますと云う疑いは、これあるべからず。尋ねて云わく、所為とは第三の機なり。この機に向かいての佛は、法界身の佛にあらずば、迎うべからず。もし、法界身の佛に同じて向かうと云わば、弥陀と何の差別かあらん。答えて云わく、示観・能詮の教主は顕行の教主に異なる謂れあるべし。

【五十九丁右】

異なりとは、示観領解の心の位に入りぬれば、三身等しく能詮観佛の謂れを顕わす。この時は、弥陀の法界身と云う位に入りて別願を顕わすなり。かくのごとく意得れば、娑婆の化主と云う面は、十六観門を説きて弥陀の依・正二報を顕わして、人をして欣ばしめたまう。この位を能説の如来と云うなり。この説、落居するところに、三身の佛共に弥陀の位に入りて法界身の謂れを説く時、能為の如来と云うなり。問いて云わく、釈尊も弥陀の位に入りて、法界身の佛と云われたまわば、第二の身となると云うべきか。また第三の身ながら法界の謂れか。また法界身の位に入ると云わば、弥陀なるべし。何ぞ釈迦と云う。

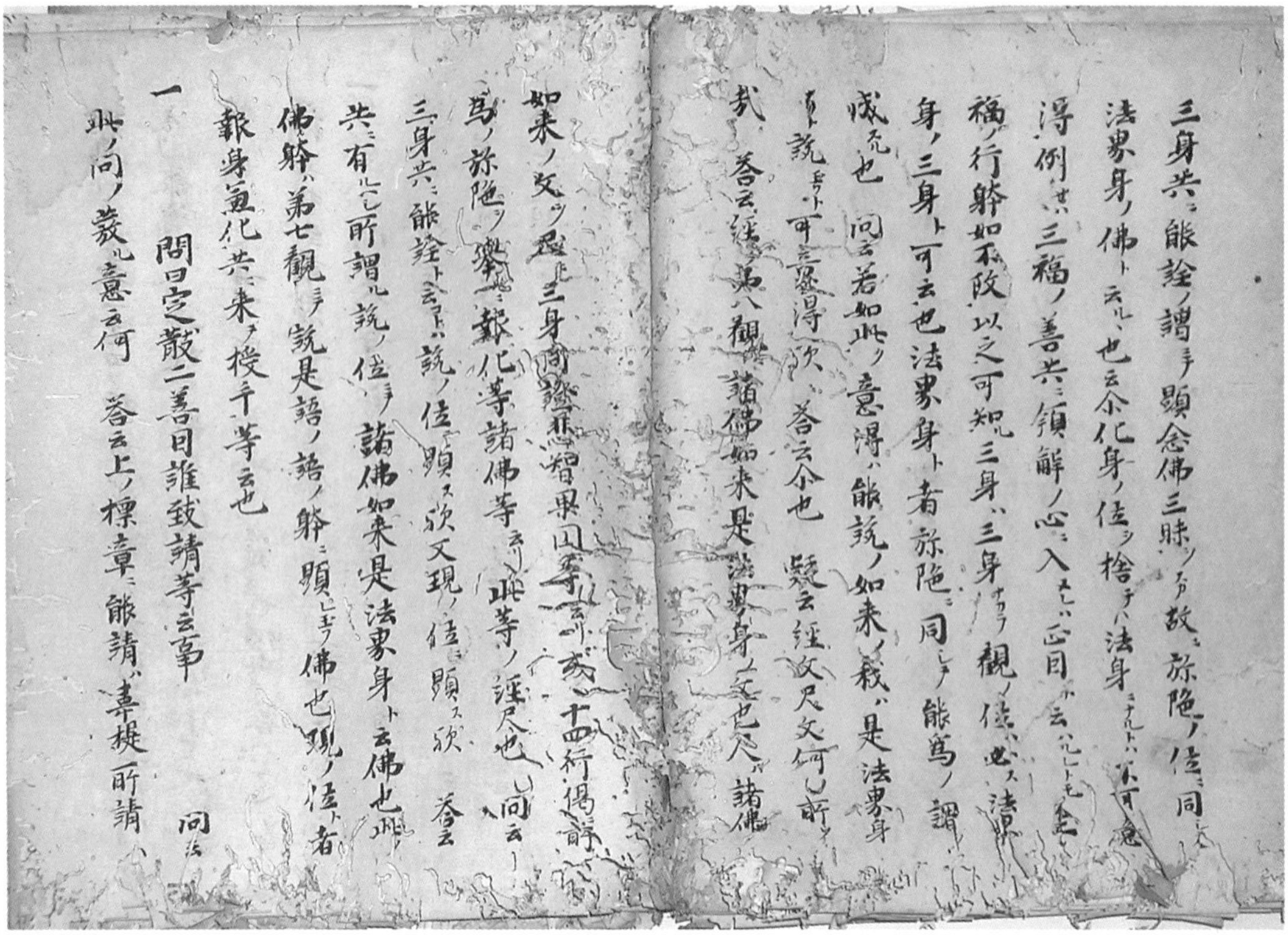

（五十九丁左）
三身共《ニ》能詮《ノ》謂《ニテ》顕念佛三昧《ヲ》㆒故《ニ》弥陁《ノ》位《ニ》同《シテ》
法界身《ノ》佛《ト》云《ル、》也云尒化身《ノ》位《ヲ》捨《テ、》法身《ニナルトハ》不可意
淂㆒例《セハ》三福《ノ》善共《ニ》領解《ノ》心《ニ》入《ヌレハ》正回《ト》云《ハルレトモ》三
福《ノ》行躰如不陊㆒以之㆓可知《ル》三身《ハ》三身《ナカラ》観《ノ》位《ハ》必《ス》法界
身《ノ》三身《ト》可云㆒也法界身《ト》者弥陁《ニ》同《シテ》能爲《ノ》謂《ヲ》
成《スル》也　問云若如此㆒意《ク》淂《ハ》能說《ノ》如来《ノ》我《ハ》是法界身
　說《ナリト》可《玉フト》意淂㆒欤　荅云尒也　疑云經文尺文何《ノ》㆒旷《ソ》
㦯　荅云經《ハ》第八観《ニ》諸佛如来是法界身《ノ》文也尺《ハ》諸佛

（六十丁右）
如来《ノ》文《ヲ》尺《ニ》三身同證悲智果円等《云リ》或十四行偈《ニ》旷
爲《ノ》弥陀《ヲ》舉《クルニ》報化等諸佛等《云リ》此等《ノ》經尺也　問云
三身共《ニ》能詮《ト》云《コトハ》說《ノ》位《ニ》顕《ス》欤又現《ノ》位《ニ》顕《ス》欤　荅云
共《ニ》有《ルヘシ》旷謂《ル》說《ノ》位《ニテ》諸佛如来是法界身《ト》云佛也此《ノ》
佛躰《ハ》第七観《ニテ》說是語《ノ》語《ノ》躰《ニ》顕《レ玉フ》佛也現《ノ》位《ト》者
報身兼化㆒共《ニ》来《テ》授手㆒等云也
一　　問曰㐌散㆓善回誰致請等云事　　問云
此《ノ》問《ノ》㦯《ル》意云何　荅云上《ノ》標章《ニ》能請《ハ》韋提旷請

【五十九丁左】

答えて云わく、示観の観に入れば、三身共に能詮の謂れにて念佛三昧を顕わすが故に、弥陀の位に同じて法界身の佛と云わるるなり。しかりと云いて、化身の位を捨てて法身になるとは意得べからず。例せば、三福の善、共に領解の心に入りぬれば、正因と云わるれども、三福の行体改めざるがごとし。これをもって知るべし、三身は三身ながら、観の位は必ず法界身の三身と云うべきなり。法界身とは、弥陀に同じて能為の謂れを成ずるなり。問いて云わく、もしかくのごとく心得れば、能説の如来の、我はこれ法界身なりと説きたまうと意得べきか。答えて云わく、しかなり。疑いて云わく、経文・釈文、何の所ぞや。答えて云わく、経は第八観に「諸佛如来是法界身[*1]」の文なり。

【六十丁右】

釈は、「諸佛如来」の文を釈するに「三身同証悲智果円[*2]」等云えり。或いは「十四行偈」に、所為の弥陀を挙ぐるに「報化等諸佛[*3]」等云えり。これらの経・釈なり。問いて云わく、三身共に能詮と云うことは、説の位に顕わすか、また現の位に顕わすか。答えて云わく、共にあるべし。いわゆる説の位にて、「諸佛如来是法界身」と云う佛なり。この佛体は第七観にて、「説是語[*4]」の語の体に顕われたまう佛なり。現の位とは、「報身、化を兼ねて共に来たりて手を授く[*5]」等云うなり。

一、「問曰定散二善因誰致請[*6]」等云う事。

問いて云わく、この問の発る意、いかん。

＊1「次當想佛。所以者何。諸佛如來是法界身。」（『大正蔵』十二・三四三頁上）
＊2「答曰。欲顯諸佛三身同證。悲智果圓等齊無二。端身一坐影現無方。」（『大正蔵』三七・二六七頁上）
＊3「報化等諸佛」（『大正蔵』三七・二四五頁下）
＊4「説是語時。無量壽佛住立空中。觀世音大勢至。是二大士侍立左右。」（『大正蔵』十二・三四二頁下）
＊5「然報身兼化共來授手。」（『大正蔵』三七・二五〇頁中）
＊6「問曰。定散二善因誰致請。」（『大正蔵』三七・二四七頁中）

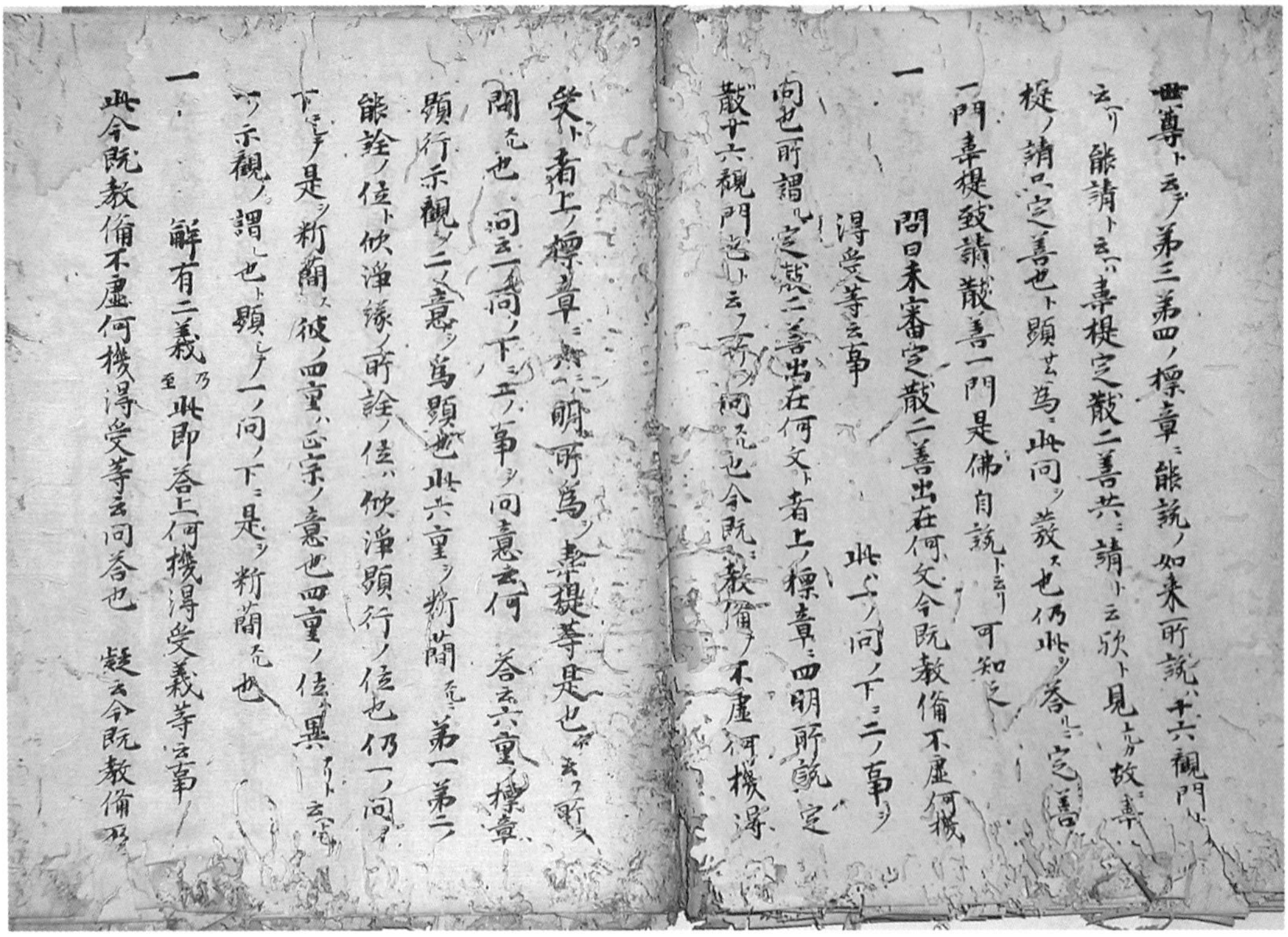

（六十丁左）

世尊《ト》云《テ》第三第四《ノ》標章《ニ》能詮《ノ》如来所詮《ハ》十六観門《ト》
云《ヘリ》能請《ト》云《ヘハ》韋提宆散二善共《ニ》請《ト》云欤《ト》見《ユルカ》故《ニ》韋
提《ノ》請只宆善也《ト》顕《サム》為《ニ》此問《ヲ》蔎《ス》也仍此《ヲ》荅《ルニ》宆善
一門韋提致請散善一門是佛自説《ト云リ》可知㆒之
一　問曰未審宆散二善出在何文今既教偹不虚何機
淂受等云事　此《ハ》一《ノ》問《ノ》下《ニ》二《ノ》事《ヲ》
問也所謂《ル》宆散二善出在何文《ト》者上《ノ》標章《ニ》四明所説㆒宆
散十六観門也《ト》云《フ》所《ヲ》問《スル》也今既《ニ》教偹《テ》不虚㆒何機淂

（六十一丁右）

受《ト》者上《ノ》標章《ニ》六《ニハ》明所為㆒韋提等是也《ト》云《フ》所《ヲ》
問《スル》也問云一《ノ》問《ノ》下《ニ》二《ノ》事《ヲ》問意云何　荅云六重《ノ》標章《ハ》
顕行示観《ノ》二《ノ》意《ヲ》為顕㆒也此六重《ヲ》粁蕳《スルニ》第一第二《ノ》
能詮《ノ》位《ト》欣浄縁《ノ》所詮《ノ》位《ハ》欣浄顕行《ノ》位也仍一《ノ》問《ノ》
下《ニシテ》是《ヲ》粁蕳《ス》彼《ノ》四重《ハ》正宗《ノ》意也四重《ノ》位《ハ》異《アリト》云《ヘトモ》
一《ノ》示観《ノ》謂《レ》也《ト》顕《シテ》一《ノ》問《ノ》下《ニ》是《ヲ》粁蕳《スル》也
一　解有二義乃至此即荅上何機淂受義等云事
此今既教偹不虚何機淂受等云問荅也　疑云今既教偹不

【六十丁左】

答えて云わく、上の標章に、能請は韋提、所請は世尊と云いて、第三・第四の標章に、能説の如来、所説は十六観門と云えり。能請と云えば、韋提、定・散二善共に請と云うかと見ゆるが故に、韋提の請はただ定善なりと顕わさんがために、この問を発すなり。よってこれに答うるに、「定善一門、韋提致請、散善一門、是佛自説」[*1]と云えり。これを知るべし。

一、「問曰未審定散二善出在何文今既教備不虚何機得受」[*2]等云う事。

これは一の問の下に二の事を問うなり。いわゆる「定散二善出在何文」とは、上の標章に、「四には所説を明かす。定・散二善十六観門也」[*3]と云うところを問するなり。

【六十一丁右】

「今既に教備わりて虚《むなし》からず、何の機か受くることを得る」とは、上の標章に「六には所為を明かす、韋提等これ也」[*4]と云うところを問するなり。問いて云わく、一の問の下に二の事を問う意、いかん。答えて云わく、六重の標章は顕行・示観の二の意を顕わさんがためなり。この六重を料簡するに、第一・第二の能詮の位と欣浄縁の所詮の位は、欣浄・顕行の位なり。よって一の問の下にしてこれを料簡す。かの四重は正宗の意なり。四重の位は異なりありと云えども、一の示観の謂れなりと顕わして、一の問の下にこれを料簡するなり。

一、「解有二義乃至此即答上何機得受義竟」[*5]等云う事。

これ「今既教備不虚何機得受」等云う問を答うるなり。

＊1 「問曰。定散二善因誰致請。答曰。定善一門韋提致請。散善一門是佛自說。」（『大正蔵』三七・二四七頁中）
＊2 「問曰。未審。定散二善出在何文。今既教備不虛。何機得受。」（『大正蔵』三七・二四七頁中）
＊3 「四明所說即是定散二善十六觀門也。」（『大正蔵』三七・二四七頁中）
＊4 「六明所爲即韋提等是也。」（『大正蔵』三七・二四七頁中）
＊5 「答曰。解有二義。一者謗法與無信八難及非人此等不受也。斯乃朽林碩石不可有生潤之期。此等衆生必無受化之義。除斯已外一心信樂求願往生。上盡一形下收十念。乘佛願力莫不皆往。此即答上何機得受義竟。」（『大正蔵』三七・二四七頁中）

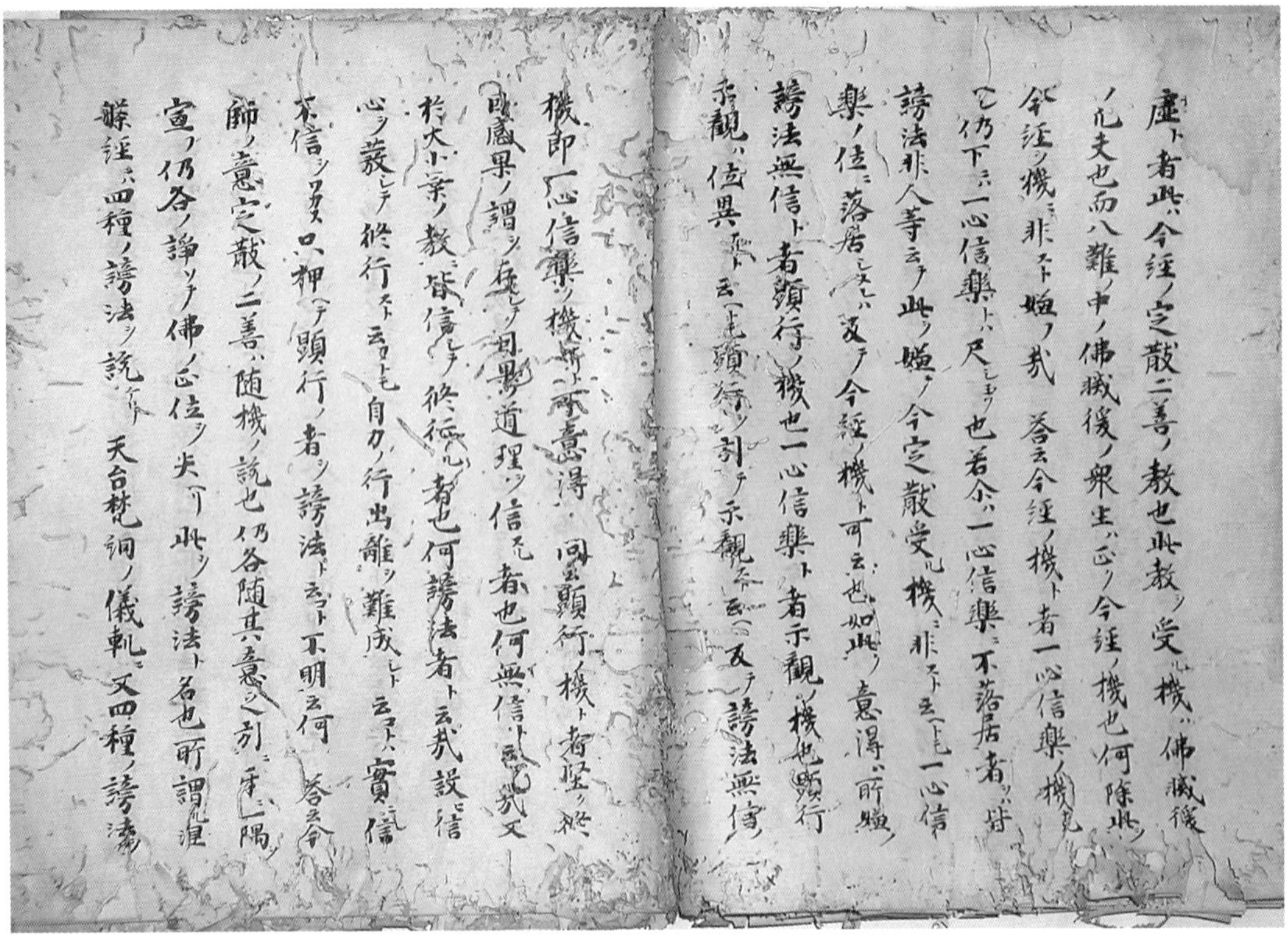

（六十一丁左）

虚《ト》者此《ハ》今経《ノ》亡散二善《ノ》教也此教《ヲ》受《ル》機《ハ》佛滅後《ノ》凢夫也而八難《ノ》中《ノ》佛滅後《ノ》衆生《ハ》正《ク》今経《ノ》機也何除此㆒《ヲ》今経《ノ》機《ニ》非《スト》嫌《フ》歟 荅云今経《ノ》機《ト》者一心信樂《ノ》機《ナルヘシ》仍下《ニハ》一心信樂《トハ》尺《シ玉フ》也若尓《ハ》一心信樂《ニ》不落居㆒者《ヲハ》皆謗法非人等云《テ》此《ヲ》嫌《テ》今亡散受《ル》機《ニ》非《スト》云《ヘトモ》一心信樂《ノ》位《ニ》落居《シヌレハ》反《テ》今経《ノ》機《ト》可云㆒也如此《ク》㆒意得《ハ》㆒所嫌《ノ》謗法無信《ト》者顕行《ノ》機也一心信樂《ト》者示観《ノ》機也顕行示観《ハ》位異《ナリト》云《ヘトモ》顕行《ヲ》引《テ》示観《スト》云《ヘハ》反《テ》謗法無信《ノ》

（六十二丁右）

機即一心信樂《ノ》機《ナリト》可意得㆒ 問云顕行《ノ》機《ト》者堅《ク》修回感果《ノ》謂《ヲ》存《シテ》回果《ノ》道理《ヲ》信《スル》者也何無信《ト》云《フ》歟又於大小乗《ノ》教㆒《ニ》皆信《シテ》修行《ル》者也何謗法者《ト》云歟設《ヒ》信心《ヲ》蕟《シテ》修行《スト》云《フトモ》自力《ノ》行出離《ヲ》難成㆒《シト》云《コトハ》實《ニ》信不信《ヲワカス》只押《ヘテ》顕行《ノ》者《ヲ》謗法《ト》云《コト》不明㆒云何 荅云今師《ノ》意亡散《ノ》二善《ハ》随機《ノ》説也仍各随其意之別㆒《ニ》守《ニ》一隅《ヲ》宣《フ》仍各《ノ》諍《ソテ》佛《ノ》正位《ヲ》失《ヘリ》此《ヲ》謗法《ト》名也所謂《ル》涅槃経《ニハ》四種《ノ》謗法《ヲ》説《ケリ》天台梵綱《ノ》儀軌《ニ》又四種《ノ》謗法《ヲ》

【六十一丁左】

疑いて云わく、「今既教備不虚」とは、これは今経の定・散二善の教なり。この教を受くる機は佛滅後の凡夫なり。しかるに、八難の中の佛滅後の衆生は、正しく今経の機なり。何ぞこれを除き、今経の機にあらずと嫌う。答えて云わく、今経の機とは、一心信楽の機なるべし。よって下には「一心信楽」[*1]とは釈したまうなり。もししかれば、一心信楽に落居せざる者をば皆、謗法・非人等と云いてこれを嫌いて、今定・散受くる機にあらずと云えども、一心信楽の位に落居しぬれば、反りて今経の機と云うべきなり。かくのごとく意得れば、嫌うところの「謗法無信」[*2]とは、顕行の機なり。「一心信楽」とは、示観の機なり。顕行・示観は位異なりと云えども、顕行を引きて示観すと云えば、反りて謗法・無信の機即ち一心信楽の機なりと意得べし。

【六十二丁右】

問いて云わく、顕行の機とは、堅く修因感果の謂れを存じて因果の道理を信ずる者なり。何ぞ無信と云う。また、大・小乗の教において皆信じて修行する者なり。何ぞ謗法者と云う。たとい信心を発して修行すと云うとも、自力の行、出離を成じ難しと云うことは、実に信・不信を分かす。ただ、押さえて顕行の者を謗法と云うこと明らかならず、いかん。答えて云わく、今師の意、定・散の二善は随機の説なり。よっておのおのその意の別に随いて、互いに一隅を宣ぶ。よっておのおの諍いて佛の正位を失えり。これを謗法と名づくるなり。いわゆる『涅槃経』には四種の謗法を説けり。天台『梵網（経）』の儀軌に、また四種の謗法を釈せり。

＊1　「一心信樂求願往生。上盡一形下收十念。」（『大正蔵』三七・二四七頁中）
＊2　「一者謗法與無信八難及非人此等不受也。」（『大正蔵』三七・二四七頁中）

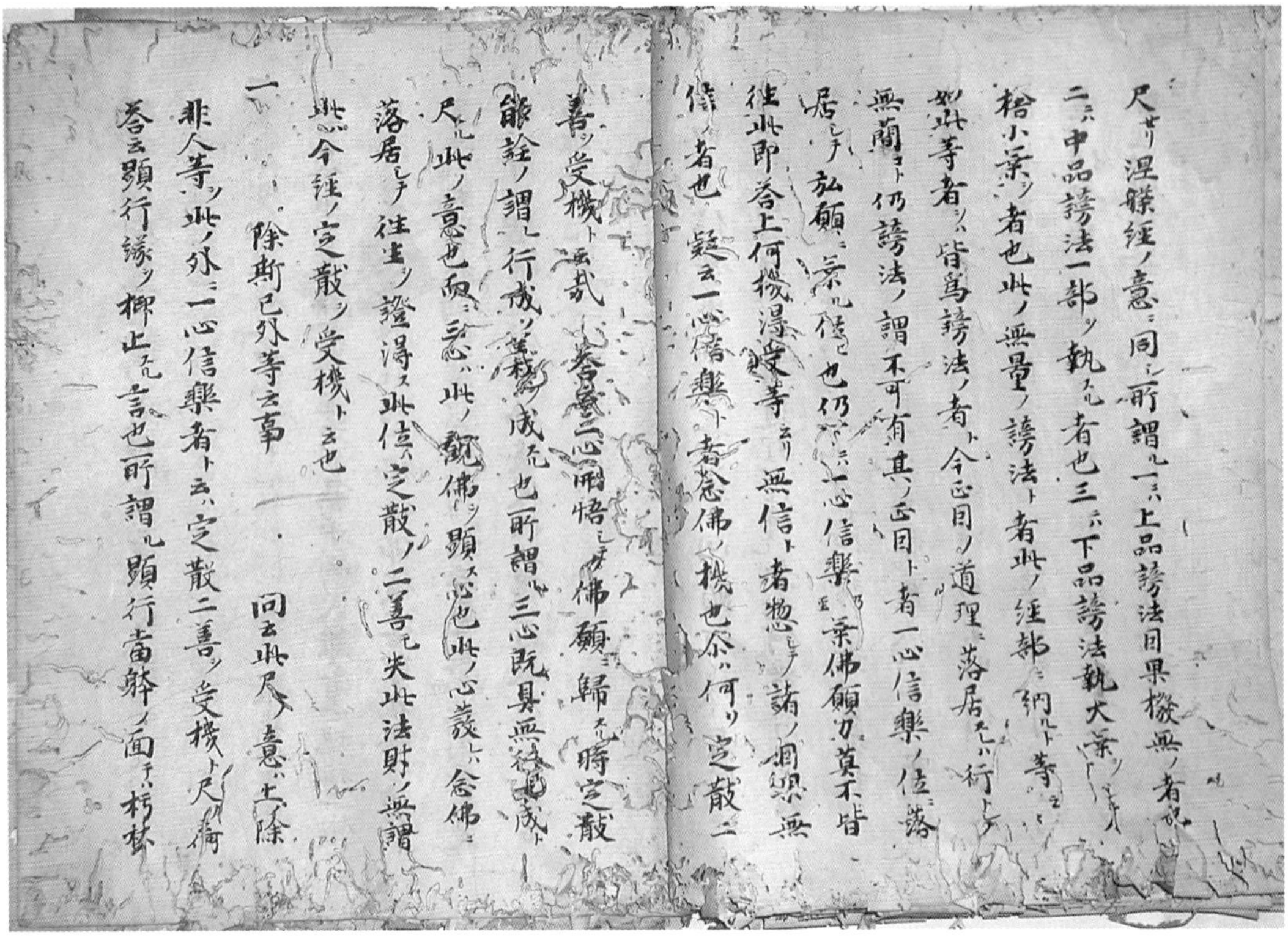

（六十二丁左）

尺《セリ》涅槃經《ノ》意《ニ》同《シ》所謂《ル》一《ニハ》上品謗法囙果撥無《ノ》者也

二《ニハ》中品謗法一部《ヲ》執《スル》者也三《ニハ》下品謗法執大乘《ヲ》《シテ》

捨小乘《ヲ》者也此《ノ》無量《ノ》謗法《ト》者此《ノ》經部《ニ》納《ルト》等云々

如此等者《ヲハ》皆爲謗法《ノ》者《ト》今正囙《ノ》道理《ニ》落居《スレハ》行《トシテ》

無蕳《コト》仍謗法《ノ》謂不可有其《ノ》正囙《ト》者一心信樂《ノ》位《ニ》落

居《シテ》弘願《ニ》乘《ル》位《ヒ》也仍下《ニハ》一心信樂乃至乘佛願力《ニ》莫不皆

往此即荅上何機淂受等《云リ》無信《ト》者惣《シテ》諸《ノ》囙果無

信《ノ》者也　疑云一心信樂《ト》者念佛《ノ》機也尒《ハ》何《ソ》宆散二

（六十三丁右）

善《ヲ》受機《ルト》云弁　荅云三心開悟《シテ》佛願《ニ》歸《スル》時宆散

能詮《ノ》謂《レ》行成《ノ》義成《スル》也所謂《ル》三心既具無行不成《ト》

尺《ル》此《ノ》意也而《ニ》三心《ハ》此《ノ》觀佛《ヲ》顕《ス》心也此《ノ》心萠《レハ》念佛《ニ》

落居《シテ》往生《ヲ》證淂《ス》此位《ハ》宆散《ノ》二善《モ》失此法財《ノ》無謂

此《ハ》今經《ノ》宆散《ヲ》受機《ト》云也

一　　除斯已外等云事　　　問云此尺《ノ》意《ハ》上《ノ》除

非人等《ヲ》此《ノ》外《ニ》一心信樂者《ト》云《ハ》宆散二善《ヲ》受機《ト》尺《カ》云何

荅云顕行縁《ヲ》抑止《スル》言也所謂《ル》顕行當躰《ノ》面《テハ》朽林

【六十二丁左】

『涅槃経』の意に同じ。いわゆる一には、上品謗法、因果撥無の者なり。二には、中品謗法、一部を執する者なり。三には、下品謗法、大乗を執して小乗を捨つる者なり。この無量の謗法とは、この経部に納まると等云云。かくのごとき等の者をば、皆、謗法の者となす。今、正因の道理に落居すれば、行として簡ぶことなし。よって、謗法の謂れあるべからず。その正因とは、一心信楽の位に落居して、弘願に乗ずる位なり。よって下には、「一心信楽乃至佛願力に乗じて、皆往かざるはなし。此即答上何機得受」[*1]等と云えり。無信とは、総じて諸の因果無信の者なり。疑いて云わく、一心信楽とは、念佛の機なり。しかれば、何ぞ定・散二善を受くる機と云う。

【六十三丁右】

答えて云わく、三心開悟して佛願に帰する時、定散・能詮の謂れ行成の義を成ずるなり。いわゆる「三心既具無行不成」[*2]と釈する、この意なり。しかるに、三心はこの観佛を顕わす心なり。この心発れば、念佛に落居して往生を証得す。この位は、定・散の二善もこの法財を失するの謂れなし。これは今経の定・散を受くる機と云うなり。

一、「除斯已外」[*3]等云う事。

問いて云わく、この釈の意は、上の非人等を除き、この外に一心信楽者と云うは、定・散二善を受くる機と釈するか、いかん。答えて云わく、顕行縁を抑止する言なり。

＊1 「除斯已外一心信樂求願往生。上盡一形下收十念。乘佛願力莫不皆往。此即答上何機得受義竟。」(『大正蔵』三七・二四七頁中)

＊2 「三心既具。無行不成。願行既成若不生者。無有是處也。又此三心亦通攝定善之義。應知。」(『大正蔵』三七・二七三頁中)

＊3 「除斯已外一心信樂求願往生。」(『大正蔵』三七・二四七頁中)

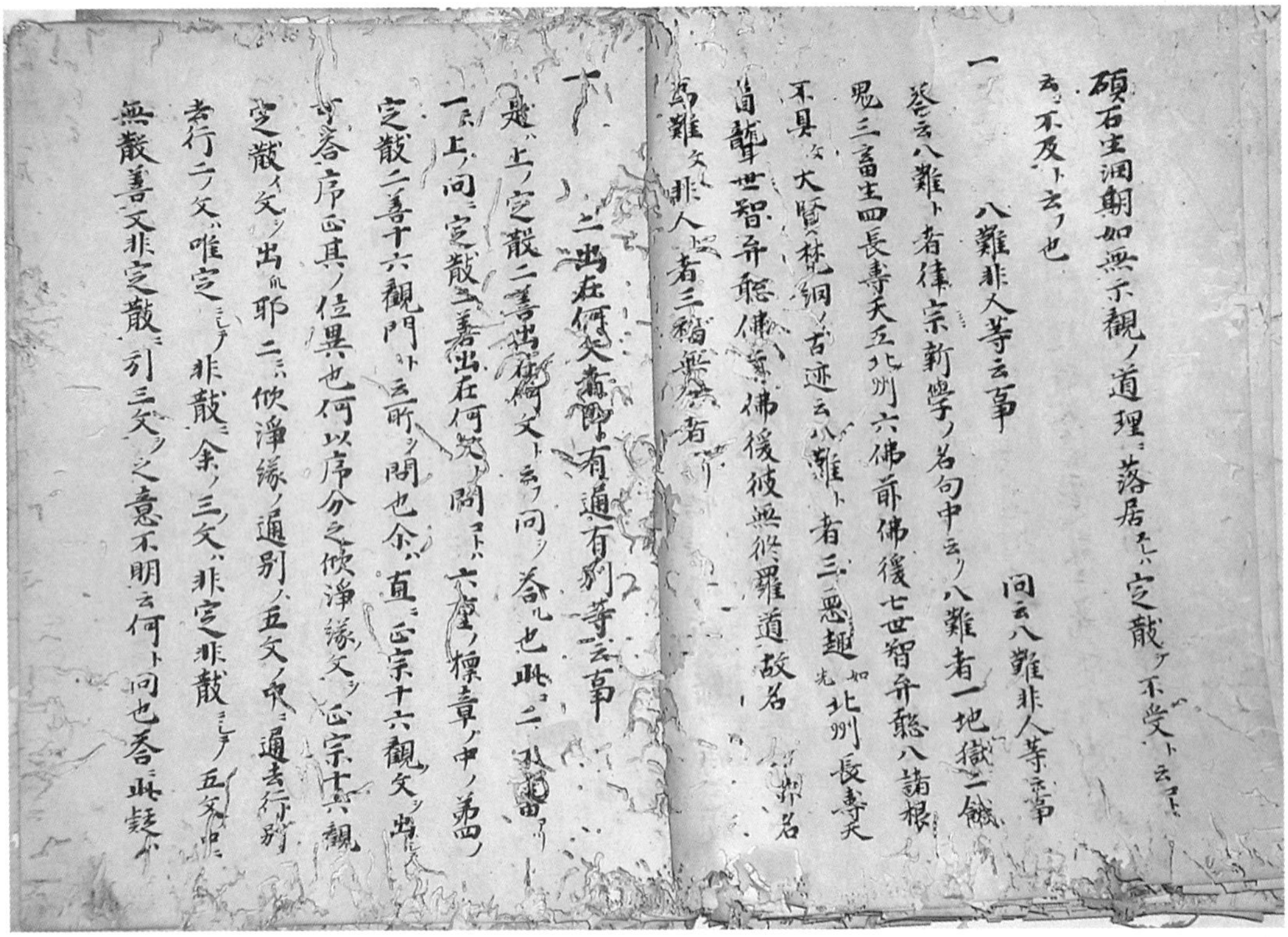

（六十三丁左）

碩石生潤期如無示観《ノ》道理《ニ》落居《スレハ》乞散《ヲ》不受《ト》一云《コト》

云《ニ》不及《ト》一云《フ》也

一　　八難非人等云事　　　問云八難非人等云事

荅云八難《ト》者律宗新學《ノ》名句中云《ク》八難者一地獄二餓

鬼三畜生四長壽天五北州六佛前佛後七世智弁聰八諸根

不具《文》大賢梵綱《ノ》古迹云八難《ト》者三悪趣《如》先北洲長壽天

盲聾世智弁聰佛前佛後彼無修羅道故名■■亦名

爲難《文》非人《ト》者三福無分者《ナリ》

（六十四丁右）

一　　二出在何文者即有通有別等云事

是《ハ》上《ノ》乞散二善出在何文《ト》云《フ》問《ヲ》荅《ル》也此《ニ》二《ノ》不審《アリ》

一《ニハ》上《ノ》問《ニ》乞散二善出在何文《ト》問《コトハ》六重《ノ》標章《ノ》中《ノ》第四《ノ》

乞散二善十六観門《ト》云昕《ヲ》問也介《ハ》直《ニ》正宗十六観《ノ》文《ヲ》出《シテ》

可荅二序正其《ノ》位異也何以序分之欣淨縁《ノ》文《ヲ》一正宗十六観

乞散《ノ》文《ヲ》出《爪》耶二《ニハ》一欣淨縁《ノ》通別《ノ》五文《ノ》中《ニ》通去行別

去行二《ノ》文《ハ》唯乞《ニシテ》非散一余《ノ》三《ノ》文《ハ》非乞非散《ニシテ》五文《ノ》中《ニ》

無散善一又非乞散《ニ》引三文一之意不明二云何《ト》問也荅《ニ》此疑《ハ》

【六十三丁左】

いわゆる顕行当体の面は、「朽林碩石生潤期如無示観」[*1]の道理に落居すれば、定・散を受けずと云うこと云うに及ばずと云うなり。

一、「八難非人」[*2]等云う事。

問いて云わく、「八難非人」等と云うこと。答えて云わく、八難とは、『律宗新学』の名句中に云わく、「八難」は、「一地獄、二餓鬼、三畜生、四長寿天、五北州、六佛前佛後、七世智弁聡、八諸根不具」文。『大賢梵網』の古迹に云わく、「八難とは、三悪趣先のごとし、北洲、長寿天、盲聾、世智弁聡、佛前佛後、彼無修羅道故、名無暇亦名為難」[*3]文。「非人」とは、三福無分者なり。

【六十四丁右】

一、「二出在何文者即有通有別」[*4]等云う事。

これは上の「定散二善出在何文」と云う問を答うるなり。これに二の不審あり。一には、上の問に、「定・散二善出在何文」と問うことは、六重の標章の中の第四の、定・散二善十六観門と云う所を問うなり。しかれば、直に正宗十六観の文を出だして答うべし。序・正、その位異なり。何ぞ序分の欣浄縁の文を以て、正宗十六観定・散の文に出だす。二には、欣浄縁の通・別の五文の中に、通去行・別去行の二の文はただ定にして散にあらず。余の三の文は非定・非散にして五文の中に散善なし。また、定・散にあらず。三文を引きての意明らかならず、いかんと問うなり。

＊1　「斯乃朽林碩石不可有生潤之期。」（『大正蔵』三七・二四七頁中）
＊2　「一者謗法與無信八難及非人此等不受也。」（『大正蔵』三七・二四七頁中）
＊3　「無暇」を大谷大学蔵本より補う
＊4　「二出在何文者即有通有別。」（『大正蔵』三七・二四七頁中）

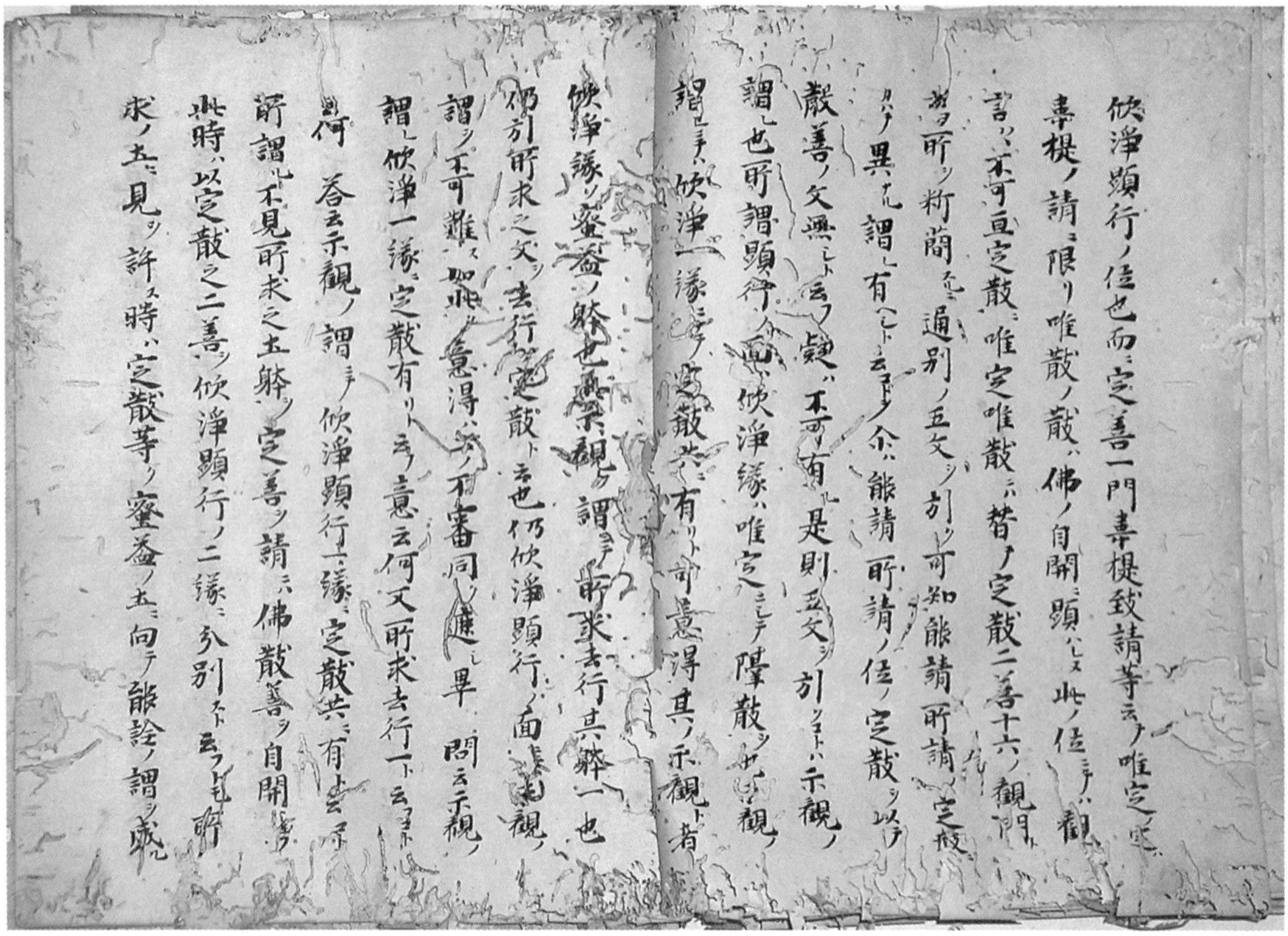

（六十四丁左）

欣淨顕行《ノ》 位也而《ニ》 㝎善一門韋提致請等云《テ》 唯㝎《ノ》 㝎《ハ》
韋提《ノ》 請《ニ》 限《リ》 唯散《ノ》 散《ハ》 佛《ノ》 自開《ニ》 顕《ハレヌ》 此《ノ》 位《ニテハ》 観《ノ》
言《ハ》 不可亘㝎散《ニ》唯㝎唯散《ニハ》 替《テ》 㝎散二善十六《ノ》 観門《ト》
云《フ》 昕斯蔺《スルニ》 通別《ノ》 五文《ヲ》 引《ク》 可知能請昕請《ノ》 㝎散《ニ》
　異《カハテ》 謂《ナル》 有《レ》 云《ヘシト》 尒《コトヲ》 能請昕請《ハ》 位《ノ》 㝎散《ヲ》 以《テ》
散善《ノ》 文無《シト》 云《フ》 疑《ハ》 不可有《ル》 是則五文《ヲ》 引《クコトハ》 示観《ノ》
謂《レ》 也昕謂顕行《ノ》 面《ハ》 欣淨縁《ハ》 唯㝎《ニシテ》 隔散《ヲ》 也示観《ノ》
謂《レニテハ》 欣淨一縁《ニシテ》 㝎散共《ニ》 有《リト》 可意淂其《ノ》 示観《ト》 者

（六十五丁右）

欣淨縁《ノ》 蜜益《ノ》 躰也此示観《ノ》 謂《ニテ》 昕求去行其躰一也
仍引昕求之文《ヲ》 去行《ノ》 㝎散《ト》 云也仍欣淨顕行《ノ》 面《ニテ》 示観《ノ》
謂《ヲ》 不可難《ス》 如此意淂《ハ》 二《ノ》 不審同《ク》 遮《シ》 畢 問云示観《ノ》
謂《レ》 欣淨一縁《ニ》 㝎散有《リト》 云《フ》 意云何又昕求去行一《ト》 云《フコト》
云何 荅云示観《ノ》 謂《ニテ》 欣淨顕行一縁《ニ》 㝎散共《ニ》 有《ト》 云《コト》
昕謂《ル》 不見昕求之玉躰《ヲ》 㝎善《ヲ》 請《ニハ》 佛散善《ヲ》 自開《シ玉フ》
此時《ハ》 以㝎散之二善《ヲ》 欣淨顕行《ノ》 二縁《ニ》 分別《スト》 云《フトモ》 昕
求《ノ》 玉《ニ》 見《ヲ》 許《ス》 時《ハ》 㝎散等《ク》 蜜益《ノ》 玉《ニ》 向《テ》 能詮《ノ》 謂《ヲ》 成《ル》

【六十四丁左】

答えに、この疑いは欣浄・顕行の位なり。しかるに、「定善一門韋提致請」[*1]等云いて、ただ定の定は韋提の請に限り、ただ散の散は佛の自開に顕われぬ。この位にては、観の言は定・散に亘るべからず。唯定・唯散には替わりて、定・散二善十六の観門と云うところを料簡するに、通・別の五文を引く。知るべし、能請・所請の定・散にかわりて異なる謂れあるべしと云うことを。しかれば、能請・所請の位の定・散をもって、散善の文なしと云う疑いはあるべからず。これ則ち、五文を引くことは示観の謂れなり。いわゆる顕行の面は、欣浄縁はただ定にして散を隔つなり。示観の謂れにては、欣浄の一縁にして、定・散共にありと意得べし。

【六十五丁右】

その示観とは、欣浄縁の密益の体なり。この示観の謂れにて、所求・去行、その体一なり。よって所求の文を引く去行の定・散と云うなり。よって欣浄・顕行の面にて示観の謂れを難ずべからず。かくのごとく意得れば、二の不審同じく遮し畢んぬ。問いて云わく、示観の謂れ、欣浄一縁に定・散ありと云う意、いかん。また所求・去行一と云うこと、いかん。答えて云わく、示観の謂れにて欣浄・顕行一縁[*2]に定・散共にありと云うこと、いわゆる所求の土体を見ずして定善を請うには、佛、散善を自開したまう。この時は、定・散の二善をもって欣浄・顕行の二縁に分別すと云うとも、所求の土に見を許す時は、定・散等しく密益の土に向かいて、能詮の謂れを成ずるなり。

＊1　「答曰。定善一門韋提致請。散善一門是佛自説。」（『大正蔵』三七・二四七頁中）
＊2　『西山叢書』には「二縁」とある

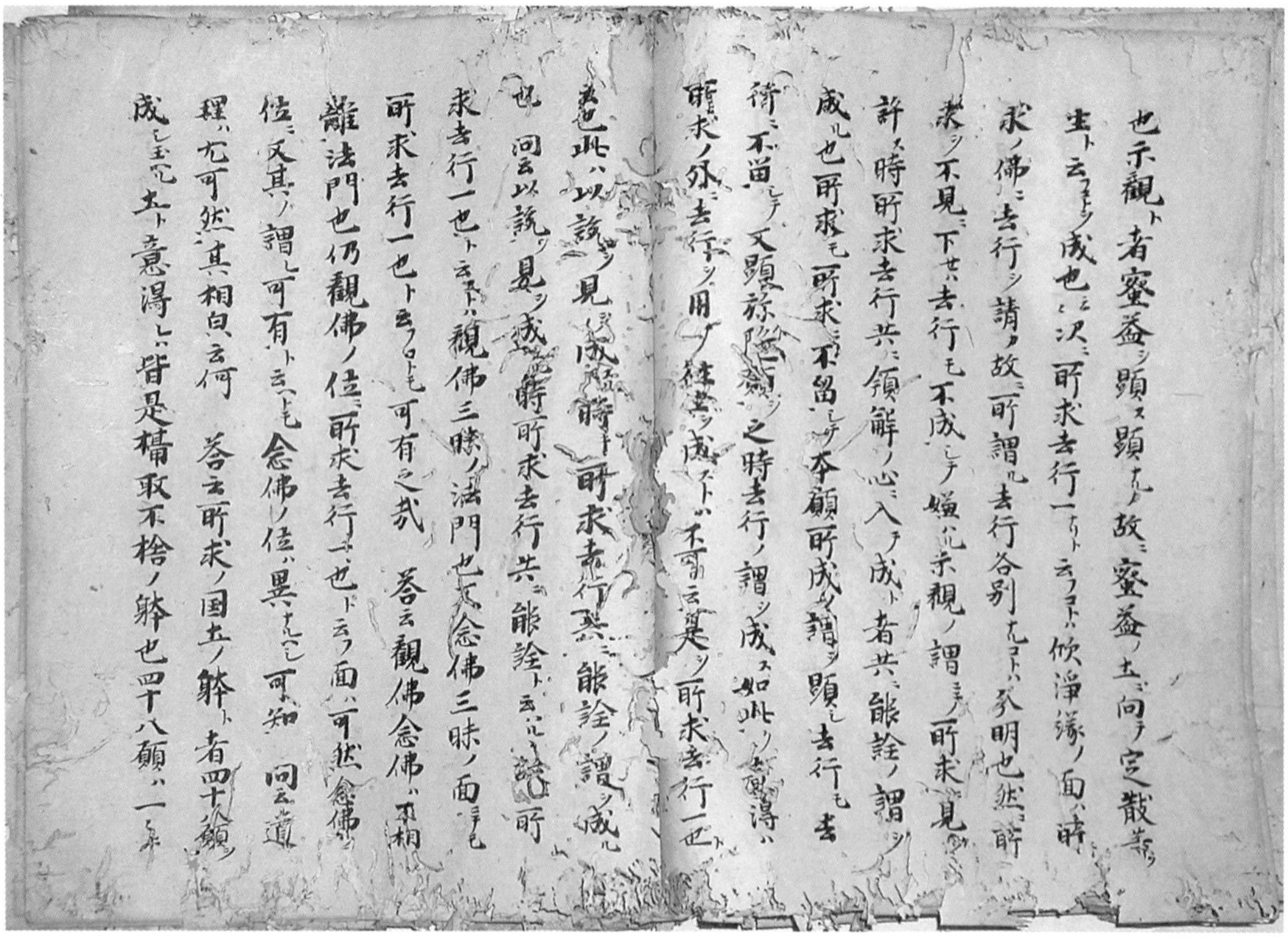

(六十五丁左)

也示観《ト》者蜜益《ヲ》顕《ス》顕《ナルノ》故《ニ》蜜益《ノ》土《ニ》向《テ》乞散等《ク》
生《ト》云《フコトヲ》成也云々次《ニ》所求去行一《ナリト》云《フコトハ》欣浄縁《ノ》面《ハ》所
求《ノ》佛《ニ》去行《ヲ》請《カ》故《ニ》所謂《ル》去行各別《ナルコトハ》分明也然《ニ》所
求《ヲ》不見《ニ》下《セハ》去行《モ》不成一《シテ》嫌《ハル》示観《ノ》謂《ニテ》所求《ニ》見《ヲ》
許《ス》時所求去行共《ニ》領解《ノ》心《ニ》入《テ》成《ト》者共《ニ》能詮《ノ》謂《ヲ》
成《ル》也所求《モ》所求《ニ》不留一《シテ》本願所成《ノ》謂《ヲ》顕《シ》去行《モ》去
行《ニ》不留一《シテ》又顕弥陁願一《ヲ》之時去行《ノ》謂《ヲ》成《ス》如此一《ク》意得《ハ》
所求《ノ》外《ニ》去行《ヲ》用《テ》往生《ヲ》成《ストハ》不可云一是《ヲ》所求去行一也《ト》

(六十六丁右)

云也此《ハ》以説一《ヲ》見《ヲ》成《スル》時《キ》所求去行共《ニ》能詮《ノ》謂《ヲ》成《ル》
也　問云以説一《ヲ》見《ヲ》成《スル》時所求去行共《ニ》能詮《ト》云《ハル、》故《ニ》所
求去行一也《ト》云《コトハ》観佛三昧《ノ》法門也又念佛三昧《ノ》面《ニテモ》
所求去行一也《ト》云《フコトモ》可有之歟　荅云観佛念佛《ハ》不相
離一法門也仍観佛《ノ》位《ニ》所求去行一也《ト》云《フ》面《ハ》可然念佛《ノ》
位《ニ》又其《ノ》謂《レ》可有一《ト》云《ヘトモ》念佛《ノ》位《ハ》異《ナルヘシ》可知一問云道
理《ハ》尤可然一其相皃云何　荅云所求《ノ》国土《ノ》躰《ト》者四十八願《ヲ》
成《シ玉ヘル》土《ト》意得《レハ》皆是攝取不捨《ノ》躰也四十八願《ハ》一々《ニ》

【六十五丁左】

示観とは、密益を顕わす顕なるの故に、密益の土に向かいて、定・散等しく生ずと云うことを成ずるなり、云云。次に、所求・去行一なりと云うことは、欣浄縁の面は所求の佛に去行を請うが故に、いわゆる去行各別なることは分明なり。しかるに、所求を不見に下せば、去行も成ぜずして嫌わるる示観の謂れにて、所求に見を許す時、所求・去行共に領解の心に入りて、成とは共に能詮の謂れを成ずるなり。所求も所求に留まらずして、本願所成の謂れを顕わし、去行も去行に留まらずして、また弥陀願を顕わす時、去行の謂れを成ず。かくのごとく意得れば、所求の外に去行を用いて往生を成ずとは云うべからず。これを所求・去行一なりと云うなり。

【六十六丁右】

これは、説をもって見を成ずる時、所求・去行共に能詮の謂れを成ずるなり。問いて云わく、説をもって見を成ずる時、所求・去行共に能詮と云わるる故に、所求・去行一なりと云うことは、観佛三昧の法門なり。また念佛三昧の面にても、所求・去行一なりと云うこともこれあるべきや。答えて云わく、観佛・念佛は相離れざる法門なり。よって、観佛の位に所求・去行一なりと云う面はしかるべし。念佛の位に、またその謂れあるべしと云えども、念佛の位は異なるべし。知るべし。問いて云わく、道理は尤もしかるべし。その相貌、いかん。答えて云わく、所求の国土の体とは、四十八願を成じたまえる土と意得れば、皆これ摂取不捨の体なり。

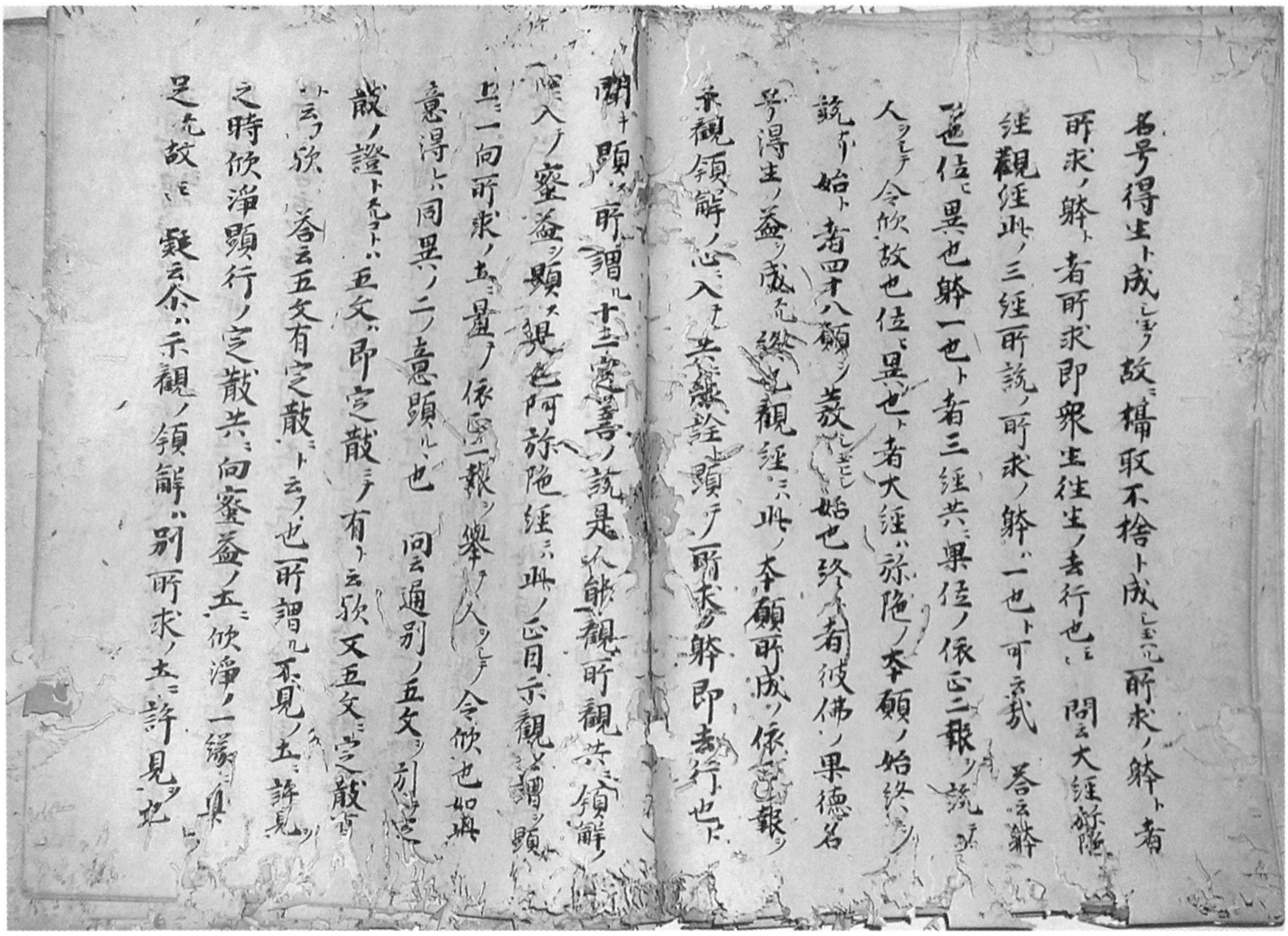

（六十六丁左）

名号得生《ト》成《シ玉フ》故《ニ》摂取不捨《ト》成《シ玉ヘル》所求《ノ》躰《ト》者
所求《ノ》躰《ト》者所求即衆生往生《ノ》去行也云々　問云大経弥陀
経観経此《ノ》三経所説《ノ》所求《ノ》躰《ハ》一也《ト》可云哉　答云躰
一也位《ヒ》異也躰一也《ト》者三経共《ニ》果位《ノ》依正二報《ヲ》説《テ》
人《ヲシテ》令欣一故也位《ヒ》異也《ト》者大経《ハ》弥陀《ノ》本願《ノ》始終《ヲ》
説《ナリ》始《ト》者四十八願《ヲ》莪《シ玉ヒシ》始也終《ト》者彼仏《ノ》果徳名
号得生《ノ》益《ヲ》成《スル》終也観経《ニハ》此《ノ》本願所成《ノ》依正二報《ヲ》
示観領解《ノ》心《ニ》入《テ》共《ニ》能詮《ト》顕《テ》所求《ノ》躰即去行也《ト》

（六十七丁右）

開《キ》顕《スル》所謂十三定善《ノ》説是ノ能観所観共《ニ》領解《ノ》
心《ニ》入《テ》蜜益《ヲ》顕《ス》是也阿弥陀経《ニハ》此《ノ》正回示観《ノ》謂《ヲ》顕《ス》
上《ニ》一向所求《ノ》土畳《ニ》依正二報《ヲ》挙《テ》人《ヲシテ》令欣一也如此
意得《レハ》同異《ノ》二《ノ》意顕《ル、》也　問云通別《ノ》五文《ヲ》引《テ》定
散《ノ》証《トスルコトハ》　五文《ハ》即《チ》定散《ニテ》有《ト》云歟又五文《ニ》定散有
《ト》云《フ》歟　答云五文有定散《ニ》云《ト》也所謂《ル》不見《ノ》土《ニ》許見一《ヲ》
之時欣浄顕行《ノ》定散共《ニ》向蜜益《ノ》土《ニ》欣浄《ノ》一縁《ニ》具
足《スル》故云々　疑云尒《ハ》示観《ノ》領解《ハ》別所求《ノ》土《ニ》許見一《ヲ》也

【六十六丁左】

四十八願は一々に名号得生と成じたまう故に、摂取不捨と成じたまえる所求の体とは、所求の体とは所求即ち衆生往生の去行なり、云云。問いて云わく、大経・弥陀経・観経、この三経所説の所求の体は一なりと云うべきや。答えて云わく、体は一なり。位異なり。体は一なりとは、三経共に果位の依・正二報を説きて、人をして欣ばしむる故なり。位異なりとは、大経は、弥陀の本願の始・終を説くなり。始とは、四十八願を発したまいし始なり。終とは、かの佛の果徳、名號得生の益を成ずる終なり。観経には、この本願所成の依・正二報を示観領解の心に入れて、共に能詮と顕わして、所求の体即ち去行なりと開き顕わす。

【六十七丁右】

いわゆる十三定善の説、これの能観・所観共に領解の心に入りて、密益を顕わす、これなり。『阿弥陀経』には、この正因示観の謂れを顕わす上に、一向所求の土に置きて依・正二報を挙げて、人をして欣ばしむるなり。かくのごとく意得れば、同・異の二の意、顕わるるなり。問いて云わく、通・別の五文を引きて定・散の証とすることは、五文は即ち定・散にて有りと云うか、また五文に定・散ありと云うか。答えて云わく、五文に定・散にありと云うなり。いわゆる不見の土に見を許すの時、欣浄・顕行の定・散共に密益の土に向かう。欣浄の一縁に具足する故、云云。疑いて云わく、しからば示観の領解は別所求の土に見を許すなり。

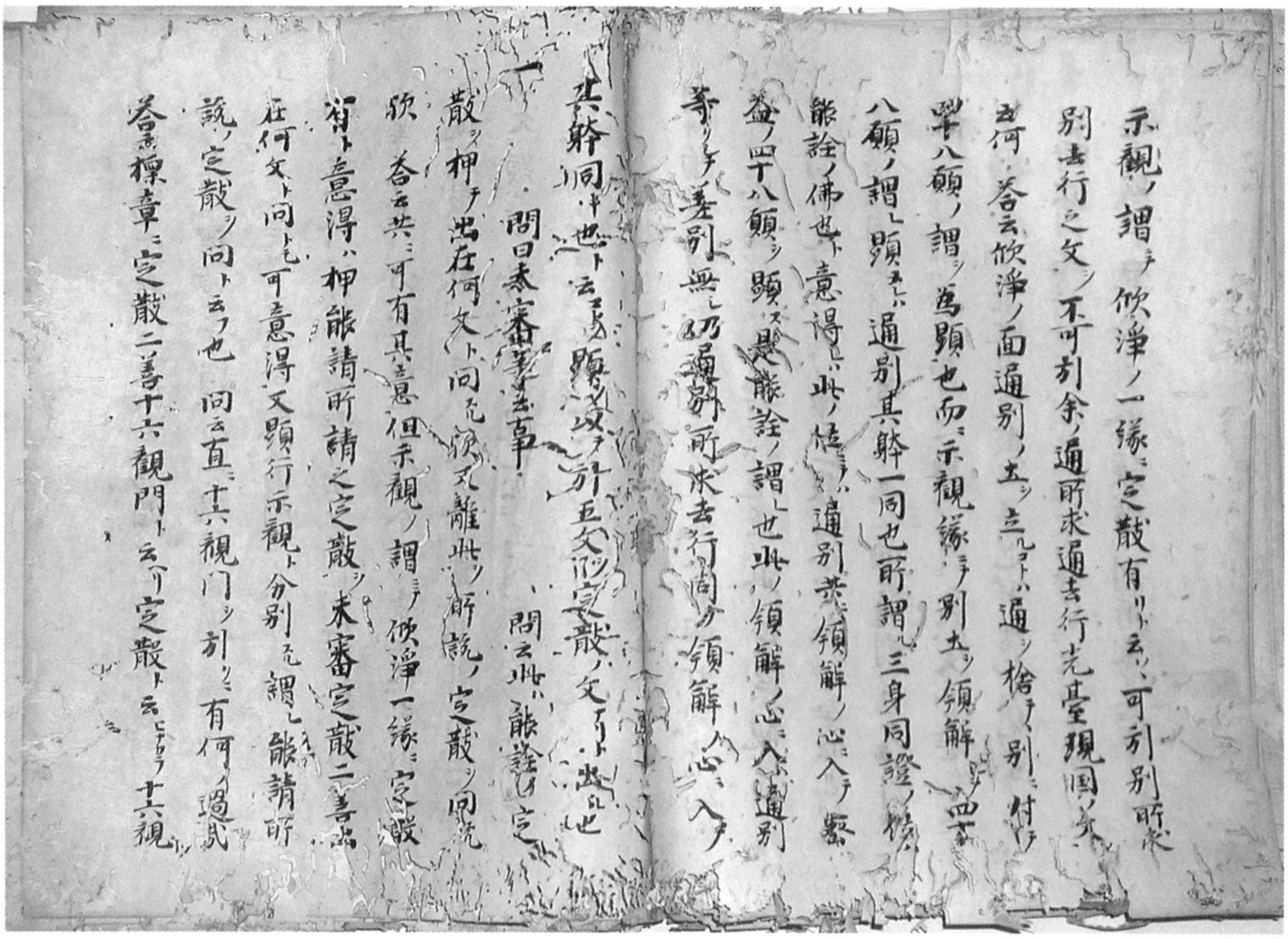

（六十七丁左）

示観《ノ》謂《テ》欣浄《ノ》一縁《ニ》乞散有《リト》云《ハ、》可引別所求
別去行之文《ヲ》二不可引余《ノ》通所求通去行光臺現国《ノ》文一《ヲ》
云何　苔云欣浄《ノ》面通別《ノ》玉《ヲ》立《ルコトハ》通《ヲ》捨《テ、》別《ニ》付《テ》
四十八願《ノ》謂《ヲ》為顕一也而《ニ》示観縁《ニテ》別玉《ヲ》領解《シテ》四十
八願《ノ》謂《レ》顕《ヌレハ》通別其躰一同也所謂《ル》三身同證《ノ》位《ハ》
能詮《ノ》佛也《ト》意得《レハ》此《ノ》位《ニテハ》通別共《ニ》領解《ノ》心《ニ》入《テ》蜜
益《ノ》四十八願《ヲ》顕《ス》是能詮《ノ》謂《レ》也此《ノ》領解《ノ》心《ニ》入《ハ》通別
等《クシテ》差別無《シ》仍通別所求去行同《ク》領解《ノ》心《ニ》入《テ》

（六十八丁右）

其躰同《キ》也《ト》云《コトヲ》顕《ヲ》以《テ》引五文一《ヲ》乞散《ノ》文《ナリト》出《爪》也
一　問曰未審等事　問云此《ハ》能詮《ノ》乞
散《ヲ》押《テ》出在何文《ト》問《スル》欤又離此二所説《ノ》乞散《ヲ》問《スル》
欤　苔云共《ニ》可有其意一但示観《ノ》謂《ニテ》欣浄一縁《ニ》乞散
有《ト》意得《ハ》押能請所請《ノ》乞散一《ヲ》未審乞散二善出
在何文《ト》問《トモ》可意得一又顕行示観《ト》分別《スル》謂《レ》能請所
説《ノ》乞散《ヲ》問《ト》云《フ》也　問云直《ニ》十六観門《ヲ》引《クニ》有何《ノ》過一耶
苔云標章《ニ》乞散二善十六観門《ト》云《ヘリ》乞散《ト》云《ヒナカラ》十六観《ト》

【六十七丁左】

示観の謂れにて欣浄の一縁に定・散ありと云わば、別所求・別去行の文を引くべし。余の通所求・通去行、光台現国の文を引くべからず、いかん。答えて云わく、欣浄の面、通・別の土を立つることは、通を捨てて別に付きて四十八願の謂れを顕わさんがためなり。しかるに、示観縁にて別土を領解して、四十八願の謂れ顕われぬれば、通・別その体一同なり。いわゆる三身同証の位は能詮の佛なりと意得れば、この位にては通・別共に領解の心に入りて、密益の四十八願を顕わす。これ能詮の謂れなり。この領解の心に入れば、通・別等しくして差別なし。よって通・別、所求・去行同じく領解の心に入りて、その体同じきなりと云うことを顕わすをもって、五文を引きて定・散の文なりと出だすなり。

【六十八丁右】

一、「問曰未審」[*1]等云う事。

問いて云わく、これは能詮の定・散を押さえて、「出在何文」[*2]と問するか。また、これを離れて所説の定・散を問するか。答えて云わく、共にその意あるべし。ただし、示観の謂れにて欣浄一縁に定・散ありと意得れば、能請・所請の定・散を押さえて、「未審定散二善出在何文」[*3]と問うとも意得べし。また、顕行・示観と分別する謂れ、能請所説の定・散を問うと云うなり。問いて云わく、直に十六観門を引くに、何の過あるや。答えて云わく、標章に「定散二善十六観門」[*4]と云えり。

＊1　「問曰。未審。定散二善出在何文。」（『大正蔵』三七・二四七頁中）
＊2　前註参照
＊3　前註参照
＊4　「四明所説即是定散二善十六観門。」（『大正蔵』三七・二四七頁上）

（六十八丁左）

者諸教《ノ》宧散《ニ》異也《ト》云《コトヲ》顕《ス》也直《ニ》十六観門《ヲ》出《テハ》
其《ノ》異《ナル》謂《レヲ》不可顕㆒今五文《ヲ》引《ニ》其異《ナル》謂顕也
一　　従此已下次荅宧散兩門之義等云事
問云文《ト》義《ト》一歟　荅云小《シキ》其《ノ》意異也昕謂《ル》文《ト》者句
偈等也義《ト》者其《ノ》心也　尋云今尺《ノ》意五文《ハ》宧散《ノ》十
六観宧散《ノ》義《ト》可云㆒歟　荅云介《ル》意《モ》有《ルヘシ》疑云宧散《ヲ》
文《ニ》顕《ハシテ》説《クコトハ》十六観也然《ニ》五文《ヲ》宧散《ノ》文《ト》引《クコトハ》
示観《ノ》謂也若介《ハ》五文《ヲ》宧散《ノ》義《トシテ》十六観《ヲ》宧散《ノ》

（六十九丁右）

文《ト》可云云何　荅云五文《ヲ》宧散《ト》引《クコトハ》示観《ノ》謂《レ》也示
観《ノ》謂《ニテハ》五文即宧散　躰《ナルカ》故《ニ》五文《ヲ》以《テ》出在何文《ノ》問《ヲ》
荅《ル》也今十六観《ヲ》引《クコトハ》五文《ヲ》宧散《ノ》文《ニ》引《ク》謂《ヲ》顕《ス》十
六観宧散《ト》云《フ》道理《ニテ》五文《ヲ》宧散《ニ》引也《ト》云《フコトヲ》顕《ス》如此《ク》
意得《レハ》五文《ハ》宧散《ノ》文十六観《ハ》宧散《ノ》義《ト》云《モ》不可遠㆓又
五文《ノ》躰即十六観《ノ》躰文義又不可遠㆒　問云従此已下乃至両門
義《ト》云《コト》不明㆒上《ニハ》宧散両門《ノ》義《ヲ》問《フコト》無《シ》云何　荅云《ク》
此《ハ》上《ノ》出在何文《ノ》問荅《ヲ》荅《ル》也是則十六宧散《ト》意得《ルコトハ》

【六十八丁左】

定・散と云いながら十六観とは、諸教の定・散に異なりと云うことを顕わすなり。直に十六観門を出だしては、その異なる謂れを顕わすべからず。今五文を引くに、その異なる謂れを顕わすなり。

一、「従此已下次答定散両門之義」[*1]等云う事。

問いて云わく、文と義と一か。答えて云わく、少しきその意異なり。いわゆる文とは、句・偈等なり。義とは、その心なり。尋ねて云わく、今釈の意、五文は定・散の十六観、定・散の義と云うべきか。答えて云わく、しかる意もあるべし。疑いて云わく、定・散を文に顕わして説くことは十六観なり。しかるに、五文を定・散の文と引くことは示観の謂れなり。もししからば、五文を定・散の義として、十六観を定・散の文と云うべし、いかん。

【六十九丁右】

答えて云わく、五文を定・散と引く事は示観の謂れなり。示観の謂れにては五文即ち定・散の体なるが故に、五文をもって「出在何文」[*2]の問を答うるなり。今、十六観を引くことは、五文を定・散の文に引く謂れを顕わす。十六観定・散と云う道理にて、五文を定・散に引くなりと云うことを顕わす。かくのごとく意得れば、五文は定・散の文、十六観は定・散の義と云うも違うべからず。また五文の体即ち十六観の体、文義また違うべからず。問いて云わく、「従此已下乃至両門之義」と云うこと明らかならず。上には定・散両門の義を問うことなし、いかん。答えて云わく、これは上の「出在何文」の問答を答うるなり。

＊1 「従此已下次答定散兩門之義。」（『大正蔵』三七・二四七頁中）
＊2 「問曰。未審。定散二善出在何文。」（『大正蔵』三七・二四七頁中）

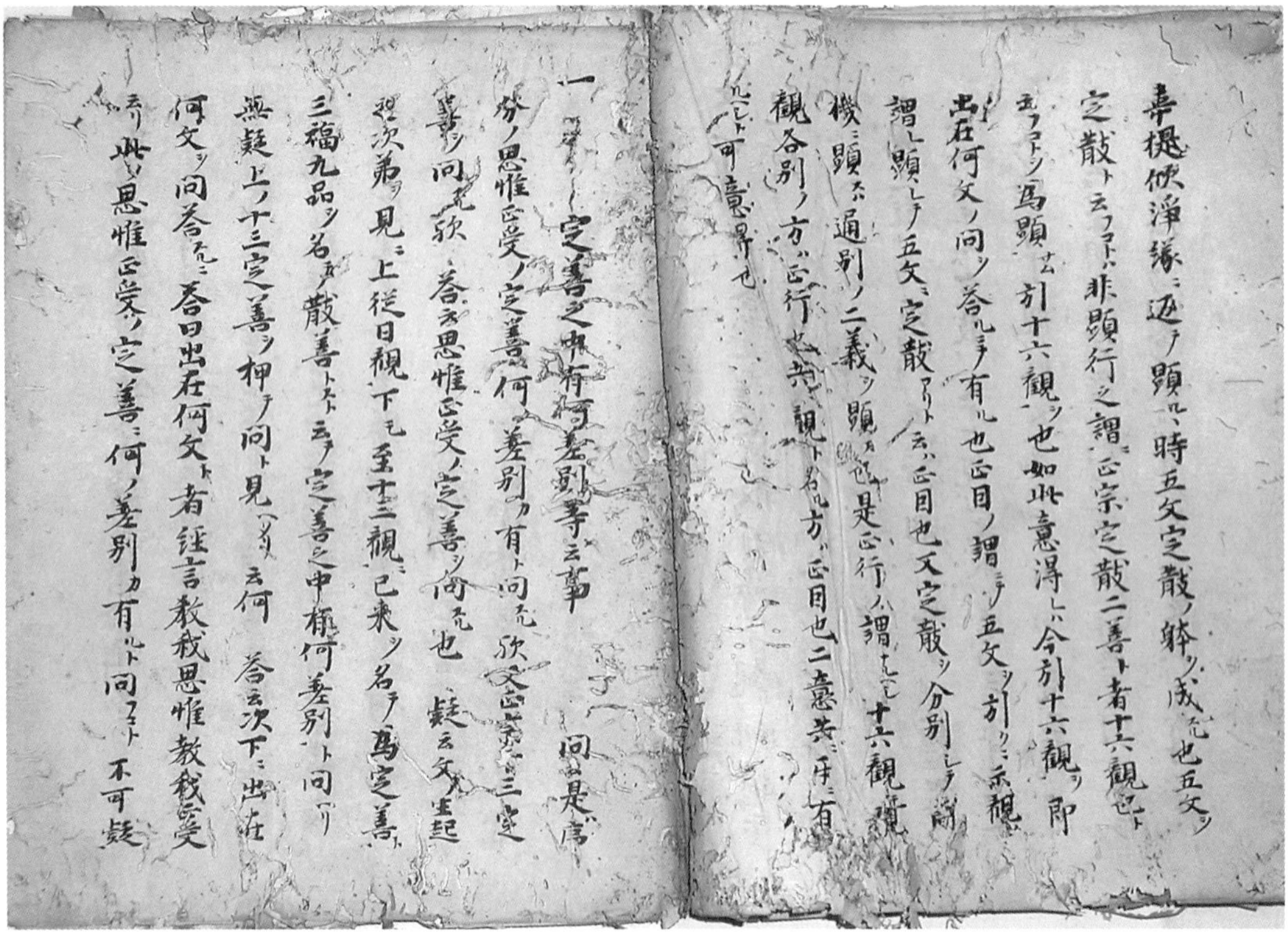

（六十九丁左）

韋提欣浄縁《ニ》返《テ》顕《ル、》時五文亡散《ノ》躰《ヲ》成《スル》也五文《ヲ》
亡散《ト》云《フコトハ》非顕行之謂《ニ》㆓正宗亡散二㆒善《ト》者十六観也《ト》
云《フコトヲ》為顕㆒《サム》引十六観㆒《ヲ》也如此意得《レハ》今引十六観㆒《ヲ》即
出在何文《ノ》問《ヲ》答《ルニテ》有《ル》也正曰《ノ》謂《ニテ》五文《ヲ》引《クニ》示観《ノ》
謂《レ》顕《レテ》五文《ニ》亡散《アリト》云《ハ》正曰也又亡散《ヲ》分別《シテ》蔄
機《ニ》顕《スハ》通別《ノ》二義《ヲ》顕《ス》也是正行《ノ》謂《ナルヘシ》十六観《モ》観
観各別《ノ》方《ハ》正行也共《ニ》観《ト》名《ル》方《ハ》正曰也二意共《ニ》亍《ニ》有《ルヘシト》
可意得也

（七十丁右）

一　亡善之中有何差別等云事　　問云是《ハ》序
分《ノ》思惟正受《ノ》亡善《ニ》何《ノ》差別有《カト》問《スル》欤又正宗十三亡
善《ヲ》問《スル》欤　答云思惟正受《ノ》亡善《ヲ》問《スル》也　疑云文《ノ》生起
之次第《ヲ》見《ニ》上従日観㆓下《モ》至十三観㆒《ニ》已来《ヲ》名《テ》為亡善㆒《ト》
三福九品《ヲ》名《テ》散善《トスト》云《テ》亡善之中有何差別㆒《ト》問《ヘリ》
無疑上《ノ》十三亡善《ヲ》押《テ》問《ト》見《ヘタリ》　云何　答云次下《ニ》出在
何文《ヲ》問答《スルニ》　答曰出在何文《ト》者経言教我思惟教我正受《云リ》
此《ノ》思惟正受《ノ》亡善《ニ》何《ノ》差別有《カルト》問《フコト》不可疑㆒

【六十九丁左】

これ則ち十六定・散と意得ることは、韋提欣浄縁に返りて顕わるる時、五文定・散の体を成ずるなり。五文を定・散と云うことは、顕行の謂れにあらず。正宗の定・散二善とは十六観なりと云うことを顕わさんがため、十六観を引くなり。かくのごとく意得れば、今十六観を引き、即ち「出在何文」の問を答うるにてあるなり。正因の謂れにて五文を引くに示観の謂れ顕われて、五文に定・散ありと云うは正因なり。また、定・散を分別して簡機に顕わすは、通・別の二義を顕わすなり。これ正行の謂れなるべし。十六観も観・観各別の方は正行なり。共に観と名づくる方は正因なり。二意共に互いにあるべしと意得べきなり。

【七十丁右】

一、「定善之中有何差別」[*1]等云う事。

問いて云わく、これは序分の思惟・正受の定善に何の差別かあると問するか、また正宗十三定善を問するか。答えて云わく、思惟・正受の定善を問するなり。疑いて云わく、文の生起の次第を見るに、上日観より下十三観に至る已来を名づけて定善となす、三福・九品を名づけて散善とすと云いて、定善の中に何の差別ありと問えり。疑いなく上の十三定善を押さえて問うと見えたり、いかん。答えて云わく、次下に「出在何文」を問答するに、「答えて曰く、出在何文とは経言教我思惟教我正受」[*2]と云えり。この思惟・正受の定善に何の差別かあると問うこと疑うべからず。

*1 「問曰。定善之中有何差別。出在何文。」（『大正蔵』三七・二四七頁中）
*2 「答曰。出何文者。經言教我思惟教我正受」（『大正蔵』三七・二四七頁中）

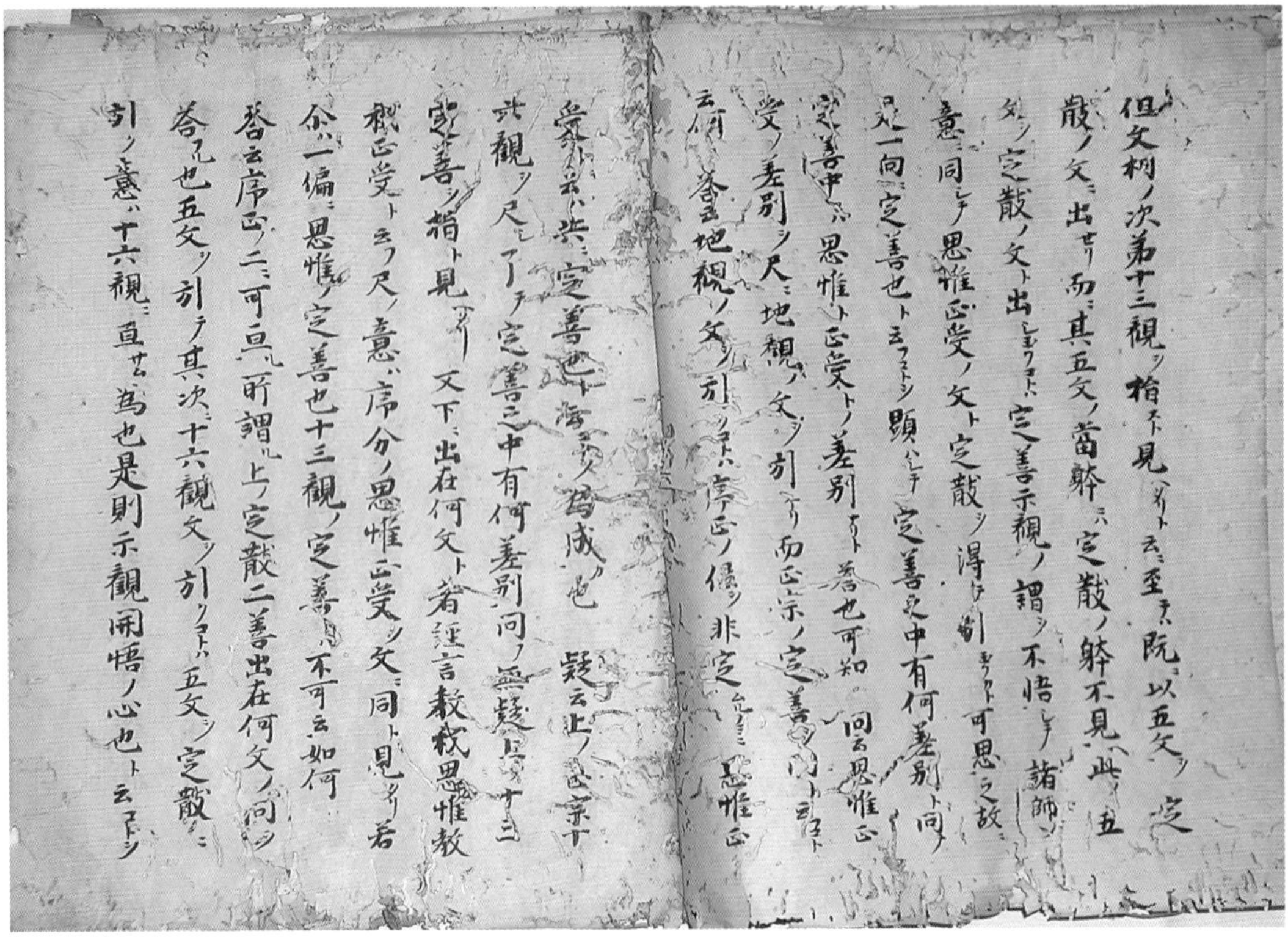

（七十丁左）

但文相《ノ》次第十三観《ヲ》指《スト》見《ヘタリト》云《ニ》至《テハ》既《ニ》以五文《ヲ》一㝎
散《ノ》文《ニ》出《セリ》而《ニ》其五文《ノ》當躰《ニハ》㝎散《ノ》躰不見一《ヘ》此《ノ》五
文《ヲ》㝎散《ノ》文《ト》出《シ玉フコトハ》　㝎善示観《ノ》謂《ヲ》不悟一《シテ》諸師《ノ》
意《ニ》同《シテ》思惟正受《ノ》文《ト》㝎散《ヲ》淂《テ》引《玉フカト》可思一之故《ニ》
是一向《ニ》㝎善也《ト》云《フコトヲ》顕《ハシテ》㝎善之中有何差別《ト》問《テ》
㝎善中《ニハ》思惟《ト》正受《トノ》差別《ナリト》荅也可知　問云思惟正
受《ノ》差別《ヲ》尺《ニ》地観《ノ》文《ヲ》引《ケリ》而正宗《ノ》㝎善《ヲ》問《ト》云《フコト》
云何　荅云地観《ノ》文《ヲ》引《クコトハ》序正《ノ》位《ヲ》非㝎《ムルノミニ》　思惟正

（七十一丁右）

受《ト》云《ハ》共《ニ》㝎善也《ト》云《コトヲ》爲成一《カ》也　疑云上《ノ》正宗十
六観《ヲ》尺《シ》了《テ》㝎善之中有何差別一問《フ》無疑一上《ノ》十三
㝎善《ヲ》指《ト》見《ヘタリ》又下《ニ》出在何文《ト》者経言教我思惟教
我正受《ト》云《フ》尺《ノ》意《ハ》序分《ノ》思惟正受《ノ》文《ニ》同《ト》見《タリ》若
介《ハ》一偏《ニ》思惟《ノ》㝎善也十三観《ノ》㝎善《トハ》不可云一如何
荅云序正《ノ》二《ニ》可亘《ル》二所謂《ル》上《ノ》㝎散一善出在何文《ノ》問《ヲ》
荅《フル》也五文《ヲ》引《テ》其次《ニ》十六観文《ヲ》引《クコトハ》　五文《ヲ》㝎散《ニ》
引《ク》意《ハ》十六観《ニ》亘《サム》爲也是則示観開悟《ノ》心也《ト》云《コトヲ》

【七十丁左】

ただし、文相の次第十三観を指すと見えたりと云うに至りては、既に五文をもって定・散の文に出だせり。しかるに、その五文の当体には定・散の体見えず、この五文を定・散の文と出だしたまうことは、定善示観の謂れを悟らずして、諸師の意に同じて、思惟・正受の文と定・散を得て引きたまうかと思うべきの故に、これ一向に定善なりと云うことを顕わして、「定善之中有何差別」[*1]と問いて、定善中には思惟と正受との差別なりと答うるなり。知るべし。問いて云わく、思惟・正受の差別を釈するに、地観の文を引けり。しかるに、正宗の定善を問うと云うこと、いかん。答えて云わく、地観の文を引くことは序・正の位を定むるのみにあらず、思惟・正受と云うは共に定善なりと云うことを成ぜんがためなり。

【七十一右】

疑いて云わく、上の正宗十六観を釈し了りて、定善の中に何の差別か有りと問う。疑いなく上の十三定善を指すと見えたり。また、下に「出在何文とは、経言教我思惟教我正受」と云う釈の意は、序分の思惟・正受の文に同ずと見えたり。もししからば、一偏に思惟の定善なり。十三観の定善とは云うべからず、いかん。答えて云わく、序・正の二に亘るべし。いわゆる上の「定散二善出在何文」[*2]の問を答うるなり。五文を引きて、その次に十六観の文を引くことは、五文を定・散に引く意は十六観に亘さんためなり。これ則ち示観開悟の心なりと云うことを顕わす。

＊1　「問曰。定善之中有何差別。出在何文。」（『大正蔵』三七・二四七頁中）
＊2　「問曰。未審。定散二善出在何文。」（『大正蔵』三七・二四七頁中）

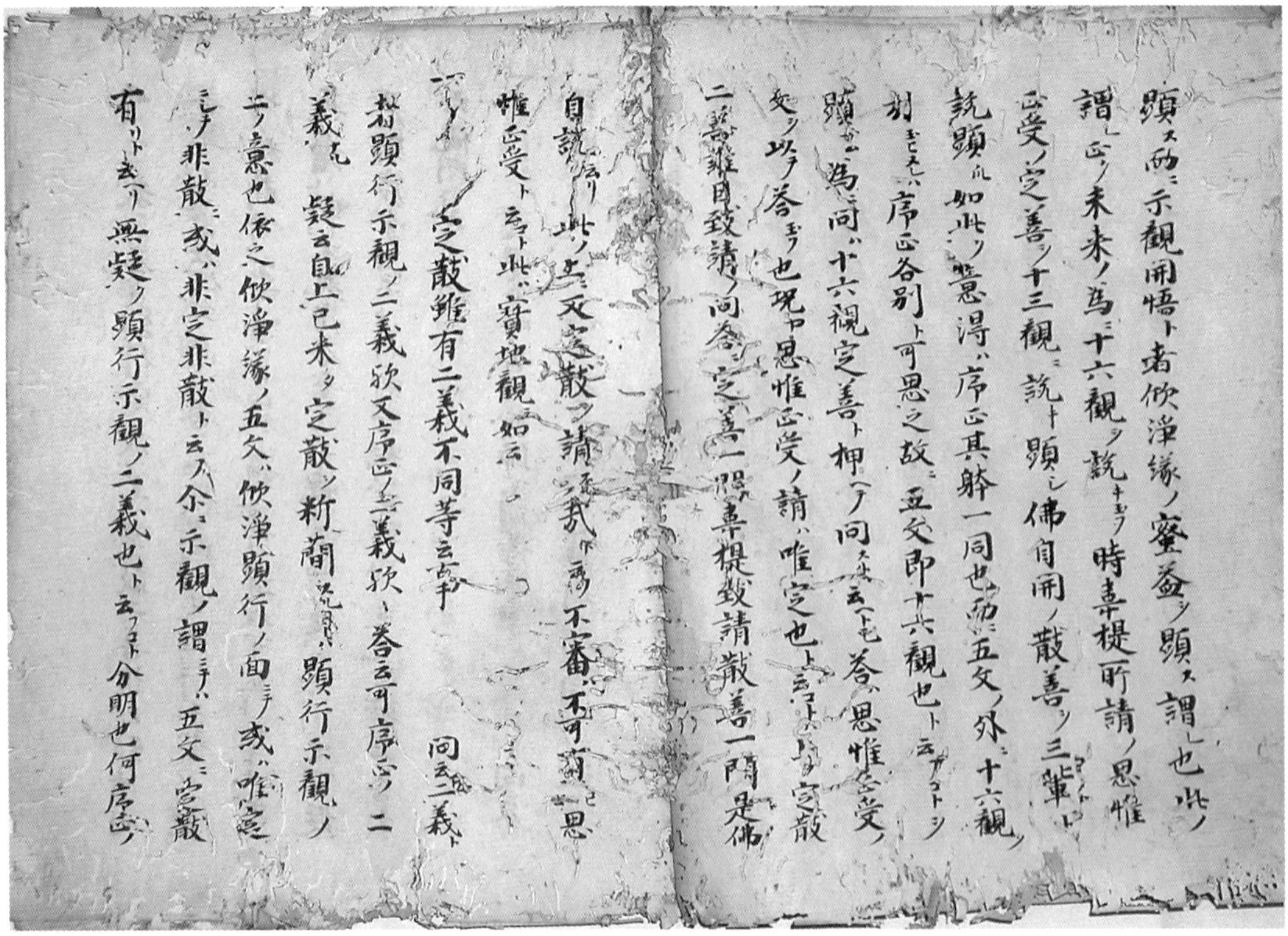

（七十一丁左）

顕《ス》而《ニ》示観開悟《ト》者欣淨縁《ノ》蜜益《ヲ》顕《ス》謂《レ》也此《ノ》
謂《レ》正《ク》未来《ノ》為《ニ》十六観《ヲ》説《キ玉フ》時韋提昕請《ノ》思惟
正受《ノ》㝎善《ヲ》十三観《ニ》説《キ》顕《シ》佛自開《ノ》散善《ヲ》三輩《ト》
説顕《爪》如此㆒《ク》意淂《ハ》序正其躰一同也而《ニ》五文《ノ》外《ニ》十六観《ヲ》
引《玉ヒヌレハ》　序正各別《ト》可思㆓之故《ニ》五文即十六観也《ト》云《フコトヲ》
顕《サム》為《ニ》問《ハ》十六観㝎善《ト》押《ヘテ》問《スト》云《ヘトモ》荅《ハ》思惟正受《ノ》
文《ヲ》以《テ》荅《玉フ》也況《ヤ》思惟正受《ノ》請《ハ》唯㝎也《ト》云《コトハ》上《ノ》㝎散
二善誰囙致請《ノ》問荅《ニ》㝎善一門韋提致請散善一門是佛

（七十二丁右）

自説《云リ》此《ノ》上《ニ》又㝎散《ヲ》請《スル》哉《ト》云《フ》不審《ハ》不可有㆒㆖已思
惟正受《ト》云《コト》此《ハ》寳地観《ニ》如云㆒
一　㝎散雖有二義不同等云事　問云二義《ト》
者顕行示観《ノ》二義歟又序正《ノ》二義歟　荅云可序正《ノ》二
義《ナル》㆒　疑云自上已来《タ》㝎散《ヲ》粁蕳《スルコトハ》顕行示観《ノ》
二《ノ》意也依之㆒欣淨縁《ノ》五文《ハ》欣淨顕行《ノ》面《ニテ》或《ハ》唯㝎《ニシテ》
非散㆒《ニ》或《ハ》非㝎非散《ト》云《フ》尓《ニ》示観《ノ》謂《ニテハ》五文《ニ》㝎散
有《リト》云《ヘリ》無疑㆒《ク》顕行示観《ノ》二義也《ト》云《フコト》分明也何序正《ノ》

【七十一丁左】

しかるに、示観開悟とは、欣浄縁の密益を顕わす謂れなり。この謂れ正しく未来のために十六観を説きたまう時、韋提所請の思惟・正受の定善を十三観に説き顕わし、佛自開の散善を三輩と説き顕わす。かくのごとく意得れば、序・正その体一同なり。しかるに、五文の外に十六観を引きたまいぬれば、序・正各別とこれを思うべし。故に五文即ち十六観なりと云うことを顕わさんために、問は十六観定善と押さえて問すと云えども、答えは思惟・正受の文をもって答えたまうなり。況んや思惟・正受の請はただ定なりと云うことは、上の定・散二善、誰の致請の問答に因る、「定善一門韋提致請散善一門是佛自説[*1]」と云えり。

【七十二丁右】

この上にまた定・散を請ずるやと云う不審はあるべからず、已上。思惟・正受と云うこと、これは寶地観に云うごとし。

一、「定散雖有二義不同[*2]」等云う事。

問いて云わく、二義とは、顕行・示観の二義か、また序・正の二義か。答えて云わく、序・正の二義なるべし。疑いて云わく、上よりこのかた定・散を料簡することは、顕行・示観の二の意なり。これによって、欣浄縁の五文は、欣浄・顕行の面にて、或いはただ定にして散にあらず、或いは非定・非散と云う。しかるに、示観の謂れにては、五文に定・散ありと云えり。疑いなく顕行・示観の二義なりと云うこと分明なり。何ぞ序・正の二と云う。

＊1　「問曰。定散二善因誰致請。答曰。定善一門韋提致請。散善一門是佛自説。」（『大正蔵』三七・二四七頁中）
＊2　「定散雖有二義不同。總答上問竟。」（『大正蔵』三七・二四七頁下）

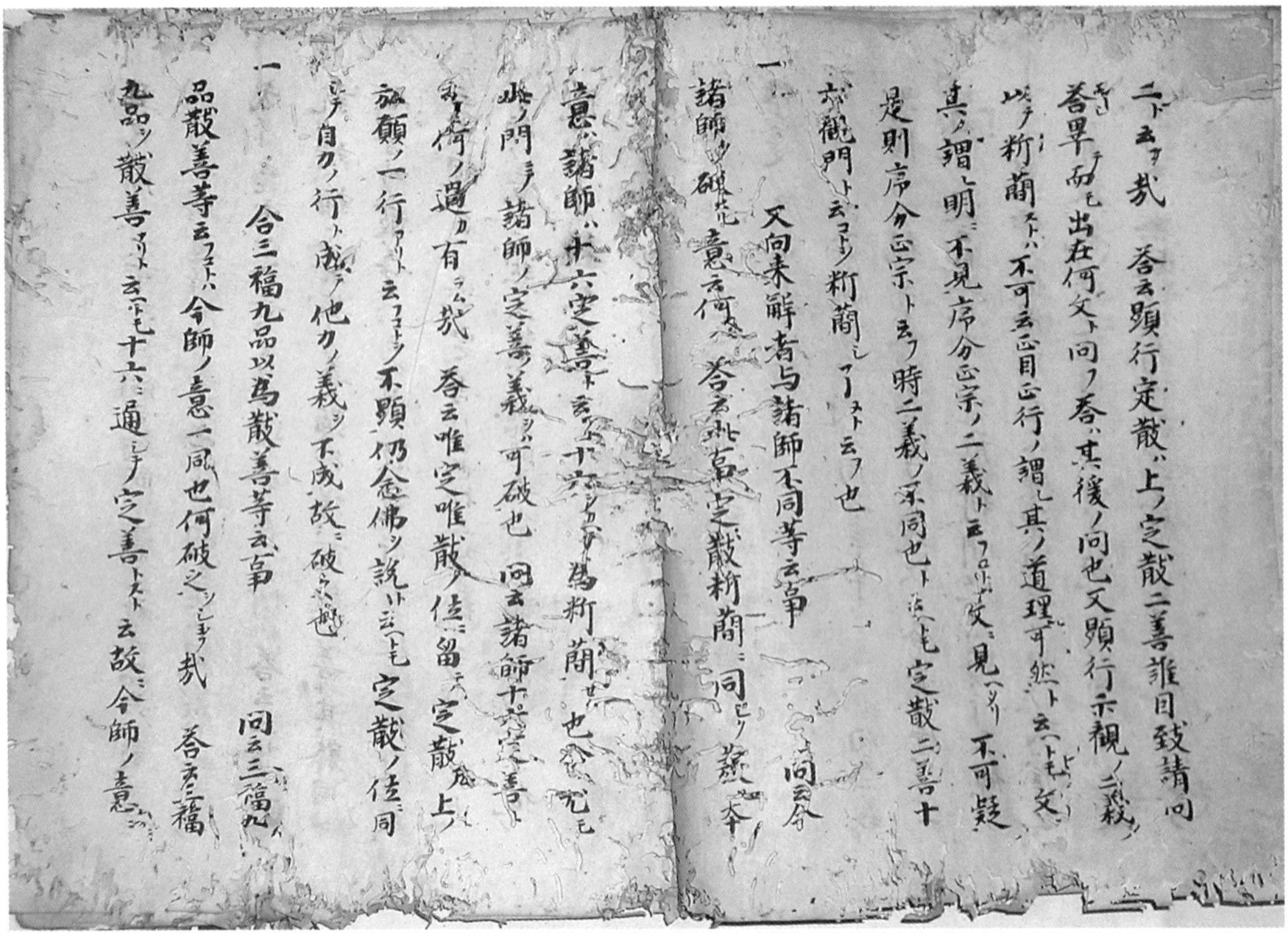

(七十二丁左)

二云《トフ》尤　荅云顕行定散《ハ》上《ノ》乞散二善誰曰致請問
荅畢《シテ》而《モ》出在何文《ト》問《フ》荅《ハ》其後《ノ》問也又顕行示観《ノ》二義《ヲ》
以《テ》析簡《ストハ》不可云二正曰正行《ノ》謂《レ》其《ノ》道理可然一《ト》云《ヘトモ》文《ニ》
其《ノ》謂《レ》明《ニ》不見一序分正宗《ノ》二義《ト》云《フコトハ》文《ニ》見《ヘタリ》不可疑一
是則序分正宗《ト》云《フ》時二義《ノ》不同也《ト》云《ヘトモ》乞散二善十
六観門《ト》云《コトヲ》析簡《シ》了《ヌト》云《フ》也

一　又向来解者与諸師不同等云事　問云今
諸師《ヲ》破《スル》意云何　荅云此事乞散析簡《ニ》同《シク》菝《ル》本

(七十三丁右)

意《ハ》諸師《ハ》十六乞善《ト》云《フニ》十六《ヲカヘテ》為析簡一《セム》也尓《ハ》尤《モ》
此《ノ》門《ニテ》諸師《ノ》乞善《ノ》義《ヲハ》可破一也　問云諸師十六乞善《ト》
云《フニ》何《ノ》過《カ》有《ラム》尤　荅云唯乞唯散《ノ》位《ニ》留《テハ》乞散《ノ》上《ノ》
弘願《ノ》一行《アリト》云《フコトヲ》不顕一仍念佛《ヲ》説《ト》云《ヘトモ》乞散《ノ》位《ニ》同《シテ》
自力《ノ》行《ト》成《テ》他力《ノ》義《ヲ》不成一故《ニ》破之一也

一　合三福九品以為散善等云事　問云三福九
品散善等云《フコトハ》今師《ノ》意一同也何破之一《ヲシ玉フ》尤　荅云三福
九品《ヲ》散善《ナリト》云《ヘトモ》十六《ニ》通《シテ》乞善《トスト》云故《ニ》今師《ノ》意《ニ》

【七十二丁左】

答えて云わく、顕行の定散は、上の「定散二善誰因致請」[*1]の問答し畢りて、しかも「出在何文」と問う答えはその後の問なり。また顕行・示観の二義をもって料簡すとは云うべからず。正因・正行の謂れ、その道理しかるべしと云えども、文にその謂れ明らかに見えず。序分・正宗の二義と云うことは文に見えたり。疑うべからず。これ即ち序分・正宗と云う時、二義の不同なりと云えども、定・散二善十六観門と云うことを料簡し了りぬと云うなり。

一、「又向来解者与諸師不同」[*2]等云う事。

問いて云わく、今諸師を破する意、いかん。

【七十三丁右】

答えて云わく、この事、定散料簡に同じく発る本意は、諸師は十六定善と云うに十六をかえて料簡せんためなり。しからば、尤もこの門にて諸師の定善の義をば破すべきなり。問いて云わく、諸師十六定善と云うに何の過があらんや。答えて云わく、唯定・唯散の位に留まりては、定・散の上の弘願の一行ありと云うことを顕わさず。よって念佛を説くと云えども、定・散の位に同じて、自力の行と成りて他力の義を成ぜざる故に、これを破するなり。

一、「合三福九品以為散善」[*3]等云う事。

問いて云わく、「三福九品散善」等云うことは、今師の意一同なり。何ぞこれを破したまう。答えて云わく、三福・九品を散善なりと云えども、十六に通じて定善とすと云う故に、今師の意に異なり。

＊1　「問曰。定散二善因誰致請。」(『大正蔵』三七・二四七頁中)
＊2　「又向來解者與諸師不同。」(『大正蔵』三七・二四七頁下)
＊3　「諸師將思惟一句用合三福九品以爲散善。正受一句用通合十六觀以爲定善。」(『大正蔵』三七・二四七頁下)

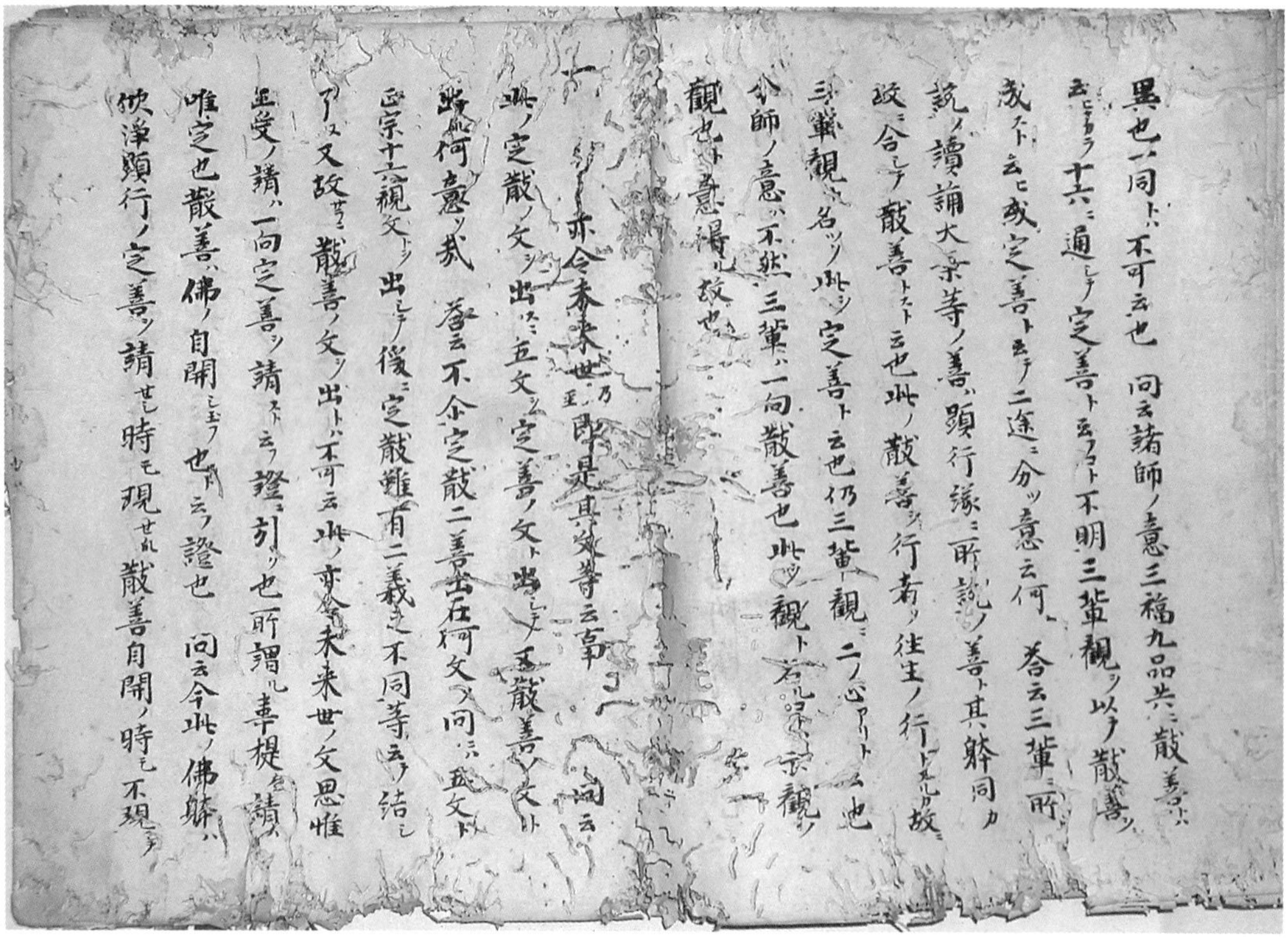

（七十三丁左）

異也一同《トハ》不可云一也　問云諸師《ノ》意三福九品共《ニ》散善《トハ》
云《ヒナカラ》十六《ニ》通《シテ》㝎善《ト》云《フコト》不明二三輩観《ヲ》以《テ》散善《ヲ》
成《スト》云《ヒ》或㝎善《ト》云《テ》二途《ニ》分《ツ》意云何　荅云三輩《ニ》一昕
說《ク》一讀誦大乘等《ノ》善《ハ》顕行緣《ニ》一昕說《ノ》一善《ト》其躰同《カ》
故《ニ》合《シテ》散善《トスト》云也此《ノ》散善《ヲ》行者《ノ》往生《ノ》行《トスルカ》故《ニ》
三輩観《ト》名《ツク》此《ヲ》㝎善《ト》云也仍三輩観《ニ》二《ノ》心《アリト》云也
今師《ノ》意《ハ》不然三輩《ハ》一向散善也此観《ト》名《ルコトハ》示観《ノ》
観也《ト》意得故也

（七十四丁右）

一　亦令未来世乃至即是其文等云事　問云
此《ノ》㝎散《ノ》文《ヲ》出《スニ》五文《ヲ》㝎善《ノ》文《ト》出《シテ》又散善《ノ》文《ト》
出《爪》何意《ソ》哉　荅云不介一㝎散二善出在何文《ノ》問《ニハ》五文《ト》
正宗十六観文《トヲ》出《シテ》後《ニ》㝎散雖有二義之不同一等云結《テシ》
了《ヌ》又故《サラニ》散善《ノ》文《ヲ》出《トハ》不可云一此《ノ》亦令未来世《ノ》文思惟
正受《ノ》請《ハ》一向㝎善《ヲ》請《スト》云《フ》證《ニ》引《ク》也昕謂《ル》韋提《ノ》請《ハ》
唯㝎也散善《ハ》佛《ノ》自開《シ玉フ》也《ト》云《フ》證也　問云今此《ノ》佛躰《ハ》
欣浄顕行《ノ》㝎善《ヲ》請《セシ》時《モ》現《セ爪》散善自開《ノ》時《モ》不現一《シテ》

【七十三丁左】

一同とは云うべからざるなり。問いて云わく、諸師の意、三福・九品共に散善とは云いながら、十六に通じて定善と云うこと明かさず。三輩観をもって散善を成ずと云い、或いは定善と云いて二途に分かつ意、いかん。答えて云わく、三輩に説くところの読誦大乗等の善は、顕行縁に説くところの善とその体同じが故に、合して散善とすと云うなり。この散善を行者の往生の行とするが故に、三輩観と名づく。これを定善と云うなり。よって、三輩観に二の心ありと云うなり。今師の意はしからず、三輩は一向散善なり。これを観と名づくることは、示観の観なりと意得る故なり。

【七十四丁右】

一、「亦令未来世乃至即是其文」[*1]等云う事。

問いて云わく、この定・散の文を出すに、五文を定善の文と出だして、また散善の文と出だす、何の意ぞや。答えて云わく、しからず。「定散二善出在何文」[*2]の問には、五文と正宗十六観の文とを出だして、後に「定・散二義の不同ありといえども」[*3]等云いて結し了んぬ。また、ことさらに散善の文を出だすとは云うべからず。この「亦令未来世」の文、思惟・正受の請は一向定善を請すと云う証に引くなり。いわゆる韋提の請はただ定なり、散善は佛の自開したまうなりと云う証なり。問いて云わく、今、この佛体は欣浄・顕行の定善を請せし時も現ぜず、散善自開の時も現ぜずして、第七観の「除苦悩法分別解説」[*4]と云いたまうこの語の音に応じて現じたまう、その故いかん。

＊1　「次下散善縁中説云亦令未來世一切凡夫已下即是其文。」（『大正蔵』三七・二四七頁下）
＊2　「問曰。未審。定散二善出在何文。」（『大正蔵』三七・二四七頁中）
＊3　「定散雖有二義不同。總答上問竟。」（『大正蔵』三七・二四七頁下）
＊4　「吾當爲汝分別解説除苦惱法。」（『大正蔵』一二・三四二頁下）

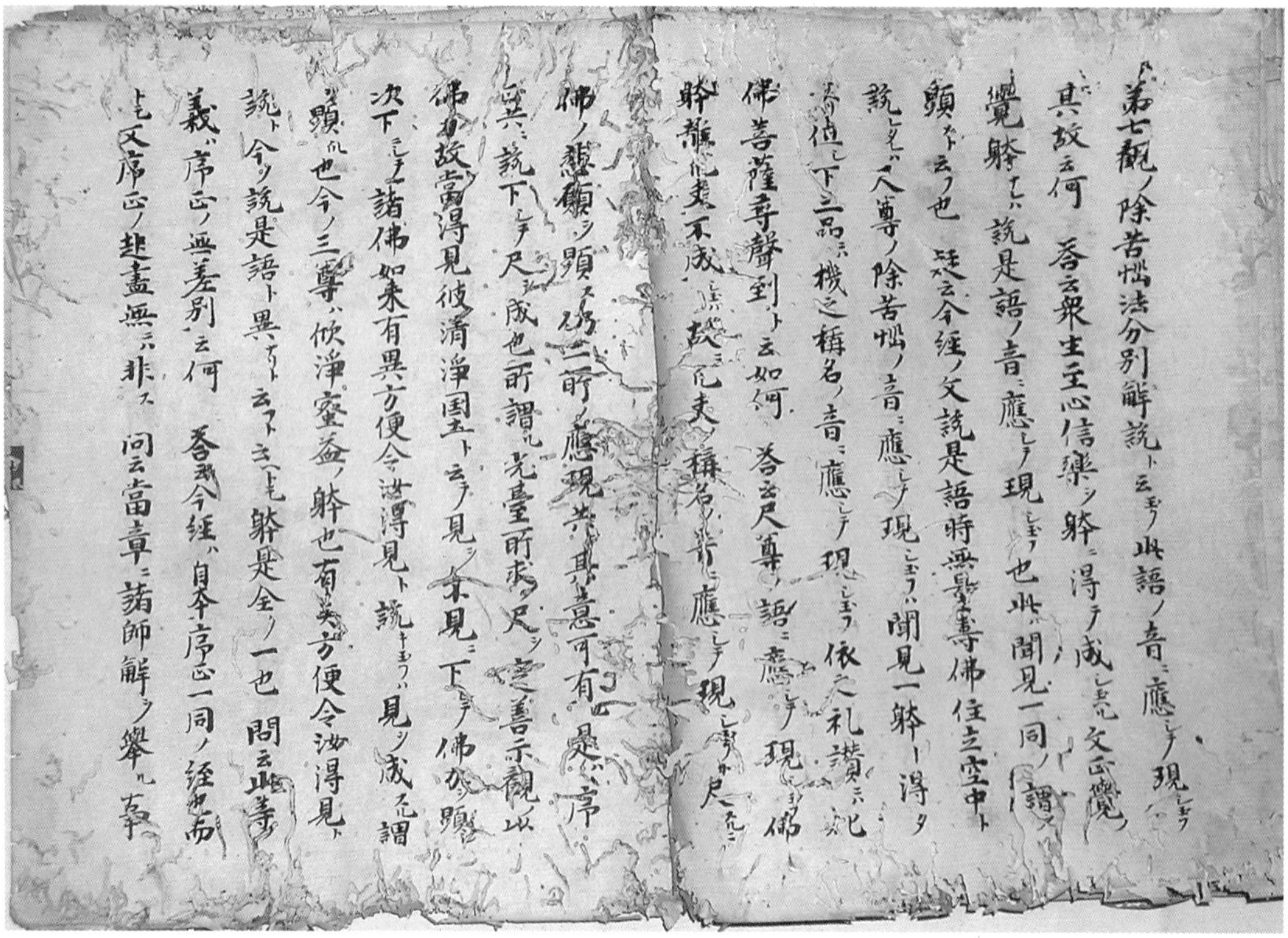

（七十四丁左）

第七観《ノ》除苦惱法分別解説《ト》云《玉フ》此語《ノ》音《ニ》應《シテ》現《シ玉フ》
其故云何　荅云衆生至心信樂《ヲ》躰《ニ》淂《テ》成《シ玉ヘル》　文正覺《ノ》
覺躰《ナレハ》説是語《ノ》音《ニ》應《シテ》現《シ玉フ》也此《ハ》聞見一同《ノ》謂《ヲ》
顕《スト》云《フ》也　疑云今經《ノ》文説是語時無量壽佛住立空中《ト》
説《レタレハ》尺尊《ノ》除苦惱《ノ》音《ニ》應《シテ》現《シ玉フハ》聞見一躰《ト》淂《タ》
《マヘリ》但《シ》下三品《ニハ》機之稱名《ノ》音《ニ》應《シテ》現《シ玉フ》依之礼讃《ニハ》化
佛菩薩尋聲到《ト》云如何　荅云尺尊《ノ》語《ニ》應《シテ》現《シ玉フ》佛
躰離凡夫㆓不成㆒《シ玉ハ》故《ニ》凡夫《ノ》稱名《ノ》音《ニ》應《シテ》現《シ玉フト》尺《スルニ》

（七十五丁右）

佛《ノ》悲願《ヲ》顕《ス》仍㆓旿《ノ》應現共《ニ》其意可有㆒是《ハ》序
正共《ニ》説下《シテ》尺《ヲ》成也旿謂《ル》光臺旿求《ノ》尺《ヲ》㝎善示観《ノ》以
佛力故當淂見彼清淨国土《ト》云《テ》見《ヲ》不見《ニ》下《シテ》佛力《ヲ》顕《シ》
次下《ニシテ》諸佛如来有異方便令汝淂見《ト》説《キ》給《玉フハ》見《ヲ》成《スル》謂
《レヲ》顕《爪》也今《ノ》三尊《ハ》欣淨蜜益《ノ》躰也有異方便令汝淂見《ト》
説《ト》今《ノ》説是語《ト》異《ナリト》云《フト》云《ヘトモ》躰是全《ク》一也　問云此等《ノ》
義《ハ》序正《ノ》無差別㆓云何　荅云今經《ハ》自本㆓序正一同《ノ》經也而
《トモ》又序正《ノ》起盡無《ニハ》非《ス》問云當章《ニ》諸師解《ヲ》擧《ル》事

【七十四丁左】

答えて云わく、衆生至心信楽を体に得て成じたまえる文・正覚の覚体なれば、「説是語」[*1]の音に応じて現じたまうなり。これは聞見一同の謂れを顕わすと云うなり。疑いて云わく、今経の文「説是語時、無量寿佛、住立空中」[*2]と説かれたれば、釈尊の、「除苦悩」の音に応じて現じたまうは、聞見一体と得たまえり。ただし、下三品には機の称名の音に応じて現じたまう。これによって、礼讃には「化佛菩薩尋声到」[*3]と云う、いかん。答えて云わく、釈尊の語に応じて現じたまう佛体、凡夫[*4]を離れて成じたまはず。故に凡夫の称名の音に応じて現じたまうと釈するに、佛の悲願を顕わす。

【七十五丁右】

よって、二所の応現共にその意あるべし。これは序・正共に説き下して釈を成ずるなり。いわゆる光台所求の釈を、定善示観の「以佛力故当得見彼清浄国土」[*5]と云いて、見を不見に下して佛力を顕わし、次下にして「諸佛如来有異方便令汝得見」[*6]と説きたまうは、見を成ずる謂れを顕わすなり。今の三尊は、欣浄密益の体なり。「有異方便令汝得見」と説くと、今の「説是語」と異なりと云うといえども、体これ全く一なり。問いて云わく、これらの義は序・正の差別なし、いかん。答えて云わく、今経は本より序・正一同の経なり。しかれども、また序・正の起盡なきにはあらず。問いて云わく、当章に諸師解を挙ぐる事、いかん。

＊1　「説是語時。無量壽佛住立空中。觀世音大勢至。是二大士侍立左右。」（『大正蔵』一二・三四二頁下）
＊2　大谷大学蔵本には「佛」はなし
＊3　「忽遇往生善知識急勸專稱彼佛名。化佛菩薩尋聲到」『往生礼讃偈』（『大正蔵』四七・四四六頁下）
＊4　大谷大学蔵本には「に」とある
＊5　「如來今者。教韋提希及未來世一切衆生觀於西方極樂世界。以佛力故。當得見彼清淨國土。如執明鏡自見面像。」（『大正蔵』十二・三四一頁下）
＊6　「諸佛如來有異方便。令汝得見。」（『大正蔵』十二・三四一頁下）

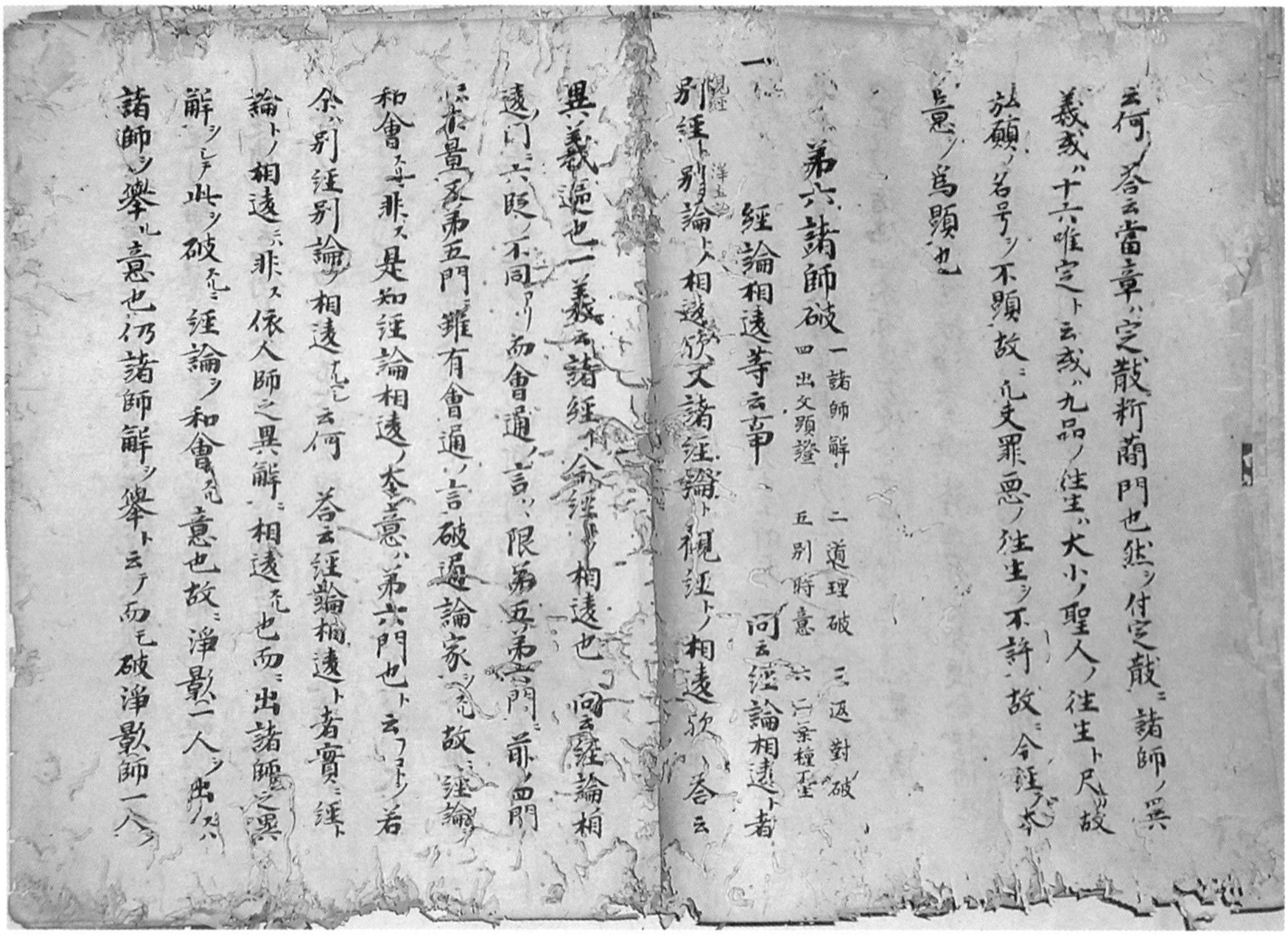

（七十五丁左）

云何　荅云當章《ハ》宓散斨蔄門也然《ヲ》付宓散《ニ》㆒諸師《ノ》異
義或《ハ》十六唯宓《ト》云或《ハ》九品《ノ》往生《ハ》大小《ノ》聖人《ノ》往生《ト》尺《ルカ》故
弘願《ノ》名号《ヲ》不顯㆒故《ニ》凢夫罪悪《ノ》往生《ヲ》不許㆒故《ニ》今經《ノ》本
意《ヲ》爲顯㆒也

第六諸師破　一諸師解　二道理破　三返對破
四出文顯證　五別時意　六二乗種不生

一　經論相遠等云事　問云經論相遠《ト》者
別經《観經》《ト》別論《浄土論》《トノ》相遠欤又諸經論《ト》觀經《トノ》相遠欤　荅云

（七十六丁右）

異義遍也一義云諸經《ト》今經《トノ》相遠也　問云經論《ノ》相
遠《ノ》門《ニ》六段《ノ》不同《アリ》而會通《ノ》言《ハ》限第五第六門㆒《ニ》前《ノ》四門《ニハ》
不員㆒又第五門《ニ》雖有會通《ノ》言㆒破通論家《ヲ》㆒《スル》故《ニ》經論《ヲ》
和會《スルニ》非《ス》是知經論相遠《ノ》本意《ハ》第六門也《ト》云《フコトヲ》若
尒《ハ》別經別論《ノ》相遠《ナルヘシ》　云何　荅云經論相遠《ト》者實《ニ》經《ト》
論《トノ》相遠《ニハ》非《ス》依人師之異解㆒《ニ》相遠《スル》也而出諸師之異
解《ヲ》㆒《シテ》此《ヲ》破《スルニ》經論《ヲ》和會《スル》意也故《ニ》淨影一人《ヲ》出《スハ》
諸師《ヲ》擧《ル》意也仍諸師解《ヲ》擧《ト》云《テモ》而破淨影師一人《ヲ》㆒

【七十五丁左】

答えて云わく、当章は定散料簡門なり。しかるを定・散に付き諸師の異義、或いは十六唯定と云い、或いは九品の往生は大小の聖人の往生と釈するが故、弘願の名号を顕わさず。故に、凡夫・罪悪の往生を許さず。故に、今経の本意を顕わさんためなり。

第六諸師破　一　諸師解　二　道理破　三　返対破
四　出文顕証　五　別時意　六　二乗種不生

一、「経論相違」[*1]等云う事。

問いて云わく、「経論相違」とは、別経《観経》と別論《浄土論》との相違か、また、諸経論と観経との相違か。

【七十六丁右】

答えて云わく、異義まちまちなり。一義に云わく、諸経と今経との相違なり。問いて云わく、経論の相違の門に六段の不同あり。しかるに、会通の言わば第五・第六門に限る。前の四門には置かず。また、第五門に会通の言ありと雖も、通論家を破する故に、経論を和会するにあらず。これ知んぬ、経論相違の本意は第六門なりと云うことを。もししからば、別経・別論の相違なるべし、いかん。答えて云わく、経論相違とは、実に経と論との相違にはあらず。人師の異解によって相違するなり。しかるに、諸師の異解を出だしてこれを破するに、経論を和会する意なり。故に浄影一人を出だすは、諸師を挙ぐる意なり。よって、諸師解を挙ぐと云いて、しかも浄影師一人を破するなり。

＊1　「六和會經論相違。」（『大正蔵』三七・二四七頁下）

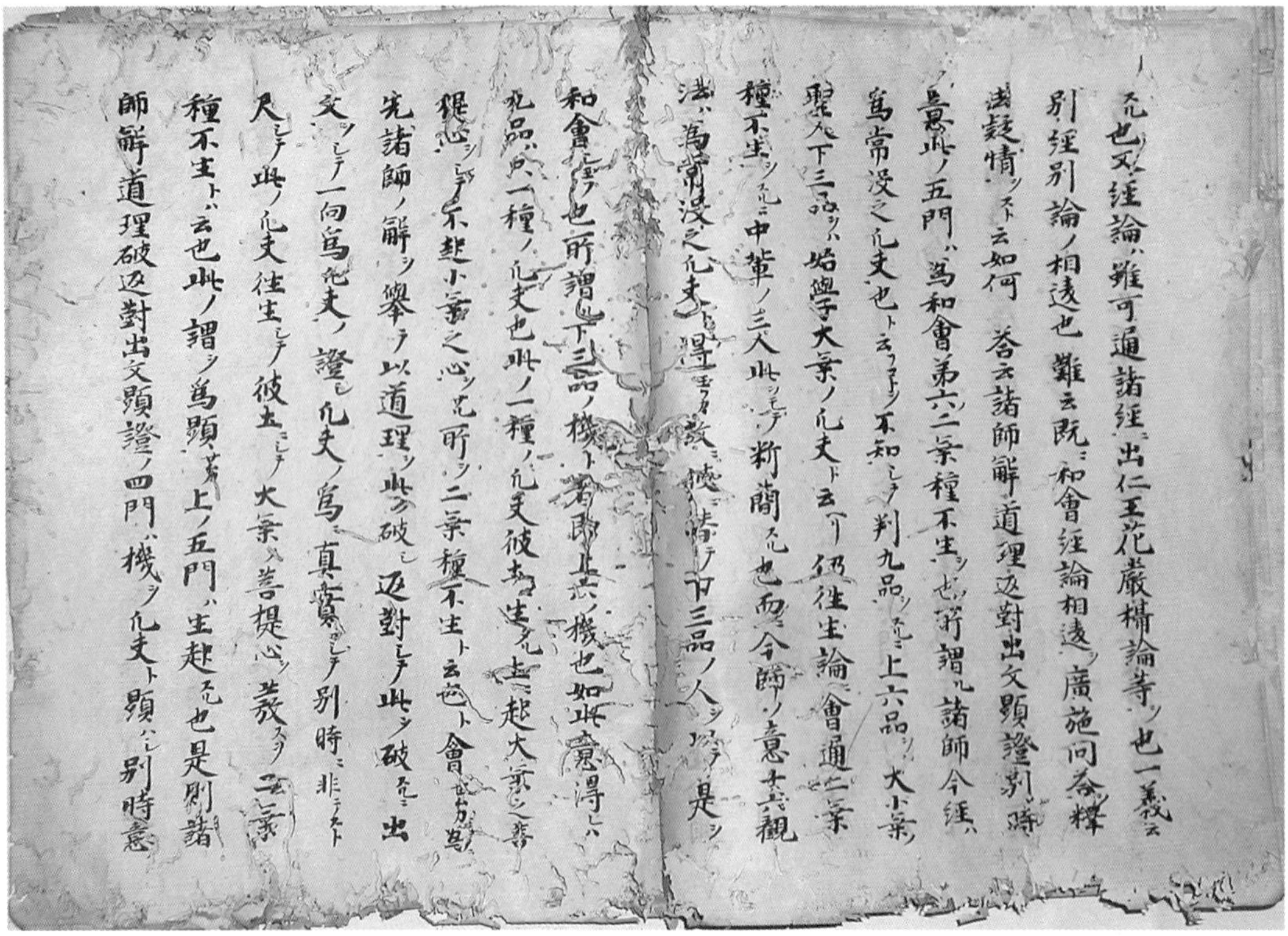

（七十六丁左）

《スル》也又經論《ハ》 雖可通諸經《ニ》出仁王花厳搆論等《ヲ》也一義云
別經別論《ノ》 相違也 難云既《ニ》 和會經論相違《ヲ》廣施問答《ヲ》釋
去疑情《ヲ》《スト》云如何 答云諸師解・道理・返對・出文顯證・別時
意此《ノ》 五門《ハ》 爲和會第六《ノ》 二乗種不生《ヲ》也旿謂《ル》 諸師今經《ハ》
爲常没之凢夫也《ト》 云《フコトヲ》 不知《シテ》判九品《ヲ》《スルニ》上六品《ヲハ》 大小乗《ノ》
聖人下三品《ヲハ》 始學大乗《ノ》 凢夫《ト》 云《ヘリ》 仍往生論《ニ》 會通二乗
種不生《ヲ》《スルニ》中輩《ノ》 三人此《ヲモテ》 粁蔄《スル》 也而《ニ》 今師《ノ》 意十六観
法《ハ》 爲常没之凢夫《ト》淂《玉フカ》 故《ニ》 彼《ニ》 替《テ》 下三品《ノ》 人《ヲ》 以《テ》 是《ヲ》

（七十七丁右）

和會《シ玉フ》 也旿謂《ル》 下三品《ノ》 機《ト》 者即上六《ノ》 機也如此意淂《レハ》
九品《ハ》 只一種《ノ》 凢夫也此ノ一種《ノ》 凢夫彼土《ニ》 生《タル》 上《ニ》 起大乗之菩
提心《ヲ》《シテ》不起小乗之心《ヲ》《サル》旿《ヲ》 二乗種不生《ト》 云也《ト》 會《セムカ》 爲
先諸師《ノ》 解《ヲ》 舉《テ》 以道理《ヲ》此《ヲ》 破《シ》 返對《シテ》 此《ヲ》 破《スルニ》 出
文《ヲ》《シテ》一向爲凢夫《ノ》證《シ》 凢夫《ノ》 爲《ニ》 真實《ニシテ》 別時《ニ》 非《ラスト》
尺《シテ》 此《ノ》 凢夫往生《シテ》 彼土《ニシテ》 大乗《ノ》 菩提心《ヲ》 莪《スヲ》 二乗
種不生《トハ》 云也此《ノ》 謂《ヲ》 爲顯《サムカ》 上《ノ》 五門《ハ》 生起《スル》 也是則諸
師解道理破返對出文顯證《ノ》 四門《ハ》 機《ヲ》 凢夫《ト》 顯《ハシ》 別時意

【七十六丁左】

また、経論は諸経に通ずべしと雖も、『仁王』・『華厳』・『摂論』等を出だすなり。一義に云わく、別経・別論の相違なり。難じて云わく、既に「経論相違を和会し、広く問答を施す、疑情を釈去す」[*1]と云う、いかん。答えて云わく、諸師解・道理・返対・出文顕証・別時意、この五門は第六の二乗種不生を和会せんがためなり。いわゆる諸師、今経は常没の凡夫のためなりと云うことを知らずして、九品を判ずるに、上六品をば大・小乗の聖人、下三品をば始学大乗の凡夫と云えり。よって、往生論に二乗種不生を会通するに、中輩の三人これをもって料簡するなり。しかるに、今師の意、十六観法は常没の凡夫のためと得たまうが故に、彼に替りて、下三品の人をもって、これを和会したまうなり。

【七十七丁右】

いわゆる下三品の機とは、即ち上六の機なり。かくのごとく意得れば、九品はただ一種の凡夫なり。この一種の凡夫、彼土に生まれたる上に、大乗の菩提心を起こして小乗の心を起さざるところを、二乗種不生と云うなりと。会せんがためにまず諸師の解を挙げて、道理をもってこれを破し、返対してこれを破するに、文を出だして一向凡夫のために証し、凡夫のために真実にして別時にあらずと釈して、この凡夫往生して、彼土にして大乗の菩提心を発すを、二乗種不生とは云うなり。この謂れを顕わさんがために、上の五門は生起するなり。これ即ち、諸師解・道理破・返対・出文顕証の四門は機を凡夫と顕わし、別時意の一門は専行を顕わし、第六門に至りては身土を顕わす。

*1　「六和會經論相違。廣施問答釋去疑情者。就此門中即有其六。」（『大正蔵』三七・二四七頁下）

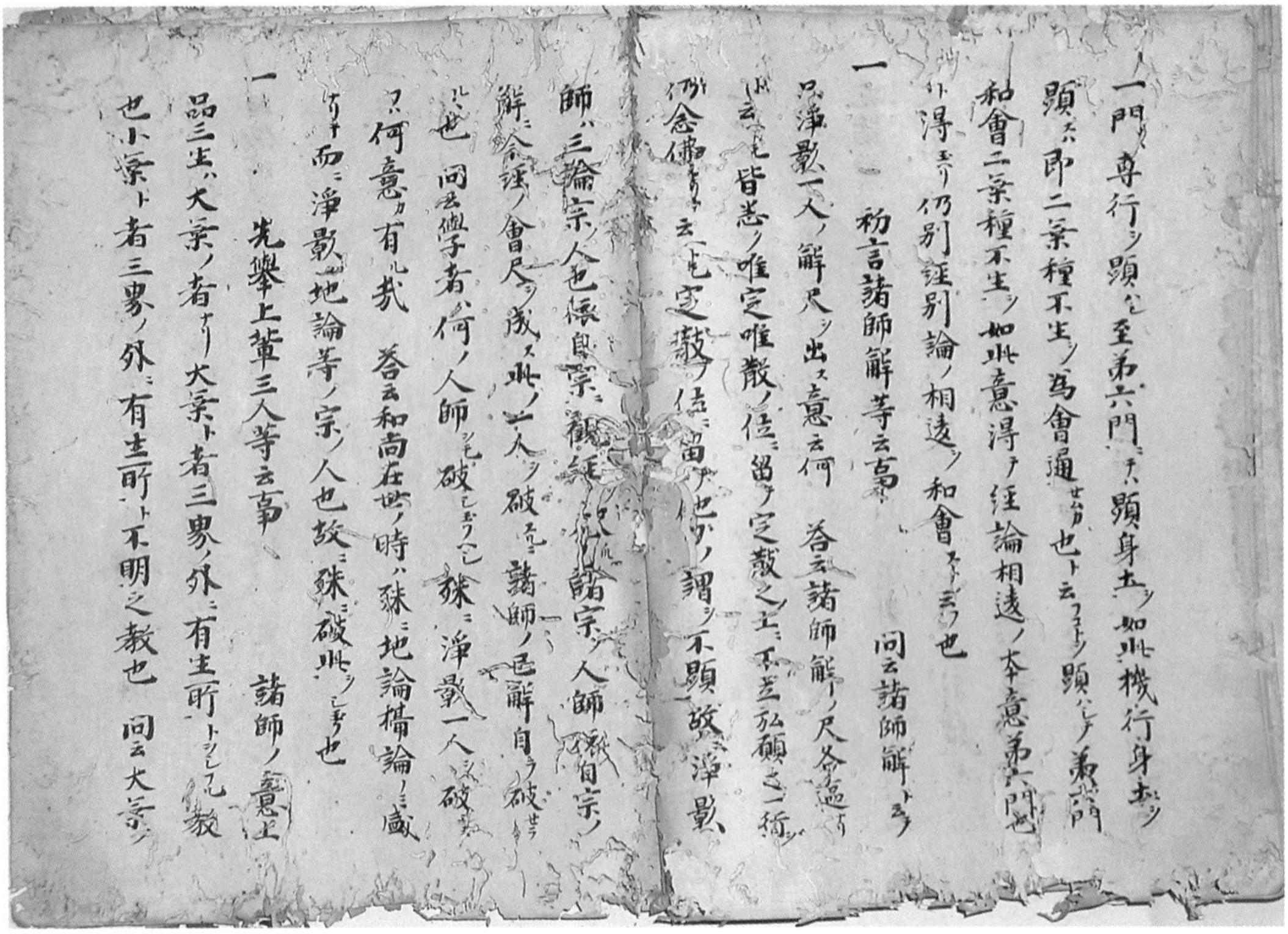

（七十七丁左）

一門《ハ》専行《ヲ》顕《ハシ》至第六門《ニテハ》顕身土《ヲ》如此機行身土《ヲ》
顕《スハ》即二乗種不生《ヲ》爲會通《セムカ》也《ト》云《フコトヲ》顕《ハシテ》第六門
和會二乗種不生《ヲ》如此意淂《テ》經論相違《ノ》本意第六門也
淂《ト玉ヘリ》仍別經別論《ノ》相違《ヲ》和會《スト》云《フ》也
一　初言諸師解等云事　問云諸師解《トテ》云
只淨影一人《ノ》解尺《ヲ》出《ス》意云何　荅云諸師解《ノ》尺各遥《ナリ》
云《トヘトモ》皆悉《ク》唯㝎唯散《ノ》位《ニ》留《テ》㝎散之上《ニ》不立弘願之一行《ヲ》
仍念佛《ナリト》云《ヘトモ》㝎散《ノ》位《ニ》留《テ》他力《ノ》謂《ヲ》不顕故《ニ》淨影

（七十八丁左）

師《ハ》三論宗《ノ》人也依自宗《ニ》観經《ヲ》尺《爪》諸宗《ノ》人師依自宗《ノ》
解《ニ》今經《ノ》會尺《ヲ》成《ス》此《ノ》一人《ヲ》破《スルニ》諸師《ノ》己解自《ラ》破《セラル、》
也　問云學者《ハ》何《ノ》人師《ヲモ》破《シ玉フヘシ》殊《ニ》淨影一人《ヲ》破《シ玉フハ》
何意《カ》有《ル》哉　荅云和尚在世《ノ》時《ハ》殊《ニ》地論搆論《ノミ》盛《ナリキ》
而《ニ》淨影《ハ》地論等《ノ》宗《ノ》人也故《ニ》殊《ニ》破此《ヲシ玉フ》也
一　先擧上輩三人等云事　諸師《ノ》意上
品三生《ハ》大乗《ノ》者《ナリ》大乗《ト》者三界《ノ》外《ニ》有生町《トヲシフル》教
也小乗《ト》者三界《ノ》外《ニ》有生町《ト》不明教也　問云大乗《ノ》

【七十七丁左】

かくのごとく機行、身土を顕わすは、即ち二乗種不生を会通せんがためなりと云うことを顕わして、第六門、[*1]二乗種不生を和会す。かくのごとく意得て、経論相違の本意、第六門なりと得たまえり。よって、別経・別論の相違を和会すと云うなり。

一、「初言諸師解[*2]」等云う事。

問いて云わく、諸師解と云いて、ただ浄影一人の解釈を出だす意、いかん。答えて云わく、諸師解の釈、各まちまちなりと云えども、皆悉く唯定・唯散の位に留まりて、定・散の上に弘願の一行を立てず。よって、念佛なりと云えども、定・散の位に留まりて他力の謂れを顕わさず。

【七十八丁右】

故に、浄影師は三論宗の人なり。自宗により観経を釈す。諸宗の人師、自宗の解によって今経の会釈を成ず。この一人を破するに、諸師の已解自《おのずか》ら破せらるるなり。問いて云わく、学者は何れの人師をも破したまうべし。殊に浄影一人を破したまうは、何意かある。答えて云わく、和尚在世の時は殊に『地論』・『摂論』のみ盛んなりき。しかるに、浄影は地論等の宗の人なり。故に、殊にこれを破したまうなり。

一、「先挙上輩三人[*3]」等云う事。

諸師の意、上品三生は大乗の者なり。大乗とは、三界の外に生所ありとおしうる教なり。小乗とは、三界の外に生所ありと明かさざる教なり。

＊1　大谷大学蔵本には「に」がある
＊2　「請者諸師解者。先擧上輩三人。」(『大正蔵』三七・二四七頁下)
＊3　「請者諸師解者。先擧上輩三人。」(『大正蔵』三七・二四七頁下)

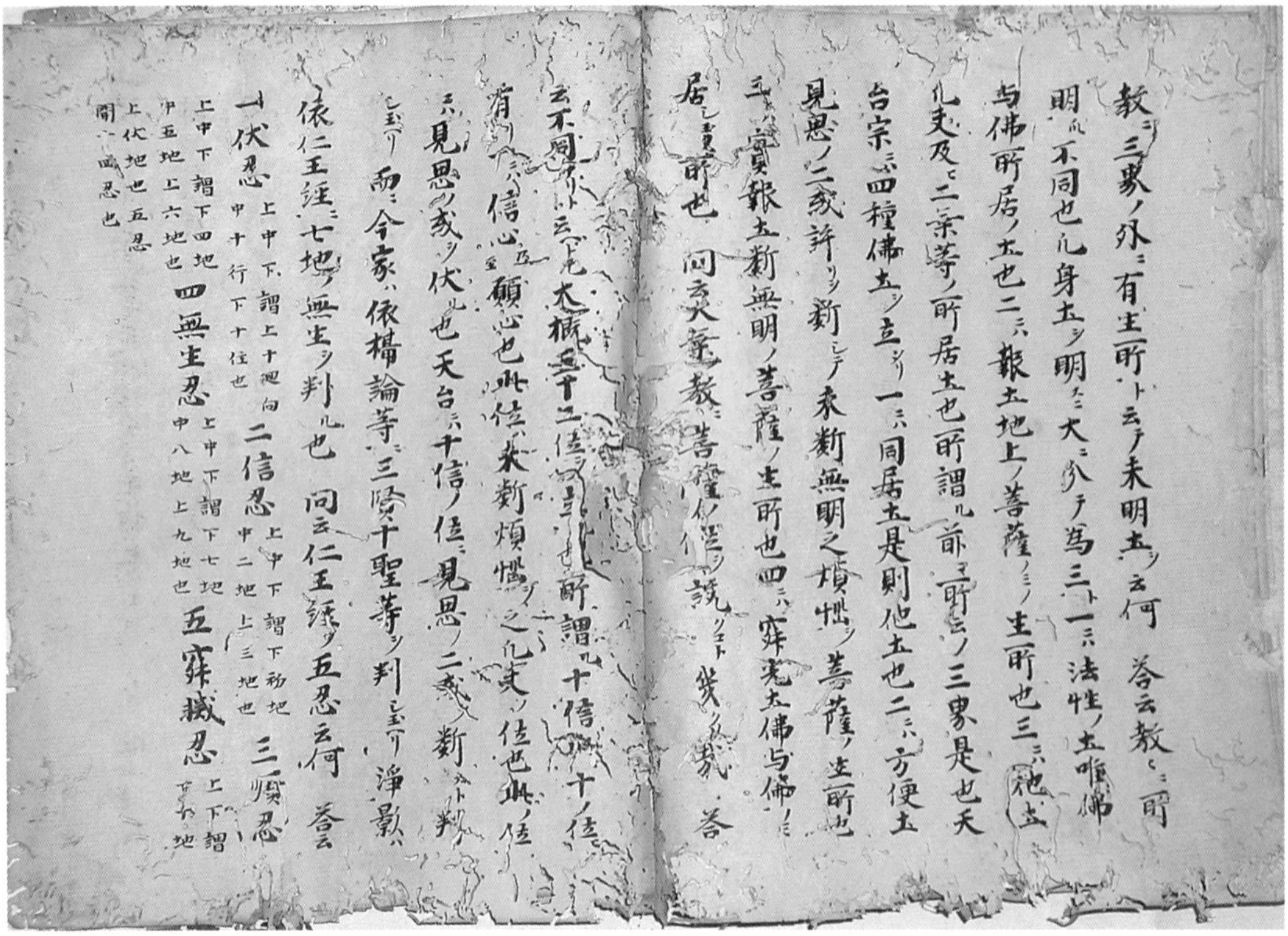

（七十八丁左）

教《ニ》三界《ノ》外《ニ》有生所一ト云《テ》未明土二云《ヲ》何　荅云教々《ニ》所
明二《爪》不同也凡身土《ヲ》明《スニ》大《ニ》分《テ》爲三一《ト》一《ニハ》法性《ノ》土唯佛
与佛所居《ノ》土也二《ニハ》報土地上《ノ》菩薩《ノミノ》生所也三《ニハ》化土
凡夫及《ヒ》二乘等《ノ》所居土也所謂《ル》前《ニ》所云《ノ》三界是也天
台宗《ニハ》四種佛土《ヲ》立《タリ》一《ニハ》同居土是則化土也二《ニハ》方便土
見思《ノ》二或許《リヲ》斷《シテ》未斷無明之煩惱一《ヲ》菩薩《ノ》生所也
三《ニハ》實報土斷無明《ノ》菩薩《ノ》生所也四《ニハ》寂光土佛与佛一《ノミ》
居《シ玉フ》所也　問云大乘《ノ》教《ニ》菩薩《ノ》位《ヲ》説《クコト》幾《クソ》哉　荅

（七十九丁右）

云不同《アリト》云《ヘトモ》大概五十二位《ヲ》立《ツル》也所謂《ル》十信■十《ノ》位《ヒ》
有《リ》一《ニハ》信心乃至願心也此位《ハ》未斷煩惱一《ヲ》之凡夫《ノ》位也此《ノ》位《ニハ》
見思《ノ》或《ヲ》伏《ル》也天台《ニハ》十信《ノ》位《ニ》見思《ノ》二惑《ヲ》斷《スト》判《シ玉ヘリ》
而《ニ》今家《ハ》依攝論等《ニ》三賢十聖等《ヲ》判《シ玉ヘリ》淨影《ハ》
依仁王經一《ニ》七地《ノ》無生《ヲ》判《ル》也　問云仁王經《ノ》五忍云何　荅云
一伏忍上中下謂上十廻向中十行下十住也二信忍上中下謂下初地中二地上三地也三順忍
上中下謂下四地中五地上六地也四無生忍上中下謂下七地中八地上九地也五寂滅忍上下謂下十地
上伏地也五忍開十四忍也

【七十八丁左】

問いて云わく、大乗の教に三界の外に生所ありと云いて、いまだ土を明かさず、いかん。答えて云わく、教々に明かす所不同なり。およそ身土を明かすに、大いに分かちて三となす。一には、法性の土、ただ佛と佛、所居の土なり。二には、報土、地上の菩薩のみの生所なり。三には、化土、凡夫及び二乗等の所居の土なり。いわゆる前に云うところの三界これなり。天台宗には四種佛土を立てたり。一には、同居土、これ即ち化土なり。二には、方便土、見・思の二惑ばかりを断じて、いまだ無明の煩悩を断ぜざる菩薩の生所なり。三には、実報土、断無明の菩薩の生所なり。四には、寂光土、佛、佛とのみ居したまう所[*1]なり。問いて云わく、大乗の教に菩薩の位を説くこと幾《いくば》くぞや。

【七十九丁右】

答えて云わく、不同ありと云えども[*2]、大概五十二位を立つるなり。いわゆる十信、（これに[*3]）十の位あり。一には信心、乃至、願心なり。この位は、いまだ煩悩を断ぜざる凡夫の位なり。この位には、見・思の惑を伏せるなり。天台には、十信の位に見・思の二惑を断ずと判じたまえり。しかるに、今家は、『摂論』等によって三賢・十聖等を判じたまえり。浄影は、『仁王経』によって七地の無生を判ずるなり。問いて云わく、『仁王経』の五忍、いかん。答えて云わく、一に伏忍（上中下謂上十廻向、中十行、下十住也）二に信忍（上中下謂下初地、中二地、上三地也）三に順忍（上中下謂下四地、中五地、上六地也）四に無生忍（上中下謂下七地、中八地、上九地也）五に寂滅忍（上下謂下十地、上伏地也。五忍開十四忍也）

＊1　大谷大学蔵本には「所」はなし
＊2　大谷大学蔵本には「不同なり」とある
＊3　大谷大学蔵本には「是」とある

（七十九丁左）

一　　上ゝ者是四地至七地等云事　　問云淨影

師依何意㆒如此《ク》㆒判《シ玉フ》尗　荅云彼《ノ》師《ノ》意堅《ク》以因果

相順之謂㆒判《ヲ》之㆒故《ニ》彼土《ノ》曰《ヲ》推《スルニ》彼土《ニ》生《テ》即淂無生《ヲ》㆒

《ト》云《ヲ》以《テ》知《ヌ》此《ノ》土《ニハ》四五六七地《ノ》菩薩也《ト》云《フコトヲ》尺《スル》也已下《ハ》

此《ヲ》以《テ》可知㆒

一　　無生忍等云事　　問云無生忍等云事

云何　荅云以中道實相之理《ヲ》㆒無生《トハ》云也此實相之理《ト》

者非生非滅以無生無滅㆒《ヲ》涅槃《ト》名《ク》此《ノ》常住《ノ》理《ニ》叶《ヲ》

（八十丁右）

以《テ》無生忍《トハ》名《ル》也　問云生《アル》者《ハ》滅《アリ》此《ノ》位《ニ》生《ル》者《ハ》死《ノ》

謂《レアルヘシ》　若死《スト》云《ハ》分段生死《ノ》苦未免《レ》㆒分段生死《アリト》

云《ハ、》娑婆《ト》何《ソ》異《ラム》尗　荅云今家《ノ》意無生《ニ》二《ノ》位

《アリ》旪謂《ル》正曰正行《ノ》無生也正曰《ノ》無生《ハ》往生也正行《ノ》無

生《ハ》極樂世界《ニ》往生《シテ》無衆《モロく》《ノ》悪趣㆒目《ニ》見耳《ニ》聞《ニ》見佛聞

法《ノ》益《アリ》壽命長久《ニシテ》起行無退転㆒常《ニ》随善友㆒《ニ》佛

道《ヲ》増進《ス》仍最塵《ノ》故業智《ニ》随《テ》滅《シ》不覺㆒《シテ》入真如

門㆒《ニ》一度《ヒ》真如《ノ》理《ニ》叶《ヌレハ》長《ク》分段《ノ》苦《ヲ》離《テ》無生滅之

【七十九丁左】

一、「上上者是四地至七地」[*1]等云う事。

問いて云わく、浄影師、何の意によって、かくのごとく判じたまうや。答えて云わく、かの師の意、堅く因果相順の謂れをもって、これを判ず。故に彼土の因を推するに、彼土に生まれて即ち無生を得と云うをもって、知んぬ、この土には四・五・六・七地の菩薩なりと云うことを釈するなり。已下はこれをもって知るべし。

一、「無生忍」[*2]等云う事。

問いて云わく、「無生忍」等云う事、いかん。答えて云わく、中道実相の理をもって無生とは云うなり。この実相の理とは、非生・非滅、無生・無滅をもって涅槃と名づく。この常住の理に叶うをもって、無生忍とは名づくるなり。

【八十丁右】

問いて云わく、生ある者は滅あり。この位に生ずる者は死の謂れあるべし。もし死すと云わば、分段生死の苦、いまだ免れず。分段生死ありと云わば、娑婆と何ぞ異ならん。答えて云わく、今家の意、無生に二の位あり。いわゆる正因・正行の無生なり。正因の無生は往生なり。正行の無生は、極楽世界に往生して衆の悪趣なし。目に見、耳に聞くに、見佛・聞法の益あり。寿命長久にして起行退転なし。常に善友に随い佛道を増進す。よって最塵の故、業智に随いて滅し、覚らずして真如門に入る。ひとたび真如の理に叶いぬれば、長く分段の苦を離れて生滅の怖れなし。

＊1　「言上上者是四地至七地已來菩薩。」（『大正蔵』三七・二四七頁下）
＊2　「由到彼即得無生忍故。」（『大正蔵』三七・二四七頁下）

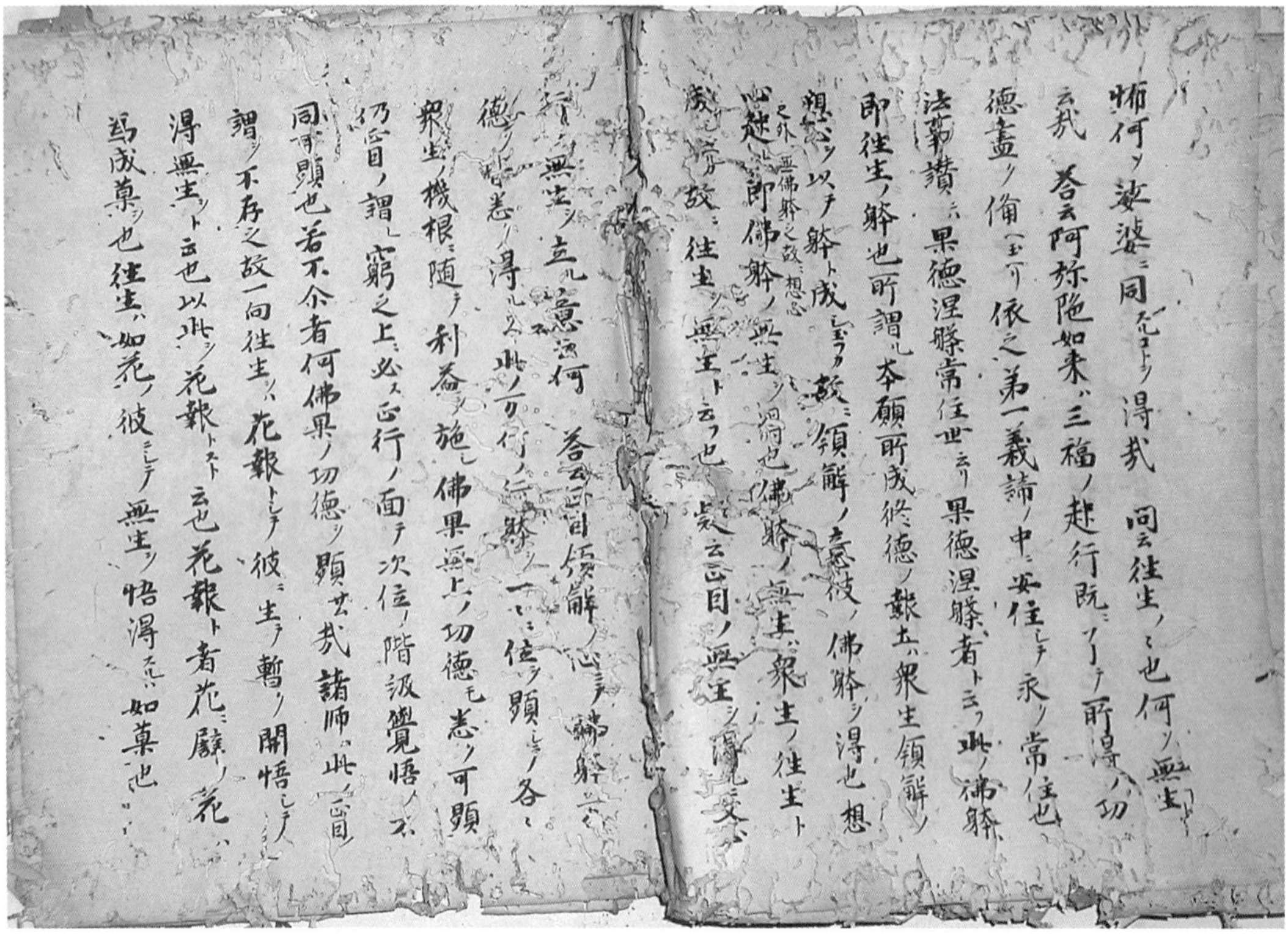

（八十丁左）

怖何《ソ》娑婆同《ニスルコトヲ》淂哉　問云往生《ノ》〻也何《ソ》無生《ト》
云哉　荅云阿弥陁如来《ハ》三福《ノ》起行既《ニ》了《テ》所淂《ノ》功
徳盡《ク》備《ヘ玉ヘリ》依之第一義諦《ノ》中《ニ》安住《シテ》永《ク》常住也
法事讃《ニハ》果徳涅槃常住世《云リ》果徳涅槃者《ト》云《フ》此《ノ》佛躰
即往生《ノ》躰也所謂《ル》本願所成修徳《ノ》報土《ハ》衆生領解《ノ》
想心《ヲ》以《テ》躰《ト》成《シ玉フカ》故《ニ》領解《ノ》意彼《ノ》佛躰《ヲ》淂也　想
心○之外無佛躰之故ニ想心起《レハ》即佛躰《ノ》無生《ヲ》淂也佛躰《ノ》無生《ハ》衆生《ノ》往生《ト》
成《シ玉ヘルカ》故《ニ》往生《ヲ》無生《ト》云《フ》也　疑云正囙《ノ》無生《ヲ》淂《ルニ》又正

（八十一丁右）

行《ノ》無生《ヲ》立《ル》意云何　荅云正囙領解《ノ》心《ニテ》佛躰万
徳《ヲ》皆悉《ク》淂《ル》上此《ノ》万行《ノ》行躰《ヲ》一〻《ニ》位《ヲ》顕《シテ》各〻
衆生《ノ》機根《ニ》随《テ》利益《ヲ》施《シ》佛果無上《ノ》功徳《モ》悉《ク》可顕
仍正囙《ノ》謂《レ》窮之上《ニ》必《ス》正行《ノ》面《テ》次位《ノ》階級覺悟《ノ》不
同可顕也若不介者何佛果《ノ》功徳《ヲ》顕《サム》哉諸師《ハ》此《ノ》正囙《ノ》
謂《ヲ》不存之故一向往生《ヲハ》花報《トシテ》彼《ニ》生《テ》暫《ク》開悟《シテ》
淂無生《ヲ》《ト》云也以此《ヲ》花報《トスト》云也花報《ト》者花《ニ》譬《フ》花《ハ》
爲成菓《ヲ》也往生《ハ》如花《ノ》彼《ニシテ》無生《ヲ》悟淂《スルハ》如菓也

【八十丁左】

何ぞ娑婆に同ずることを得ん。問いて云わく、往生の生なり、何ぞ無生と云う。答えて云わく、阿弥陀如来は三福の起行既に了りて、所得の功徳盡く備えたまえり。これによって、第一義諦の中に安住して永く常住なり。『法事讃』には「果徳涅槃常住世」[*1]と云えり。果徳涅槃と云うこの佛体は、即ち往生の体なり。いわゆる本願所成の修徳の報土は、衆生領解の想心をもって体と成じたまうが故に、領解の意、かの佛体を得るなり。想心の外に佛体なきの故に、想心起くれば、即ち佛体の無生を得るなり。佛体の無生は、衆生の往生と成じたまえるが故に、往生を無生と云うなり。疑いて云わく、正因の無生を得るに、また正行の無生を立つる意、いかん。

【八十一丁右】

答えて云わく、正因領解の心にて佛体、万徳を皆悉く得る上、この万行の行体を一々に位を顕わして、各々衆生の機根に随いて利益を施し、佛果無上の功徳も悉く顕わすべし。よって正因の謂れこれを窮むる上に、必ず正行の面で次位の階級覚悟の不同を顕わすべきなり。もししからずんば、何ぞ佛果の功徳を顕わさん。諸師はこの正因の謂れを存ぜざるの故、一向往生をば花報としてかしこに生じて、暫く開悟して無生を得と云うなり。これをもって花報とすと云うなり。花報とは花に譬う。花は菓を成ぜんが為なり。往生は花のごとし。かしこにして無生を悟得するは、菓のごとくなり。

*1 「願往生願往生。果得涅槃常住世。壽命延長難可量。」『轉經行道願往生淨土法事讃』（『大正蔵』四七・四三二頁下）

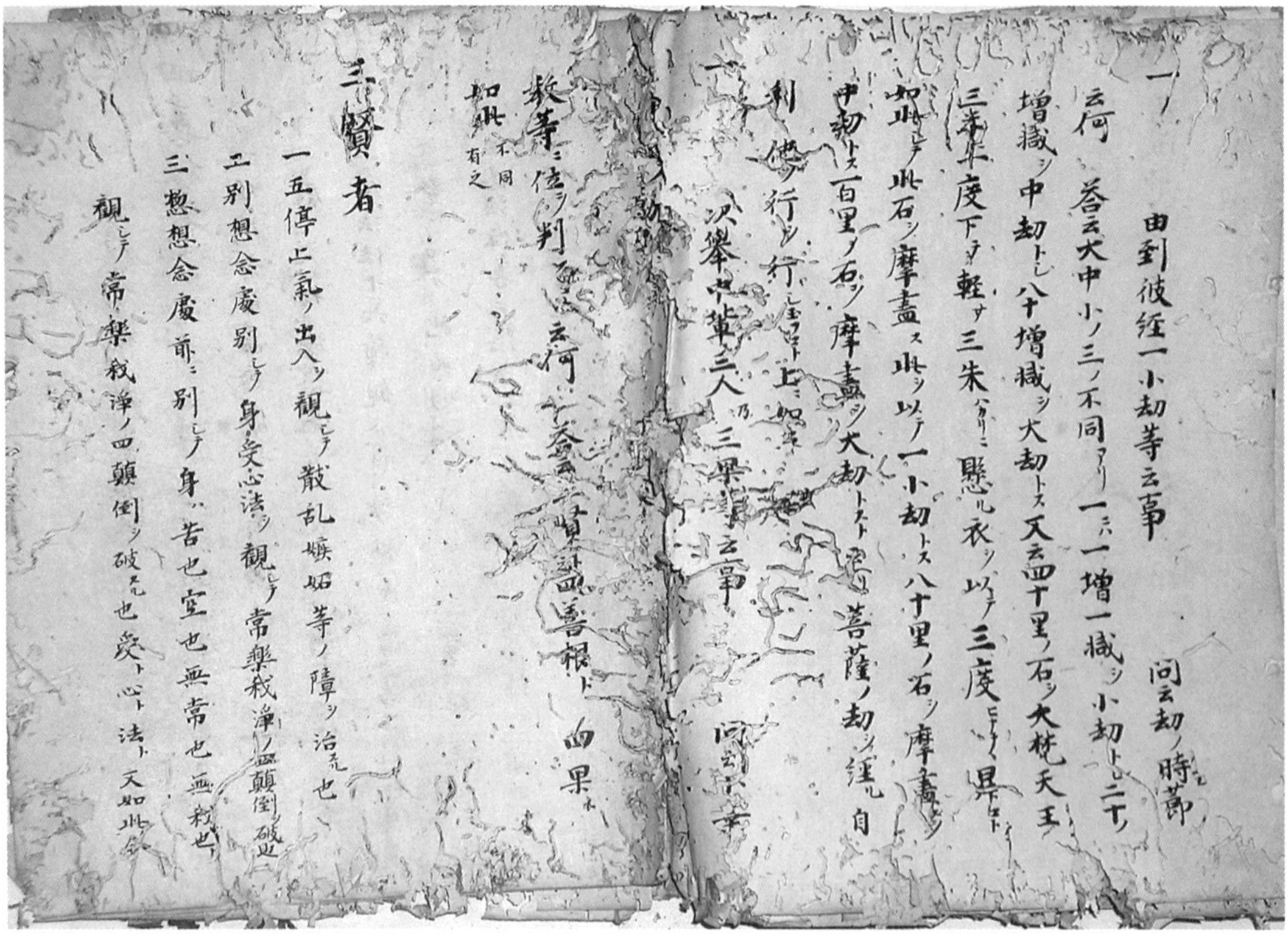

（八十一丁左）

一　由到彼經一小劫等云事　問云劫《ノ》時節

云何　荅云大中小《ノ》三《ノ》不同《アリ》一《ニハ》一増一減《ヲ》小劫《トシ》二十《ノ》

増減《ヲ》中劫《トシ》八十増減《ヲ》大劫《トス》又云四十里《ノ》石《ヲ》大梵天王

三年《ニ》一度下《テ》軽《サ》三朱《ハカリニ》懸《ル》衣《ヲ》以《テ》三度《ヒナテ、》昇《コト》

如此《シテ》此石《ヲ》摩盡《ス》此《ヲ》以《テ》一小劫《トス》八十里《ノ》石《ヲ》摩盡《スヲ》

中劫《トス》百里《ノ》石《ヲ》摩盡《ヲ》大劫《トスト》云《ヘリ》菩薩《ノ》劫《ヲ》經《ル》自

利ゝ他《ノ》行《ヲ》行《シ玉フコト》上《ニ》如云一

一　次舉中三人乃至三果等云事　問云小乗

（八十二丁右）

教等《ニ》位《ヲ》判■■■■　云何　荅云三賢《ト》四善根《ト》四果《ト》

如此不同有之

三賢者

一五停止氣《ノ》出入《ヲ》觀《シテ》散乱嫉妬等《ノ》障《ヲ》治《スル》也

二別想念處別《シテ》身・受・心・法《ヲ》・觀《シテ》常樂我淨《ノ》四顛倒《ヲ》破也

三惣想念處前《ニ》別《シテ》身《ハ》苦也空也無常也無我也《ト》

観《シテ》常樂我淨《ノ》四顛倒《ヲ》破《スル》也受《ト》心《ト》法《ト》又如此今

【八十一丁左】

一、「由到彼経一小劫」[*1]等云う事。

問いて云わく、劫の時節、いかん。答えて云わく、大・中・小の三の不同あり。一には一増一減を小劫とし、二十の増減を中劫とし、八十増減を大劫とす。また云わく、四十里の石を大梵天王、三年に一度下りて、軽さ三朱ばかりに懸かる衣をもって、三たびなでて昇ること、かくのごとくしてこの石を摩盡す。これをもって一小劫とす。八十里の石を摩盡すを中劫とす。百里の石を摩盡すを大劫とすと云えり。菩薩の劫を経る自利・利他の行を行じたまうこと、上に云うがごとし。

一、「次挙中輩三人乃至三果」[*2]等云う事。

【八十二丁右】

問いて云わく、小乗教等に位を判ずること[*3]、いかん。答えて云わく、三賢と四善根と四果と、かくのごとく不同これあり。

三賢とは

一、五停、止気の出入を観じて散乱・嫉妬等の障を治するなり。

二、別想念処、別して身・受・心・法を観じて常・楽・我・浄の四転倒を破するなり。

三、総想念処、前に別して、身は苦なり、空なり、無常なり、無我なりと観じて、常・楽・我・浄の四転倒を破するなり。受と心と法と、またかくのごとし。

＊1　「由到彼經一小劫。得無生忍故。」（『大正蔵』三七・二四七頁下）

＊2　「次擧中輩三人者。諸師云。中上是三果人。」（『大正蔵』三七・二四七頁下）

＊3　大谷大学蔵本より「ずること」を補う

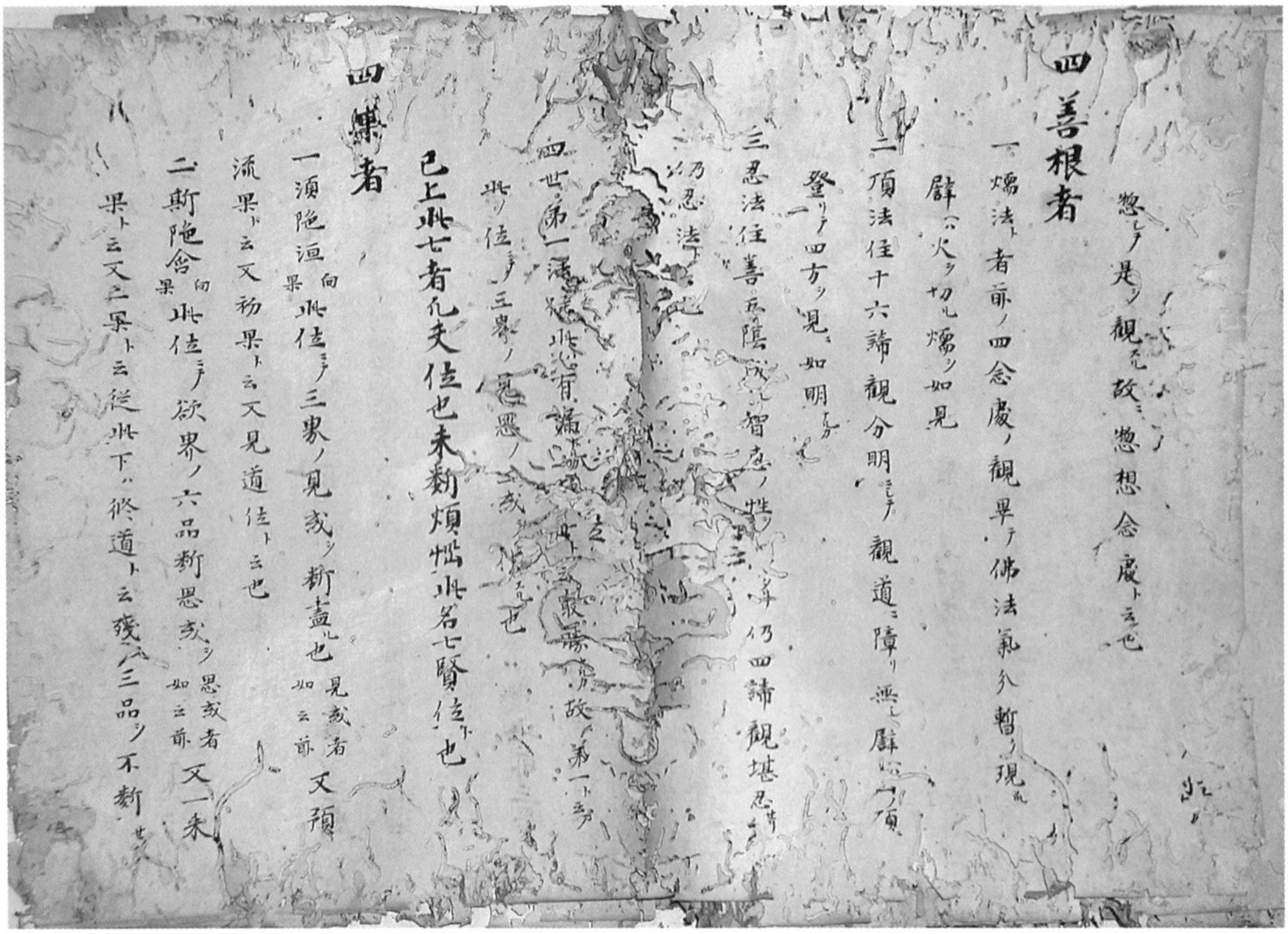

(八十二丁左)
惣《シテ》是《ヲ》観《スル》故《ニ》惣想念虜《ト》云也
四善根者
一煗法《ト》者前《ノ》四念處《ノ》観畢《テ》佛法氣分暫《ク》現《爪》
辟《ヘバ》火《ヲ》切《ル》煗《ヲ》如見
二頂法住十六諦観分明《ニシテ》観道《ニ》障《リ》無《シ》辟《ヘハ》山《ノ》頂《ニ》
登《リテ》四方《ヲ》見《ニ》如明《ナルカ》
三忍法住善五陰成《シ》智恵《ノ》性《ヲ》淂《タリ》仍四諦観堪忍《セリ》
仍忍法《ト》云也
(八十三丁右)
四世第一法住此《ハ》有漏《ナルカ》[redacted]云寂勝《ナルカ》故《ニ》第一《ト》云《フ》
此《ノ》位《ニテ》三界《ノ》見思《ノ》一或《ヲ》伏《スル》也
已上此七者凡夫位也未断煩悩此名七賢位《ト》也
四果者
一須陀洹向果此位《ニテ》三界《ノ》見或《ヲ》断盡《ル》也見或者如云前又預
流果《ト》云又初果《ト》云又見道位《ト》云也
二斯陁含向果此位《ニテ》欲界《ノ》六品断思或《ヲ》思或者如云前又一来
果《ト》云又二果《ト》云従此下《ハ》修道《ト》云残《ノ》三品《ヲ》不断《セ》

【八十二丁左】
今、総じてこれを観ずる故に、総想念処と云うなり。
四善根とは
一、庖法《なんほう》とは、さきの四念処の観畢りて、佛法気分暫く現ず。譬えば、火を切る、庖を見るがごとし。
二、頂法住、十六諦観分明にして観道に障りなし。譬えば、山の頂に登りて四方を見るに、明らかなるがごとし。
三、忍法住、善五陰成じ、智恵の性を得たり。よって四諦観、堪忍せり。よって忍法と云うなり。

【八十三丁右】
四、世の第一法住、これは有漏なるが故に世[*1]と云う。最勝なるが故に第一と云う。
この位にて三界の見・思の二惑を伏するなり。
已上、これ七者凡夫位なり。未だ煩悩断ぜず。これ七賢位と名づくるなり。
四果とは
一、須陀洹向果、この位にて三界の見惑を断じ盡くるなり。見惑とは前に云うがごとし。また預流果と云い、また初果と云い、また見道位と云うなり。
二、斯陀含向果、この位にて欲界の六品思惑を断ず。思惑とは前に云うがごとし。また一来果と云い、また二果と云う。これより下は修道と云う。残りの三品を断ぜず。

＊1　大谷大学蔵本より「故世」を補う

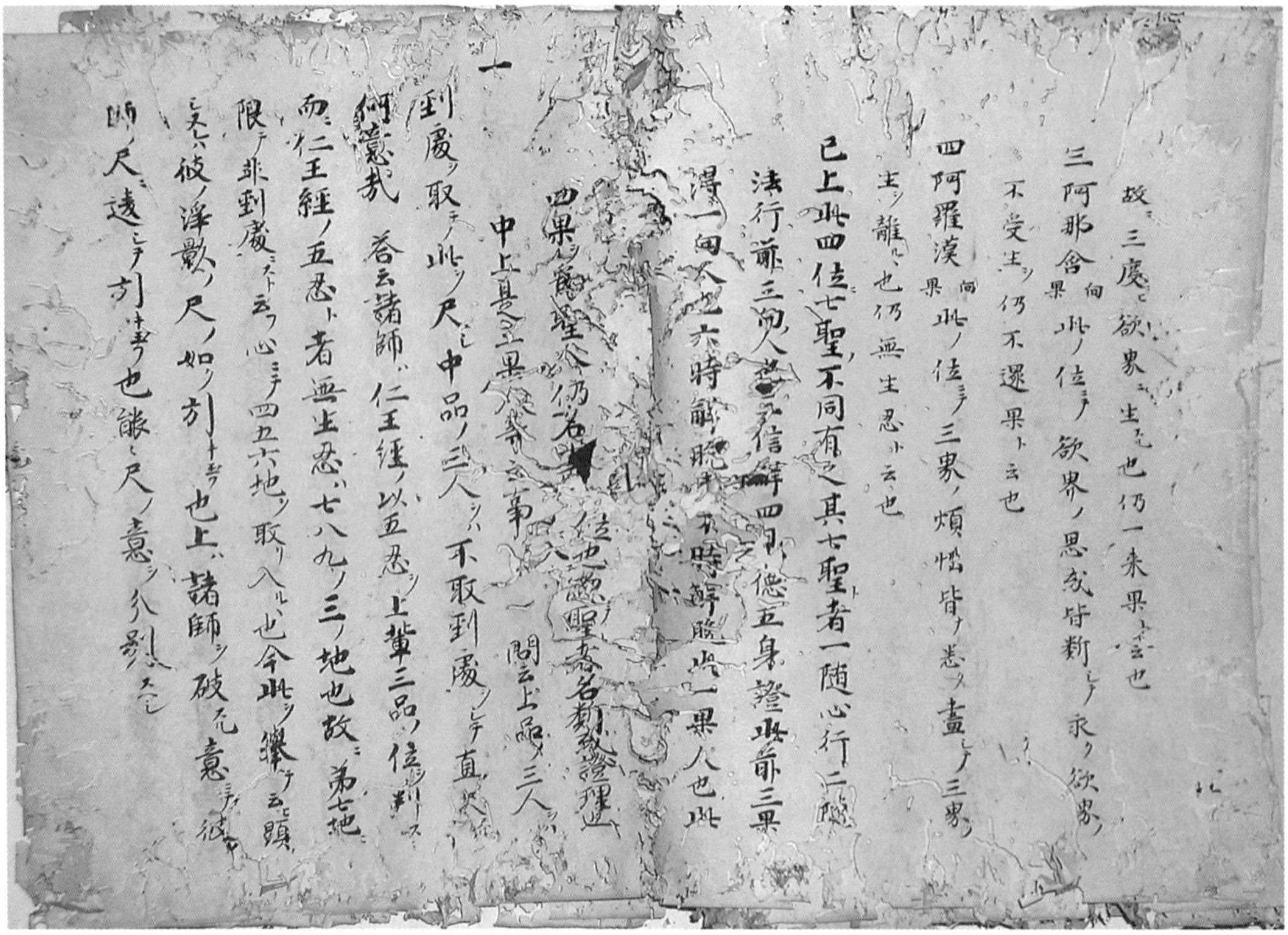

（八十三丁左）

故《ニ》三度《ヒ》欲界《ニ》生《スル》也仍一来果《ト》云也
三阿那含向果此《ノ》位《ニテ》欲界《ノ》思或皆斷《シテ》永《ク》欲界《ノ》
不受生一《ヲ》仍不還果《ト》云也
四阿羅漢向果此《ノ》位《ニテ》三界《ノ》煩惱皆《ナ》恙《ク》盡《シテ》三界《ノ》
生《ヲ》離《ル》、也仍無生忍《ト》云也
已上此四位《ニ》七聖《ノ》不同有之其七聖《ト》者一随心行二随
法行前三向《ノ》人也三信解四見德五身證此前三果
淂一向人也六時解脱七不時解脱此一果人也此

（八十四丁右）

四果《ヲ》爲聖人仍名[redacted]位也惣《テ》聖者名斷或證理也
一　中上是三果人等云事　問云上品《ノ》三人《ヲハ》
到處《ヲ》取《テ》此《ヲ》尺《シ》中品《ノ》三人《ヲハ》不取到處《ヲ》一《シテ》直尺《ス》
何意耶　荅云諸師《ハ》仁王經《ノ》以五忍一《ヲ》上輩三品《ノ》位《ヲ》判《ス》
而《ニ》仁王經《ノ》五忍《ト》者無生忍《ハ》七八九《ノ》三《ノ》地也故《ニ》第七地《ニ》
限《テ》非到處《ニ》一《スト》云《フ》心《ニテ》四五六地《ヲ》取《リ》入《ル》、也今此《ヲ》擧《テ》云《ヒ》顕《ハ》
《シヌレハ》彼《ノ》淨影《ノ》尺《ノ》如《ク》引《キ玉フ》也上《ハ》諸師《ヲ》破《スル》意《ニテ》彼《ノ》
師《ノ》尺《ニ》遠《シテ》引《キ玉フ》也能々尺《ノ》意《ヲ》分別《スヘシ》

（八十三丁左）

故に三たび欲界に生ずるなり。よって一来果と云うなり。
三、阿那含向果、この位にて欲界の思惑皆断じて、永く欲界の生を受せず。よって不還果と云うなり。
四、阿羅漢向果、この位にて三界の煩悩皆悉く盡くして、三界の生を離るるなり。よって無生忍と云うなり。
已上、この四位に七聖の不同これあり。その七聖とは、一、随心行、二、随法行、前の三向の人なり。三、信解、四、見徳、五、身証、これ前の三果を得る一向人なり。六、時解脱、七、不時解脱、これ一果人なり。

（八十四丁右）

この四果を聖人となす。よって七聖[*1]の位と名づくるなり。総じて聖とは断惑証理と名づくるなり。
一、「中上是三果人[*2]」等云う事。
問いて云わく、上品の三人をば到処を取りてこれを釈し、中品の三人をば到處を取らずして直に釈す。何の意ぞや。答えて云わく、諸師は『仁王経』の五忍をもって、上輩三品の位を判ず。しかるに『仁王経』の五忍とは、無生忍は七・八・九の三の地なり。故に第七地に限りて、到処にあらずと云う心にて、四・五・六地を取り入るるなり。今、これを挙げて云い顕わしぬれば、かの浄影の釈のごとく引きたまうなり。上は諸師を破する意にて、かの師の釈に違して引きたまうなり。よくよく釈の意を分別すべし。

＊1　大谷大学蔵本より「七聖」を補う
＊2　「次擧中輩三人者。諸師云。中上是三果人。何以得知。由到彼即得羅漢故。」（『大正蔵』三七・二四七頁下）

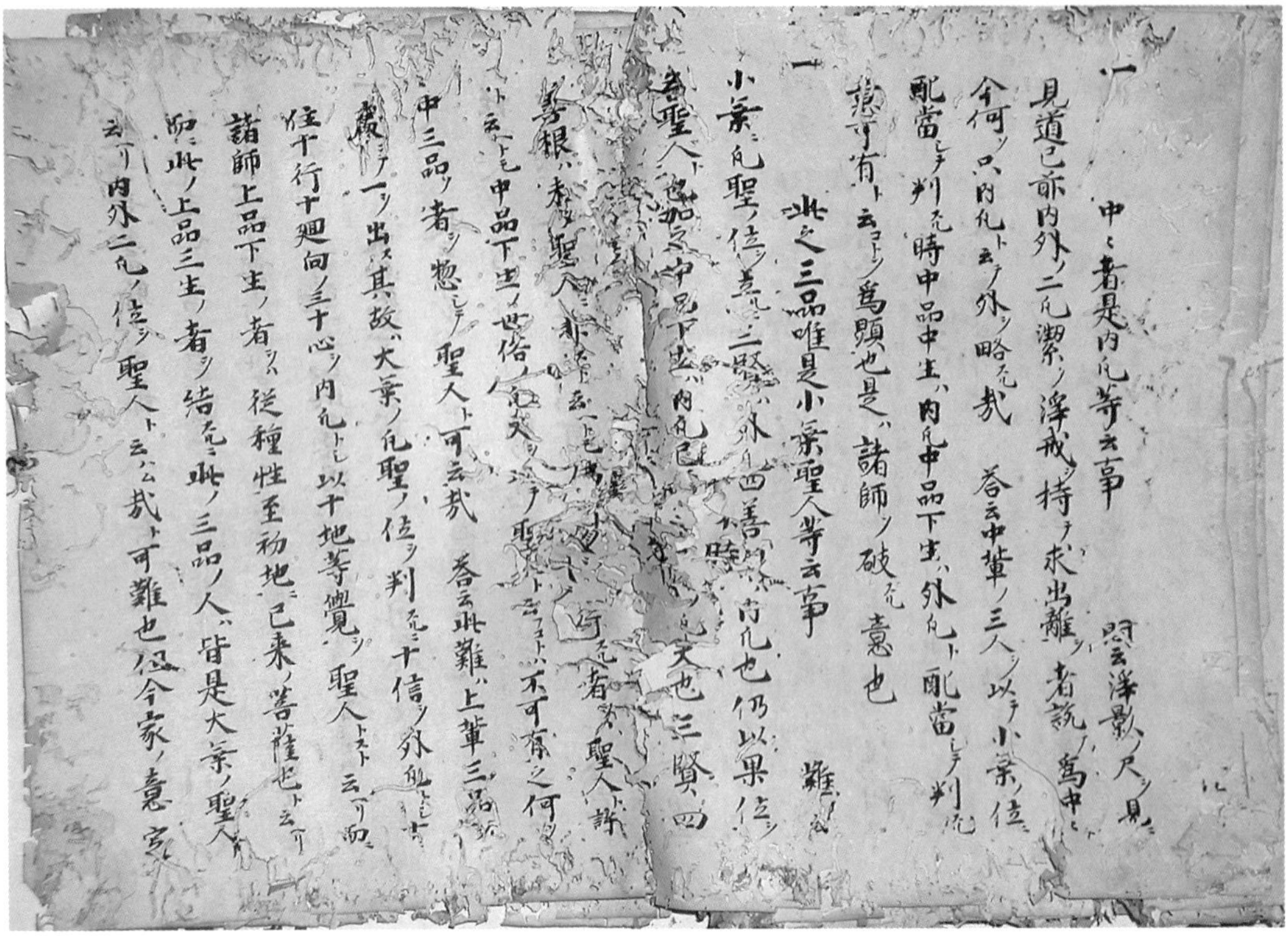

(八十四丁左)

一　　中々者是内凡等云事　　　問云浄影《ノ》尺《ヲ》見《ニ》
見道已前内外《ノ》二凡潔《ク》浄戒《ヲ》持《テ》求出離㆒《ヲ》者說《テ》為中々《ト》
今何《ソ》只内凡《ト》云《テ》外《ヲ》略《スル》犾　荅云中輩《ノ》三人《ヲ》以《テ》小乗《ノ》位《ニ》
配當《シテ》判《スル》時中品中生《ハ》内凡中品下生《ハ》外凡《ト》配當《シテ》判《スル》
意可有《ト》㆓云《コトヲ》為顕㆒也是《ハ》諸師《ヲ》破《スル》意也
一　　此之三品唯是小乗聖人等云事　　　難《シテ》云
小乗《ニ》凡聖《ノ》位《ヲ》立《ルニ》三賢《ハ》外凡四善根《ハ》内凡也仍以果位㆒《ヲ》
名聖人㆒《ト》也加之㆒中品下生《ハ》内凡已■■■■夫也三賢四

(八十五丁右)

善根《ハ》未《タ》聖人《ニ》非《スト》云《ヘトモ》佛道《ニ》入《テ》行《スル》者《ヲハ》聖人《ト》許《ト》
云《ヘトモ》中品下生《ノ》世俗《ノ》凡夫《ヲ》以《テ》聖人《ト》云《フコトハ》不可有㆓之何《ソ》
中三品《ノ》者《ヲ》惣《シテ》聖人《ト》可云㆒犾　荅云此難《ハ》上輩三品《ノ》
處《ニテ》一《ヲ》出《ス》其故《ハ》大乗《ノ》凡聖《ノ》位《ヲ》判《スルニ》十信《ヲ》外凡《トシ》十
住十行十廻向《ノ》三十心《ヲ》内凢《トシ》以十地等覺㆒《ヲ》聖人《トスト》云《ヘリ》而
諸師上品下生《ノ》者《ヲハ》従種性㆒至初地㆓《ニ》已来《ノ》菩薩也《ト》云《ヘリ》
而《ニ》此《ノ》上品三生《ノ》者《ヲ》結《スルニ》此《ノ》三品《ノ》人《ハ》皆是大乗《ノ》聖人《ト》
云《ヘリ》内外二凡《ノ》位《ヲ》聖人《ト》云《ハム》犾《ト》可難也但今家《ノ》意㝎

(八十四丁左)

一、「中々者是内凡」[*1]等云う事。

問いて云わく、浄影の釈を見るに、「見道已前内外の二品潔く浄戒を持ちて出離を求むと説きて中々と為す」[*2]と。今何ぞただ内凡と云いて、外を略する。答えて云わく、中輩の三人をもって小乗の位に配当して判ずる時、中品中生は内凡、中品下生は外凡と配当して判ずる意あるべしと云うことを顕わさんがためなり。これは諸師を破する意なり。

一「此之三品唯是小乗聖人」[*3]等云う事

難じて云わく、小乗に凡・聖の位を立するに、三賢は外凡、四善根は内凡なり。よって果位をもって聖人と名づくるなり。しかのみならず中品下生は内凡已前の世俗凡夫[*4]なり。

(八十五丁右)

三賢・四善根は、いまだ聖人にあらずと云えども、佛道に入りて行ずる者をば聖人と許すと云えども、中品下生の世俗の凡夫をもって、聖人と云うことはあるべからず。これ何ぞ中三品の者を総じて聖人と云うべき。答えて云わく、この難は上輩三品の処にて一を出だすその故は、大乗の凡・聖の位を判ずるに十信を外凡とし、十住・十行・十廻向の三十心を内凡とし、十地・等覚をもって聖人とすと云えり。しかるに諸師、上品下生の者をば、種生より初地に至る已来の菩薩なりと云えり。しかるにこの上品三生の者を結するに、この三品の人は皆これ大乗の聖人と云えり。内・外二凡の位を聖人と云わんやと難ずべきなり。

＊1 「中中者是内凡。何以得知。由到彼得須陀洹故。」(『大正蔵』三七・二四八頁上)
＊2 「見前已前内外二凡。精持淨戒求出離者説爲中中。」『觀無量壽經義疏』(『大正蔵』三七・一八二頁下)
＊3 「此之三品唯是小乘聖人等也。」(『大正蔵』三七・二四八頁上)
＊4 大谷大学蔵本より「前世俗凡」を補う

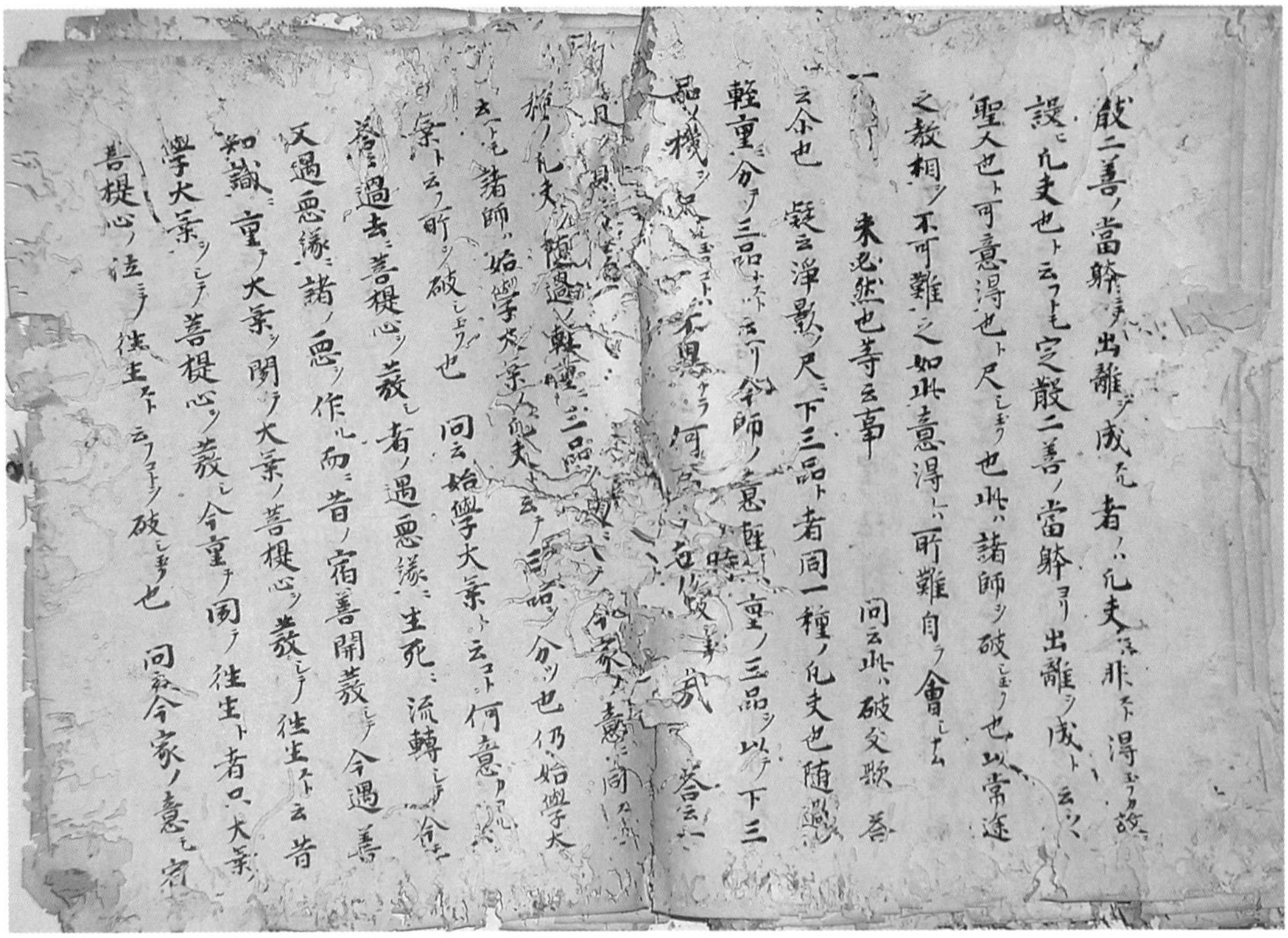

（八十五丁左）

散二善《ノ》當躰《ニテ》出離《ヲ》成《スル》者《ノハ》凡夫《ニハ》非《スト》淂《玉フカ》故《ニ》
設《ヒ》凡夫也《ト》云《フトモ》乞散一善《ノ》當躰《ヨリ》出離《ヲ》成《ト》云《ハ、》
聖人也《ト》可意淂一也《ト》尺《シ玉フ》也此《ハ》諸師《ヲ》破《シ玉フ》也以常途
之教相一《ヲ》不可難一之如此一意淂《レハ》一旿難自《ラ》會《シナム》
一　未必然也等云事　問云此《ハ》破文歟　荅
云尒也　疑云浄影《ノ》尺《ニ》下三品《ト》者同一種《ノ》凡夫也随過《ノ》
軽重一分《ニテ》三品《トスト》云《ヘリ》今師《ノ》意軽[redacted]重《ノ》三品《ヲ》以《テ》下三
品《ノ》機《ヲ》尺《シ玉フコトハ》不異一《ナラ》何[redacted]哉　荅云一

（八十六丁右）

種《ノ》凡夫《ノ》随過《ノ》軽重一三品《ヲ》[redacted]今家《ノ》意《ニ》同《スト》
云《ヘトモ》諸師《ハ》始學大乗《ノ》凡夫《ト》云《テ》三品《ヲ》分《ツ》也仍始學大
乗《ト》云《フ》旿《ヲ》破《シ玉フ》也　問云始學大乗《ト》云《コト》何意《カアル》
荅云過去《ニ》菩提心《ヲ》蕟《シ》者《ノ》遇悪縁一生死《ニ》流轉《シテ》今《モ》
又遇悪縁一諸《ノ》悪《ヲ》作《ル》而《ニ》昔《ノ》宿善開蕟《シテ》今遇善
知識一重《ニテ》大乗《ヲ》聞《テ》大乗《ノ》菩提心《ヲ》蕟《シテ》往生《スト》云　昔
學大乗一《ヲシテ》菩提心《ヲ》蕟《シ》今重《テ》聞《テ》往生《ト》者只大乗
菩提心《ノ》位《ニテ》往生《スト》云《フコトヲ》破《シ玉フ》也　問云今家《ノ》意《モ》宿

【八十五左】

ただ今家の意、定・散二善の当体にて出離を成ずる者は凡夫には非ずと得たまうが故に、設《たと》い凡夫なりと云うとも、定・散二善の当体より出離を成ずと云わば、聖人なりと意得るべきなりと釈したまうなり。これは諸師を破したまうなり。常途の教相をもってこれを難ずべからず。かくのごとく意得れば、難ずるところ自ら会しなん。

一、「未必然也」[*1]等云う事。

問いて云わく、これは破文か。答えて云わく、しかなり。疑いて云わく、浄影の釈に「下三品とは、同一種の凡夫なり。過の軽重に随いて、分かちて三品とす」[*2]と云えり。今師の意、軽・次[*3]・重の三品をもって、下三品の機を釈したまうことは異ならず。何事かこれを破したまう。[*4]

(八十六丁右)

答えて云わく、一種の凡夫の過の軽重に随い三品を分かつと云わば、[*5]今家の意に同ずと云えども、諸師は始学大乗の凡夫と云いて、三品を分かつなり。よって始学大乗と云うところを破したまうなり。問いて云わく、始学大乗と云うこと、何の意かある。答えて云わく、過去に菩提心を発せし者の、悪縁に遇い、生死に流転して今もまた悪縁に遇い、諸の悪を作る。しかるに昔の宿善開発して、今、善知識に遇い、重ねて大乗を聞きて大乗の菩提心を発して往生すと云う。昔、大乗を学して菩提心を発し、今、重ねて聞きて往生とは、ただ大乗菩提心の位にて往生すと云うことを破したまうなり。

＊1 「共同一位求願往生者。未必然也。可知。」(『大正蔵』三七・二四八頁上)
＊2 「下輩亦三。所謂下上下中下下。於彼大乗始學人中隨過輕重分爲三品。」(『大正蔵』三七・一八二頁下)
＊3 大谷大学蔵本より「次」を補う
＊4 大谷大学蔵本より「事是破したまう」を補う
＊5 大谷大学蔵本より「分かつと云わば」を補う

（八十六丁左）
世見諸佛等云《テ》宿善《ニテモ》往生《スト》云《フ》意《モ》可有何《ソ》
可破之哉　荅云今師《ノ》意示観領解《ノ》心茇《ヌレハ》此《ノ》心《ノ》
位《ニテハ》過去今生《ノ》一切《ノ》善根《ハ》皆悉《ク》能詮《ト》成《テ》所詮《ノ》
念佛三昧《ヲ》顕《ス》時《キ》宿世見諸佛《ノ》謂《ニテ》此曰《ニ》依《テ》能
詮■領解《ノ》心茇《テ》今弘願《ノ》一行《ヲ》顕《スト》云也彼《ノ》菩提
心等《ノ》當躰《ニテ》往生《スト》云《ニハ》非《ス》而《ニ》諸師昔《ノ》菩提心等《ニ》
依《テ》今大乗《ノ》教《ニ》遇《テ》往生《スト》云《ヲ》破■云《フ》也。
一　　第二即以道理来破等云事　　問云道理《ト》

（八十七丁右）
者何《ナル》道理《ソ》哉　荅云宀之善示観《ノ》道理也所謂《ル》諸佛《ノ》
大悲《ハ》於苦《アル》者一《ノニ》云《ストフ》此道理也　疑云佛慈悲《ト》者拔苦与
楽也是常《ノ》教相也更《ニ》何示観《ト》云《フ》哉　荅云諸教《ニハ》凢
夫《ト》云《ニ》内外二凢《ヲ》分《モ》法財具足《ノ》者也仍是《ヲ》岸上《ノ》者《ニ》
辟《フ》此《ノ》凡夫《ニ》向《ヒ玉フ》佛《ノ》位《ニテハ》慈悲《ノ》躰未窮一今家所立《ノ》
凡夫《ト》者失此法財《ノ》者也仍水《ニ》溺《タル》者《ニ》辟《ル》也此機《ニ》向《ヒ玉フ》
佛《ノ》位《ノミ》無縁《ノ》慈悲衆生《ヲ》摂《シ玉フ》謂《レ》極《ル》也仍於此機之
上一《ニ》弥陁《モ》正覺《ヲ》成《シ》尺尊《ノ》本意《モ》顕《ル、》也此《ハ》示観《ノ》位

【八十六丁左】

問いて云わく、今家の意も「宿世見諸佛」[*1]等と云いて、宿善にても往生すと云う意もあるべし。何ぞこれを破すべけん。答えて云わく、今師の意、示観領解の心発りぬれば、この心の位にては過去今生の一切の善根は皆悉く能詮と成りて、所詮の念佛三昧を顕わす時、「宿世見諸佛」の謂れにて、この因によって能詮の[*2]領解の心発りて、今、弘願の一行を顕わすと云うなり。かの菩提心等の当体にて往生すと云うにはあらず。しかるに諸師、昔の菩提心等によって、今、大乗の教に遇いて往生すと云うを、これを[*3]破すと云うなり。

一、「第二即以道理来破」[*4]等云う事。

【八十七丁右】

問いて云わく、道理とは何なる道理ぞや。答えて云わく、定善示観の道理なり。いわゆる諸佛の大悲は苦ある者においてすと云う、この道理なり。疑いて云わく、佛の慈悲とは抜苦与楽なり。これ常の教相なり。さらに何ぞ示観と云う。答えて云わく、諸教には、凡夫と云うに内・外二凡を分かつも、法財具足の者なり。よって、これを岸上の者に譬う。この凡夫に向いたまう佛の位にては、慈悲の体いまだ窮まらず。今家所立の凡夫とは、失此法財の者なり。よって、水に溺れたる者に譬うるなり。この機に向かいたまう佛の位のみ、無縁の慈悲衆生を摂したまう謂れ極まるなり。よって、この機の上において弥陀も正覚を成じ、釈尊の本意も顕わるるなり。

＊1　「宿世見諸佛。則能信此事。」『往生礼讃偈』（『大正蔵』四七・四四一頁下）
＊2　大谷大学蔵本より「の」を補う
＊3　大谷大学蔵本より「之を」を補う
＊4　「第二即以道理來破者。上言初地至七地已來菩薩者。如華嚴經説。初地已上七地已來。即是法性生身變易生身。」（『大正蔵』三七・二四八頁上）

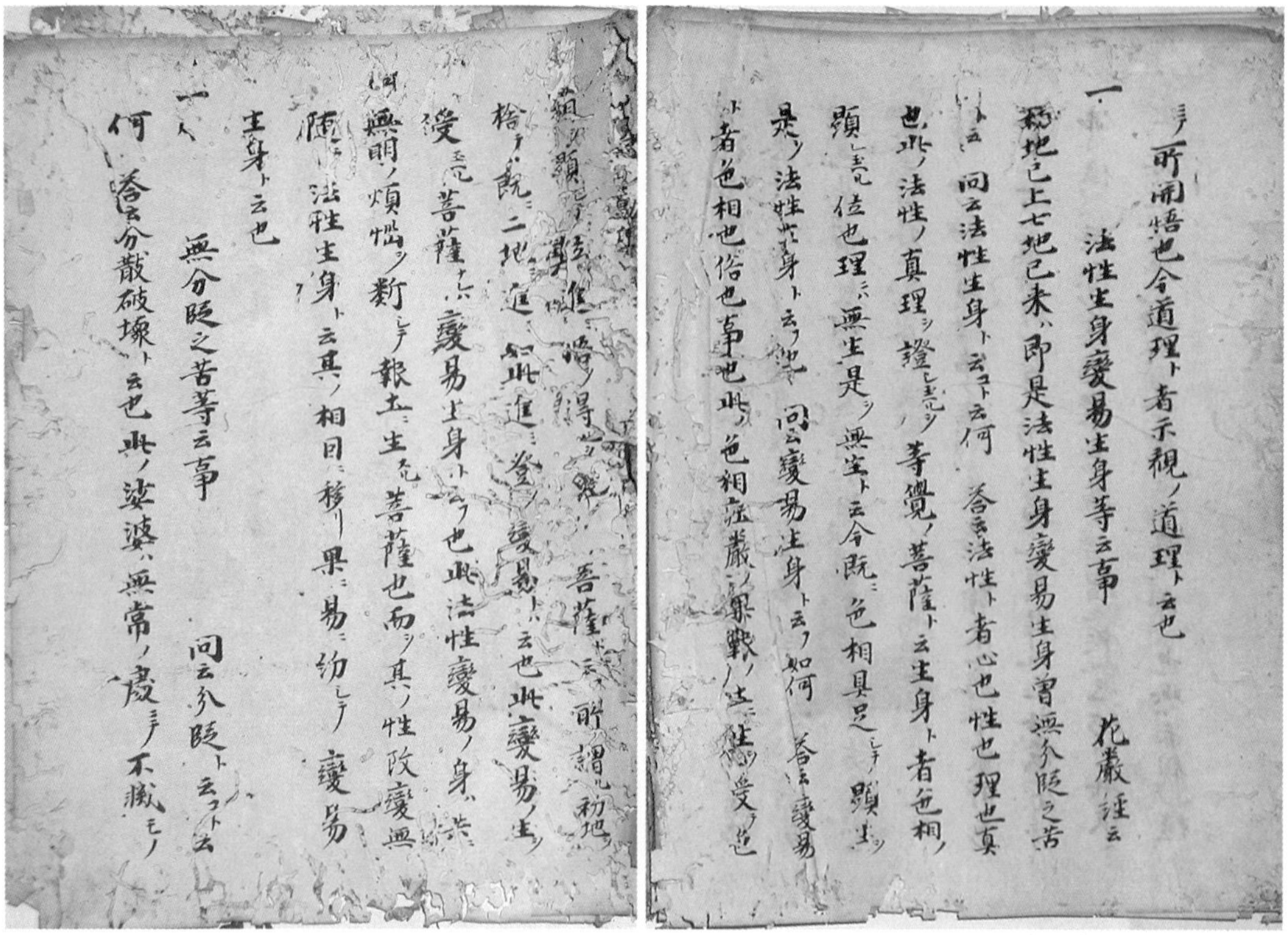

（八十七丁左）

《ニテ》所開悟一也今道理《ト》者示観《ノ》道理《ト》云也
一　　法性生身變易生身等云事　　　花厳経云
初地已上七地已来《ハ》即是法性生身變易生身曽無分段之苦《ト》
云〻　問云法性生身《ト》云《コト》云何　荅云法性《ト》者心也性也理也真
也此《ノ》法性《ノ》真理《ヲ》證《シ玉ヘルヲ》等覺《ノ》菩薩《ト》云生身《ト》者色相《ノ》
顕《レ玉ヘル》位也理《ニハ》無生一是《ヲ》無生《ト》云今既《ニ》色相具足《シテ》顕生一《ヲ》
是《ヲ》法性生身《ト》云《フ》也　問云變易生身《ト》云《フ》如何　荅云變易《ト》
者色相也俗也事也此《ノ》色相症厳《ノ》果報《ノ》土《ニ》生《ヲ》受《テ》色

（八十八丁右）

相《ヲ》顕《シテ》位《ニ》進《ミ》悟《ヲ》淂《ルヲ》■■菩薩《ト》云《フ》所謂《ル》初地《ヲ》
捨《テ、》既《ニ》二地《ニ》進《ミ》如此進《ミ》登《ヲ》變易《トハ》云也此變易《ノ》生《ヲ》
受《玉ヘル》菩薩《ナレハ》變易生身《ト》云《フ》也此法性變易《ノ》身《ハ》共《ニ》
無明《ノ》煩悩《ヲ》断《シテ》報土《ニ》生《スル》菩薩也而《ヲ》其《ノ》性陜變無
随《テ》法性生身《ト》云其《ノ》相回《ニ》移《リ》果《ニ》易《ニ》紛《シテ》變易
生身《ト》云《フ》也
一　　無分段之苦等云事　　　問云分段《ト》云《コト》云
何　荅云分散破壊《ト》云也此《ノ》娑婆《ハ》無常《ノ》處《ニテ》不滅一《モノ》

【八十七丁左】

これは示観の位にて開悟するところなり。今、道理とは、示観の道理と云うなり。

一、「法性生身、変易生身」[*1]等云う事。

『華厳経』に云わく、「初地已上七地已来は、即是法性生身、変易生身、曽無分段之苦」と云云。問いて云わく、「法性生身」と云うこと、いかん。答えて云わく、法性とは、心なり、性なり、理なり、真なり。この法性の真理を証したまえるを等覚の菩薩と云う。生身とは、色相の顕われたまえる位なり。理には生なし。これを無生と云う。今既に色相具足して生を顕わす。これを法性生身と云うなり。問いて云わく、「変易生身」と云う、いかん。答えて云わく、変易とは、色相なり、俗なり、事なり。

【八十八丁右】

この色相荘厳の果報の土に生を受けて、色相を顕わして位に進み、悟を得るを変易《へんにゃく》[*2]菩薩と云う。いわゆる初地を捨てて既に二地に進み、かくのごとく進み、登るを変易とは云うなり。この変易の生を受けたまえる菩薩なれば、変易生身と云うなり。この法性変易の身は、共に無明の煩悩を断じて報土に生ずる菩薩なり。しかるをその性、改変なきに[*3]随いて法性生身と云い、その相、因に移り、果に易《かわ》るに約して変易生身と云うなり。

一、「無分段之苦」[*4]等云う事。

問いて云わく、分段と云うこと、いかん。答えて云わく、分散破壊と云うなり。この娑婆は無常の処にて、滅せざるものなし。

＊1　「如華嚴經説。初地已上七地已來。即是法性生身變易生身。斯等曾無分段之苦。」（『大正蔵』三七・二四八頁上）
＊2　大谷大学蔵本より「変易」を補う
＊3　大谷大学蔵本より「に」を補う
＊4　「斯等曾無分段之苦。」（『大正蔵』三七・二四八頁上）

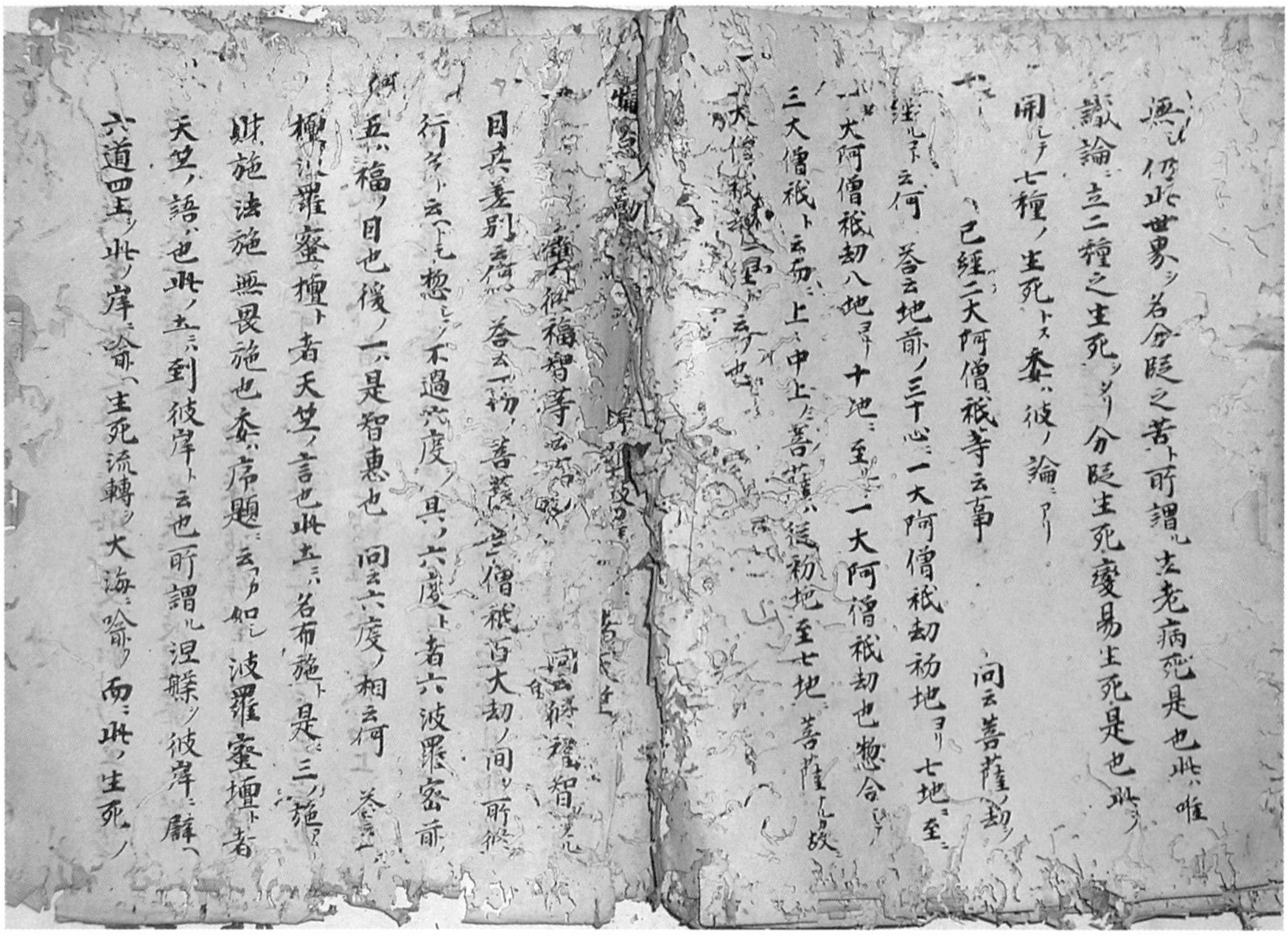

（八十八丁左）
無シ仍此世界ヲ名分段之苦ト二所謂ル生老病死是也此ハ唯
識論ニ立二種之生死ヲ一タリ分段生死變易生死是也此ヲ
開シテ七種ノ生死トス委ハ彼ノ論ニアリ
一　已經二大阿僧祇等云事　　問云菩薩ノ劫ヲ
經ルコト云何　荅云地前ノ三十心ニ一大阿僧祇劫初地ヨリ七地ニ至ニ
一大阿僧祇劫八地ヨリ十地ニ至ルニ一大阿僧祇劫也惣合シテ
三大僧祇ト云而ニ上々中上ノ菩薩ハ從初地至七地ニ一菩薩ナルカ故ニ
二大僧祇劫ヲ經ト云フ也

（八十九丁右）
一　　雙修福智等云事　　問云修福智ヲ一スル
回其差別云何　荅云一切ノ菩薩ノ三僧祇百大劫ノ間ヲ所修一
行多ト云ヘトモ惣シテ不過六度一ヲ其ノ六度ト者六波羅密前ノ
五ハ福ノ回也後ノ一ハ是智惠也　問云六度ノ相云何　荅云一ハ
檀波羅蜜檀ト者天竺ノ言也此土ニハ名布施一ト是ニ三ノ施アリ
財施法施無畏施也委ハ序題ニ云フカ如シ波羅蜜檀ト者
天竺ノ語ハ也此ノ土ニハ到彼岸ト云也所謂ル涅槃ヲ彼岸ニ辟ヘ
六道四生ヲ此ノ岸ニ喩ヘ生死流轉ヲ大海ニ喩フ而ニ此ノ生死ノ

【八十八丁左】

よってこの世界を分段之苦と名づく。いわゆる生・老・病・死これなり。これは『唯識論』[*1]に二種の生・死を立てたり。分段生・死、変易生・死、これなり。これを開して七種の生・死とす。委しくはかの論にあり。

一、「已経二大阿僧祇」[*2]等云う事。

問いて云わく、菩薩の劫を経ること、いかん。答えて云わく、地前の三十心に一大阿僧祇劫、初地より七地に至るに一大阿僧祇劫、八地より十地に至るに一大阿僧祇劫なり。総合して三大僧祇と云う。しかるに、上々・中上の菩薩は、初地より七地に至る菩薩なるが故に、二大僧祇劫を経ると云うなり。

【八十九丁右】

一、「雙修福智」[*3]等云う事。

問いて云わく、福智を修する因、その差別いかん。答えて云わく、一切の菩薩の三僧祇百大劫の間を修するところ、行多しと云えども、総じて六度を過ぎず。その六度とは六婆羅蜜。前の五は福の因なり。後の一はこれ智恵なり。問いて云わく、六度の相いかん。答えて云わく、一は檀波羅蜜。檀とは天竺の言なり。この土には、布施と名づく。これに三の施あり。財施・法施・無畏施なり。委しくは序題に云うがごとし。波羅蜜壇とは天竺の語《ことば》なり。この土には到彼岸と云うなり。いわゆる涅槃を彼岸に譬え、六道・四生をこの岸に喩え、生死流転を大海に喩う。

＊1 「生死有二。一分段生死。謂諸有漏善不善業由煩悩障縁助勢力所感三界麁異熟果。身命短長隨因縁力有定齊限故名分段。二不思議變易生死。謂諸無漏有分別業由所知障縁助勢力所感殊勝細異熟果。由悲願力改轉身命無定齊限故名變易。」『成唯識論』(『大正蔵』三一・四五頁上)

＊2 「論其功用。已經二大阿僧祇劫。」(『大正蔵』三七・二四八頁上)

＊3 「雙修福智」(『大正蔵』三七・二四八頁上)

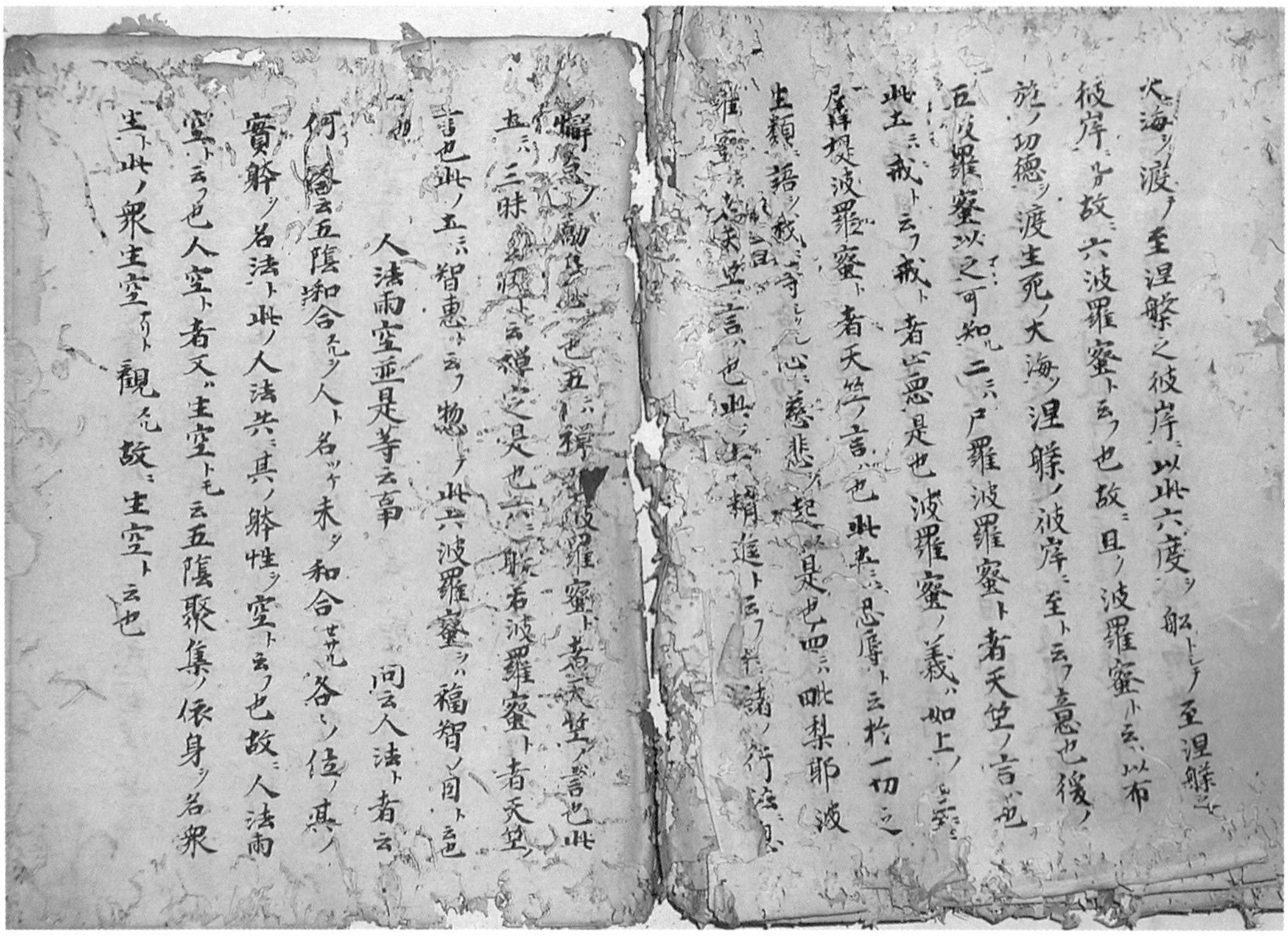

（八十九丁左）

大海《ヲ》渡《テ》至涅槃之彼岸㆒《ニ》以此六度㆒船《ヲ》　《トシテ》至涅槃之
彼岸㆒《ニ》《ルカ》故《ニ》六波羅蜜《ト》云《フ》也故《ニ》且《ク》波羅蜜《ト》云《ハ》以布
施《ノ》功徳㆒《ヲ》渡生死《ノ》大海㆒《ヲ》涅槃《ノ》彼岸《ニ》至《ト》云《フ》意也徭《ノ》
五波羅蜜以之㆓可知㆒《ル》二《ニハ》尸羅波羅蜜《トハ》天竺《ノ》言《ハ》也
此圡《ニハ》戒《ト》云《フ》戒《ト》者止悪是也波羅蜜《ノ》義《ハ》如上㆓《ノ》三《ニハ》
羼提波羅蜜《ト》者天竺《ノ》言《ハ》也此圡《ニハ》忍辱《ト》云於一切之
生類㆒《ニ》語《ヲ》我《ニ》等《シクシ》心《ニ》慈悲《ヲ》起《ス》是也四《ニハ》毗梨耶波
羅蜜《ト》■■《ノ》言《ハ》也此《ノ》圡《ニハ》精進《ト》云《フ》於諸《ノ》行法《ニ》息

（九十丁右）

懈怠㆒《ヲ》勵身心㆒《ヲ》也五《ニハ》禅那波羅蜜《ト》者天竺《ノ》言也此
圡《ニハ》三味《ト》云《フ》■《ト》云禅㝎之是也六《ニハ》般若波羅蜜《ト》者天竺《ノ》
言也此《ノ》圡《ニハ》智恵《ト》云《フ》惣《シテ》此六波羅蜜《ヲ》福智《ノ》囙《ト》云也
一　人法兩空並是等云事　　問云人法《ト》者云
何　荅云五陰和合《スルヲ》人《ト》名《ツケ》未《タ》和合《セサル》各〻《ノ》位《ノ》其《ノ》
實躰《ヲ》名法㆒《ト》此《ノ》人法共《ニ》其《ノ》躰性《ヲ》空《ト》云《フ》也故《ニ》人法兩
空《ト》云《フ》也人空《ト》者又《ハ》生空《トモ》云五陰聚集《ノ》依身《ヲ》名衆
生㆒《ト》此《ノ》衆生空《ナリト》観《スル》故《ニ》生空《ト》云也

【八十九丁左】

しかるにこの生死の大海を渡りて涅槃の彼岸に至る。この六度をもって、船として涅槃の彼岸に至るが故に、六波羅蜜と云うなり。故にしばらく波羅蜜と云うは、布施の功徳をもって生死の大海を渡る。涅槃の彼岸に至ると云う意なり。後の五波羅蜜、これをもって知るべし。二には、尸《し》羅《ら》波羅蜜とは天竺の言《ことば》なり。この土には戒と云う。戒とは止悪これなり。波羅蜜の義は上のごとし。三には、羼提《せんだい》波羅蜜とは天竺の言《ことば》なり。この土には忍辱と云う。一切の生類において語を我に等しくし、心に慈悲を起こすこれなり。四には、毘梨耶波羅蜜とは天竺の*1言《ことば》なり。この土には精進と云う。

【九十丁右】

諸の行法において懈怠を息む。身心を励むなり。五には、禅那波羅蜜とは天竺の言なり。この土には三昧と云う、悟と云う。*2禅定これなり。六には、般若波羅蜜とは天竺の言なり。この土には智恵と云う。総じてこの六波羅蜜をば福智の因と云うなり。

一、「人法両空並是」*3等云う事。

問いて云わく、人法とはいかん。答えて云わく、五陰和合するを人と名づけ、いまだ和合せざる各各の位のその実体を法と名づく。この人・法、共にその体性を空と云うなり。故に「人法両空」と云うなり。人空とは、または生空とも云う。五陰聚集の依身を衆生と名づく。この衆生、空なりと観ずるが故に、生空と云うなり。

＊1　大谷大学蔵本より「とは天竺」補う
＊2　大谷大学蔵本より「悟と云う」補う
＊3　「人法兩空。並是不可思議。」（『大正蔵』三七・二四八頁上）

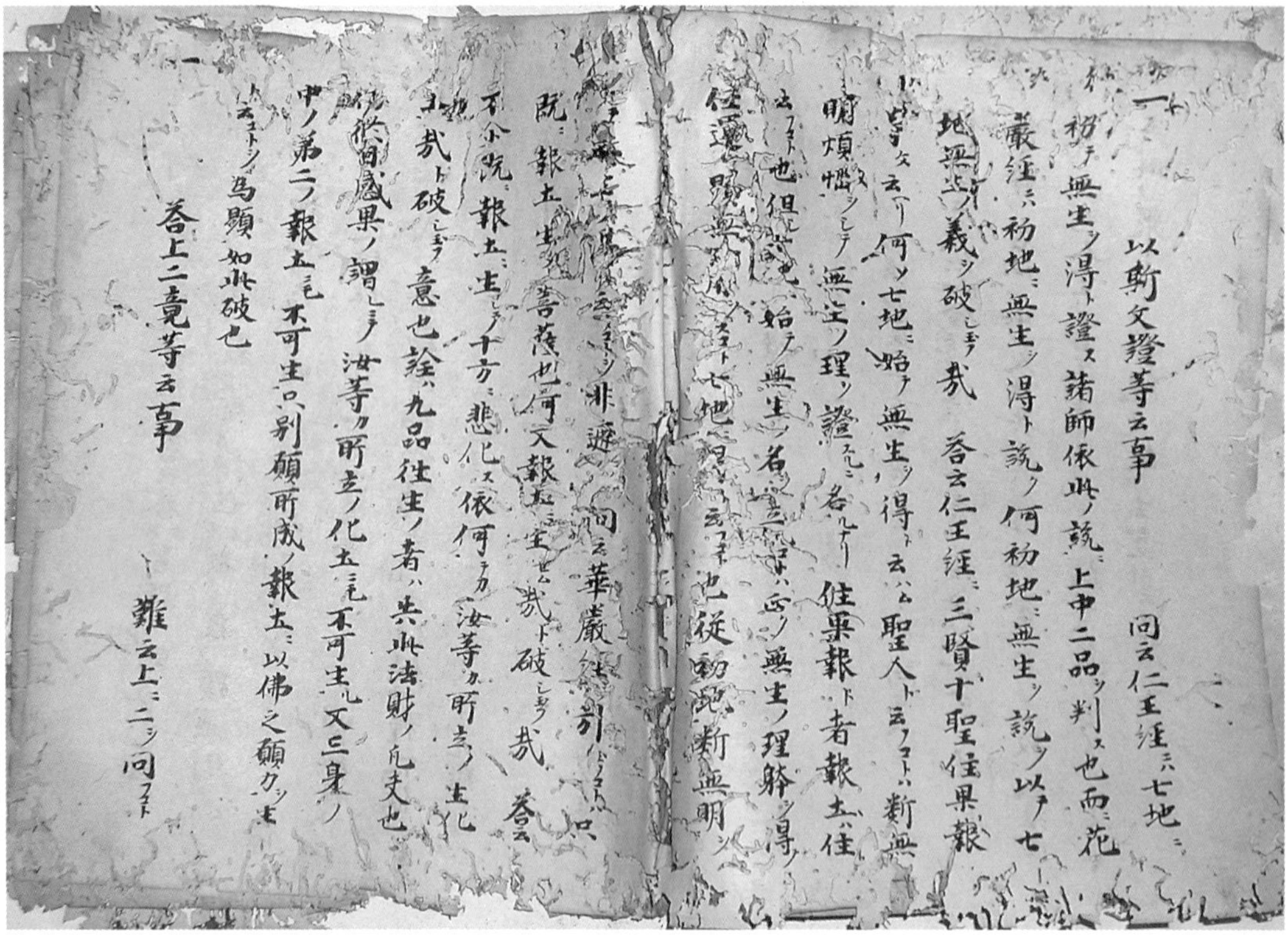

（九十丁左）

一　以斯文證等云事　　問云仁王經《ニハ》七地《ニ》
初《テ》無生《ヲ》淂《トス》證諸師依此説《ノニ》上中二品《ヲ》判《ス》也而《ニ》花
嚴經《ニハ》初地《ニ》無生《ヲ》淂《トク》説何初地《ニ》無生《ヲ》説《ヲ》以《テ》七
地無生《ノ》義《ヲ》破《シ玉フ》芣　荅云仁王經《ニ》三賢十聖住果報
等《文》云《ヘリ》何《ソ》七地《ニ》始《テ》無生《ヲ》得《ト》云《ハム》聖人《ト》云《フコトハ》斷無
明煩惱《ヲシテ》無生《ノ》理《ヲ》證《スルニ》名《ルナリ》住果報《ト》者報土《ハ》住
云《フコト》也但《シ》七地《ニ》始《テ》無生《ノ》名《ヲ》立《ルコトハ》正《ク》無生《ノ》理躰《ヲ》淂《テ》
任運《ニ》顕無■■《ヲ》《スコト》七地《ニ》■《ト》云《フコト》也従初地斷無明《ヲ》

（九十一丁右）

無《シテ》■■■■云《フコトヲ》非遮■■■問云華嚴經《ヲ》引《玉フコトハ》只
既《ニ》報土《ニ》生《タ》■菩薩也何又報土《ニ》生《セム》芣《ト》破《シ玉フ》芣　荅云
不介既《ニ》報土《ニ》生《シテ》十方《ニ》悲化《ス》依何《テカ》汝等《カ》𣅜立《ノ》生化
土芣《ニト》破《シ玉フ》意也詮《ハ》九品往生《ノ》者《ハ》先此法財《ノ》凡夫也
仍修囙感果《ノ》謂《レニテ》汝等《カ》𣅜立《ノ》化土《ニモ》不可生《ル》又三身《ノ》
中《ノ》第二《ノ》報土《ニモ》不可生只別願𣅜成《ノ》報土《ニ》以佛之願力《ヲ》生
《ト》云《コトヲ》爲顕如此破也
一　荅上二竟等云事　　難云上《ニ》二《ヲ》問《フコト》

【九十丁左】

一、「以斯文証」[*1]等云う事。

問いて云わく、『仁王経』には七地に初めて無生を得と証す。諸師この説によって、上・中二品を判ずるなり。しかるに、『華厳経』[*2]には、初地に無生を得と説く。何ぞ初地に無生を説くをもって、七地無生の義を破したまう。答えて云わく、『仁王経』に、「三賢十聖住果報」[*3]等文、云えり。何ぞ七地に始めて無生を得と云わん。聖人と云うことは、無明・煩悩を断じて無生の理を証するに名づくるなり。「住果報」とは、報土は住と云うことなり。ただし、七地に始めて無生の名を立つることは、正しく無生の理体を得て、任運に無功用を顕わすこと[*4]、七地に[*5]得と云うことなり。

【九十一丁右】

初地より無明を断じて無生を得と[*6]云ふことを遮する[*7]にあらず。問いて云わく、『華厳経』を引きたまうことは、ただ既に報土に生じたる[*8]菩薩なり。何ぞまた報土に生ぜんと破したまう。答えて云わく、しからず。既に報土に生じて十方に悲化す。何によってか汝らが所立の化土に生ぜんと破したまう意なり。詮は、九品往生の者は失此法財の凡夫なり。よって修因感果の謂れにて、汝らが所立の化土にも生ずべからず。また、三身の中の第二の報土にも生ずべからず。ただ別願所成の報土に佛の願力をもって生ずと云うことを顕わさんがために、かくのごとく破するなり。

一、「答上二竟」[*9]等云う事。

難じて云わく、上に二を問うことなし。

＊1 「以斯文證。諸師所説豈非錯也。」（『大正蔵』三七・二四八頁上）
＊2 「是菩薩清淨行故。得無生法忍。照明諸法。解脱月菩薩言。佛子。菩薩住初地。」『大方廣佛華嚴經』（『大正蔵』九・五六二頁中）
＊3 「光明遍照無所照。三賢十聖住果報。唯佛一人居淨土。」『仁王護國般若波羅蜜多經』（『大正蔵』八・八三八頁上）「第一義諦常安隱。窮原盡性妙智存。三賢十聖住果報。唯佛一人居淨土」『佛説仁王般若波羅蜜經』（『大正蔵』八・八二八頁上）
＊4 大谷大学蔵本より「無功用を顕わすこと」を補う
＊5 大谷大学蔵本より「得」を補う
＊6 大谷大学蔵本より「無生を得と」を補う
＊7 大谷大学蔵本より「する」を補う
＊8 大谷大学蔵本より「る」を補う
＊9 「答上二竟。」（『大正蔵』三七・二四八頁上）

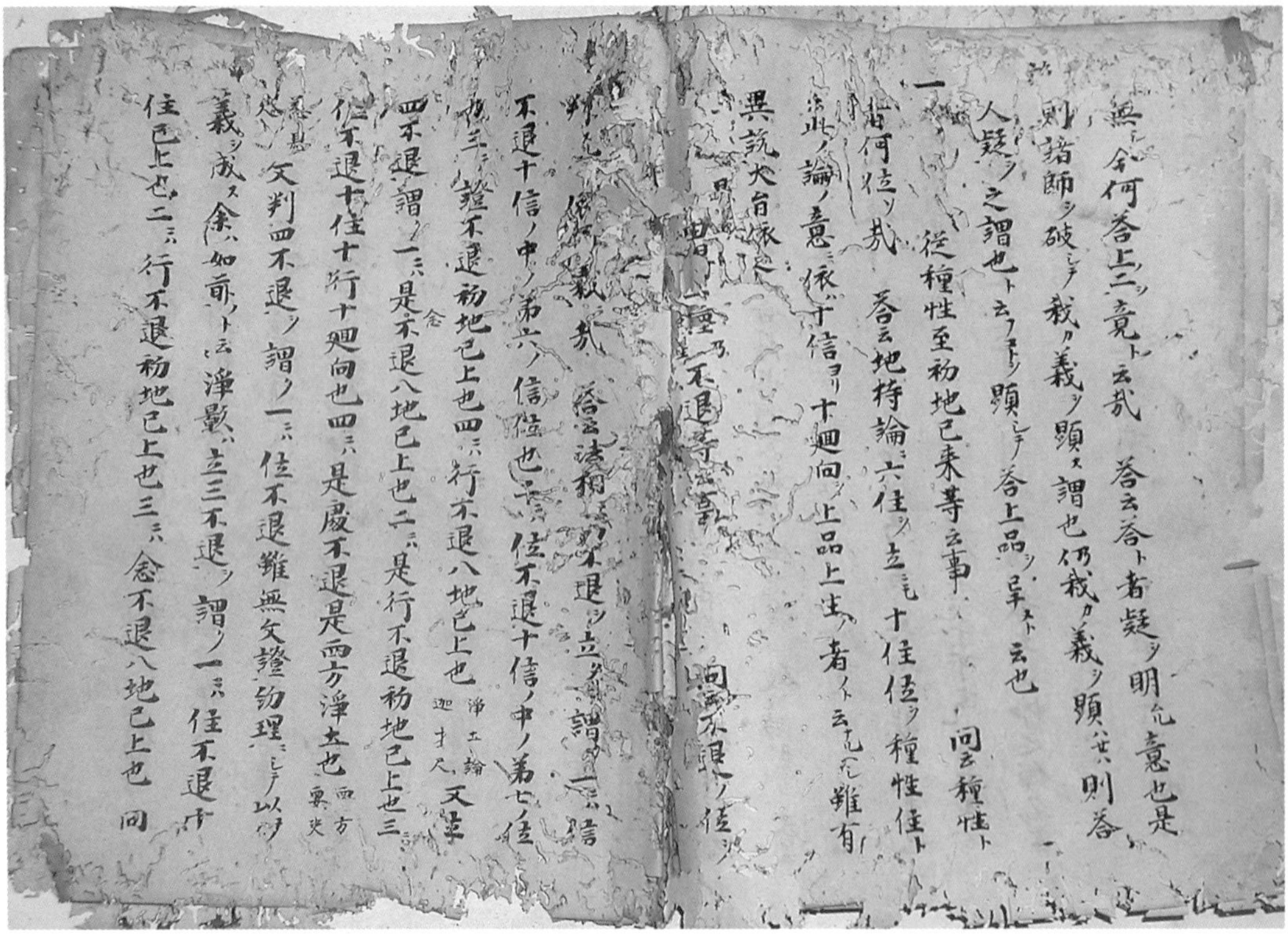

(九十一丁左)

無シ 今何トカ答上ノ二ニ竟ト云ヲムル哉 荅云荅ト者疑ヲ明ス意也是
則諸師ノ破シテ 我カ義ヲ顯ス 謂也仍我ノ義ヲ顯ハセハ則荅
人疑ニ之謂也ト 云 顕 荅上品ニ早ト云也

一 從種性至初地已来等云事 問云種性
者何ノ位ヲソ哉 荅云地持論ニ六住ヲ立テ 十住位ヲ種性住ト
云此論ノ意依ニ十信 十廻向 上品上生ノ者ト云ヘ云雖有
異説大旨依之

一 由■■種乃至不退等云事

問云不退ノ位ヲ

(九十二丁右)

判スル 依何ノ義哉 荅云法相 ■■不退ヲ立タリ 謂一信
不退十信ノ中ニ第六ノ信ノ位不退十信ノ中ニ第七位
也二 證不退八地已上也四 行不退初地已上也三
四不退ニ謂 一ハ○念不退八地已上也二ハ 行不退初地已上也三ハ
位不退十住十行十廻向也四ハ 是處不退是西方淨土也西方
尺又判四不退ニ謂 一ニ 位不退雖無文證ニ幼理ニシテ
慈恩ノ尺スニ云淨影 立三不退ヲ謂 一ニ 住不退十
義成セ余如前ノ 一ミニ 行不退初地已上也三ニ 念不退八地已上也 問
住已上也二ニ 行不退初地已上也三ニ 念不退八地已上也

【九十一丁左】

今何ぞ上の二を答え竟ると云う。答えて云わく、答とは、疑を明らむる意なり。これ則ち、諸師を破して我が義を顕わす謂れなり。よって、我が義を顕わせば、則ち人、疑を答うの謂れなりと云うことを顕わして、上品を答え畢りぬと云うなり。

一、「従種性至初地已来」[*1]等云う事。

問いて云わく、種性とは何の位ぞや。答えて云わく、『地持論』に六住を立つるにも、十住位を種性住と云う。この論の意によれば、十信より十廻向を上品上生の者と云うなるべし。異説ありと雖も、大旨これによる。

一、「由得二[*2]種乃至不退」[*3]等云う事。

問いて云わく、不退の位を判ずること[*4]、何の義によるや。

【九十二丁右】

答えて云わく、法相には四[*5]不退を立てたり。謂わく、一には信不退、十信の中の第六の信の位なり。二には位不退、十信の中の第七の位なり。三には証不退、初地已上なり。四には行不退、八地已上なり。『浄土論』迦才釈[*6]。また、四不退を立つ。謂わく、一にはこれ念不退、八地已上なり。二にはこれ行不退、初地已上なり。三には、位不退、十住・十行・十廻向なり。四にはこれ処不退、これ西方浄土なり。『西方要決』慈恩釈[*7]。また、四不退を判ず。謂わく、一には位不退、文証なしと雖も、理に約してもって義を成ず。余は前のごとしと云云。浄影は三不退を立つ。謂わく、一には住不退、十住已上なり。二には行不退、初地已上なり。三には念不退、八地已上なり。

＊1　「上下者。上言従種性至初地已來者。未必然也。」（『大正蔵』三七・二四八頁上）
＊2　大谷大学蔵本より「得二」を補う
＊3　「此位中菩薩由得二種眞善知識守護故不退。」（『大正蔵』三七・二四八頁上）
＊4　大谷大学蔵本より「こと」を補う
＊5　大谷大学蔵本より「四」を補う
＊6　「今依經論。釋有四種。一是念不退。謂在八地已上。二是行不退。謂在初地已上。三是位不退。謂在十解已上。四是處不退。謂西方淨土也。」『淨土論』（『大正蔵』四七・八六頁下）
＊7　「今明不退。有其四種。十住毘婆娑論云。一位不退。即修因萬劫。意言。唯識觀成。不復退墮惡律儀行。流轉生死。二者行不退。已得初地。眞唯識觀。捨二乘心。於利他行得不退也。三者。念不退。入八地已去。眞得任運無功用智於定散中。得自在故。無念退也。四處不退者。」『西方要決釋疑通規』（『大正蔵』四七・一〇七頁上）

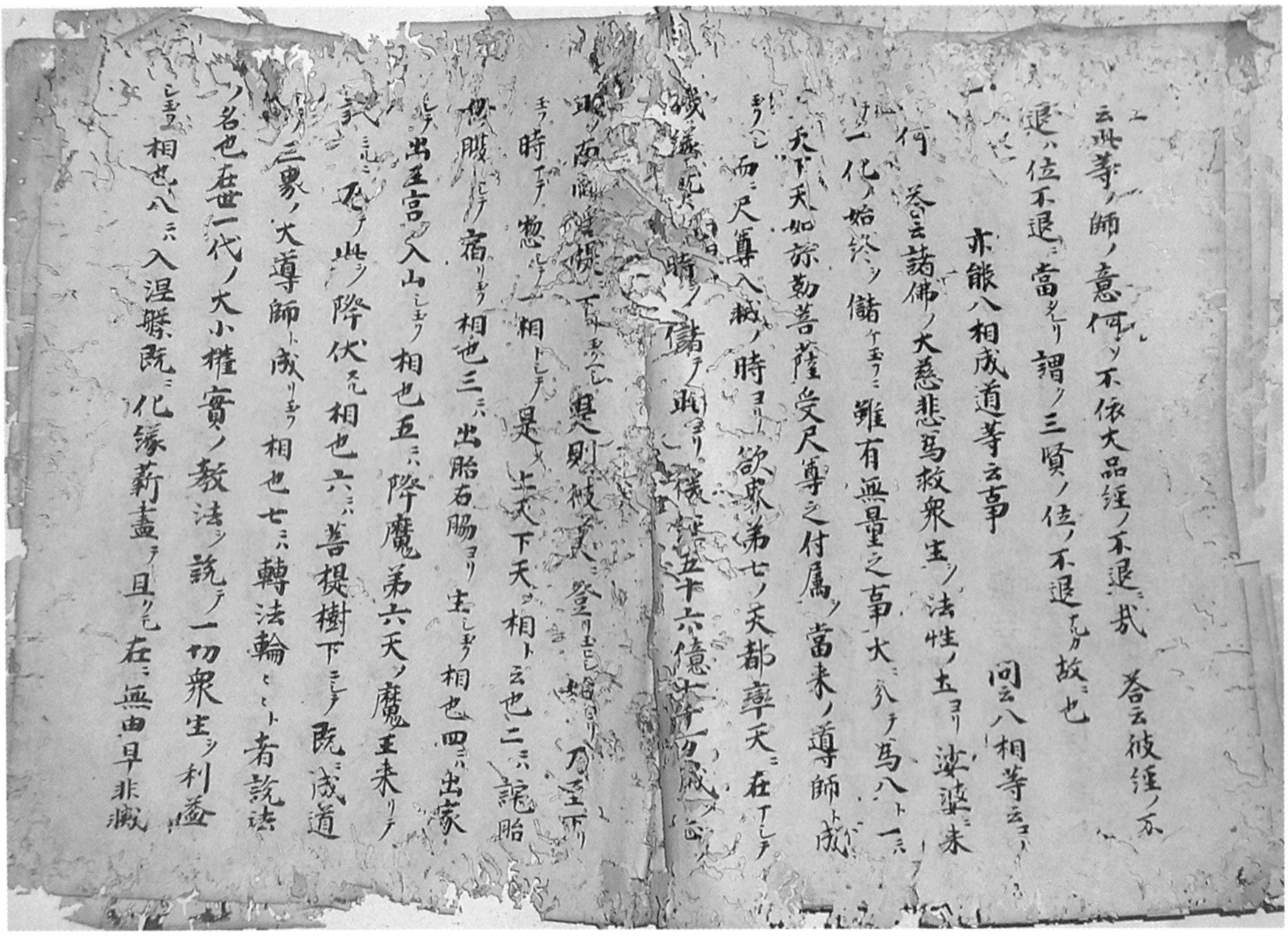

（九十二丁左）

云此等《ノ》師《ノ》意何《ソ》不依大品經《ノ》不退《ニ》一哉　荅云彼經《ノ》不
退《ハ》位不退《ニ》當《タレリ》謂《ク》三賢《ノ》位《ノ》不退《ナルカ》故《ニ》也
一　亦能八相成道等云事　問云八相等云《コト》
■何　荅云諸佛《ノ》大慈悲爲救衆生一《ヲ》法性《ノ》土《ヨリ》娑婆《ニ》来《テ》
一化《ノ》始終《ヲ》儲《ケ玉フニ》雖有無量之事一大《ニ》分《テ》為八一《ト》一《ニハ》
■天下天如弥勒菩薩一受尺尊之付属一《ヲ》當来《ノ》導師《ト》成《玉フヘシ》
而《ニ》尺尊入滅《ノ》時《ヨリ》欲界第七《ノ》天都率天《ニ》在《マシテ》
機縁■■時《ヲ》儲《テ》此《ヨリ》後經五十六億七千萬歳一《ヲ》正《ク》

（九十三丁右）

此《ノ》南閻浮提《ニ》下《リ玉フヘシ》　是則彼天《ニ》登《リ玉ヒシ》始《ヨリ》乃至下《リ玉フ》
時《マテ》惣《シテ》一相《トシテ》是《ヲ》上天下天《ノ》相《ト》云也二《ニハ》託胎《ノ》
母腹《シテ》宿《リ玉フ》相也三《ニハ》出胎右脇《ヨリ》生《シ玉フ》相也四《ニハ》出家《シテ》
出王宮一《ヲ》入山《シ玉フ》相也五《ニハ》降魔第六天《ノ》魔王来《リテ》
試《ミルニ》反《テ》此《ヲ》降伏《スル》相也六《ニハ》菩提樹下《ニシテ》既成道《シテ》
三界《ノ》大導師《ト》成《リ玉フ》相也七《ニハ》轉法輪ゝゝ《ト》者説法《ノ》
名也在世一代《ノ》大小権實《ノ》教法《ヲ》説《テ》一切衆生《ヲ》利益《シ玉フ》
相也八《ニハ》入涅槃既《ニ》化縁薪盡《テ》且《クモ》在《ニ》無由一早非滅

【九十二丁左】

問いて云わく、これらの師の意、何ぞ『大品経』の不退によらざる。答えて云わく、かの経の不退は位不退に当たれり。謂わく、三賢の位の不退なるが故なり。

一、「亦能八相成道」[*1]等云う事。

問いて云わく、八相等云うこと、いかん。[*2]答えて云わく、諸佛の大慈悲、衆生を救わんがために法性の土より娑婆に来たりて、一化の始終を儲けたまうに、無量の事ありと雖も、大きに分かちて八とす。一には上天[*3]・下天、弥勒菩薩のごとく、釈尊の付属を受けて当来の導師と成りたまうべし。しかるに、釈尊入滅の時より欲界第七の天、都率天にましまして機縁熟する[*4]時を儲けて、これより後、五十六億七千万歳を経て、正しくこの南閻浮提に下りたまうべし。

【九十三丁右】

これ則ち、かの天に登りたまいし始めより、乃至下りたまう時まで総じて一相として、これを上天・下天の相と云うなり。二には託胎、母の腹にして宿りたまう相なり。三には出胎、右脇より生じたまう相なり。四には出家、王宮を出でて入山したまう相なり。五には降魔、第六天の魔王来りて試みるに、反りてこれを降伏する相なり。六には菩提樹下にして既に成道して、三界の大導師と成りたまう相なり。七には転法輪、法輪とは説法の名なり。在世一代の大小・権実の教法を説きて、一切衆生を利益したまう相なり。八には入涅槃、既に化縁薪尽きて、しばらくもあるに由なし。

＊1　「此等菩薩亦能八相成道教化衆生。」（『大正蔵』三七・二四八頁上）
＊2　大谷大学蔵本より「云」を補う
＊3　大谷大学蔵本より「上」を補う
＊4　大谷大学蔵本より「熟する」を補う

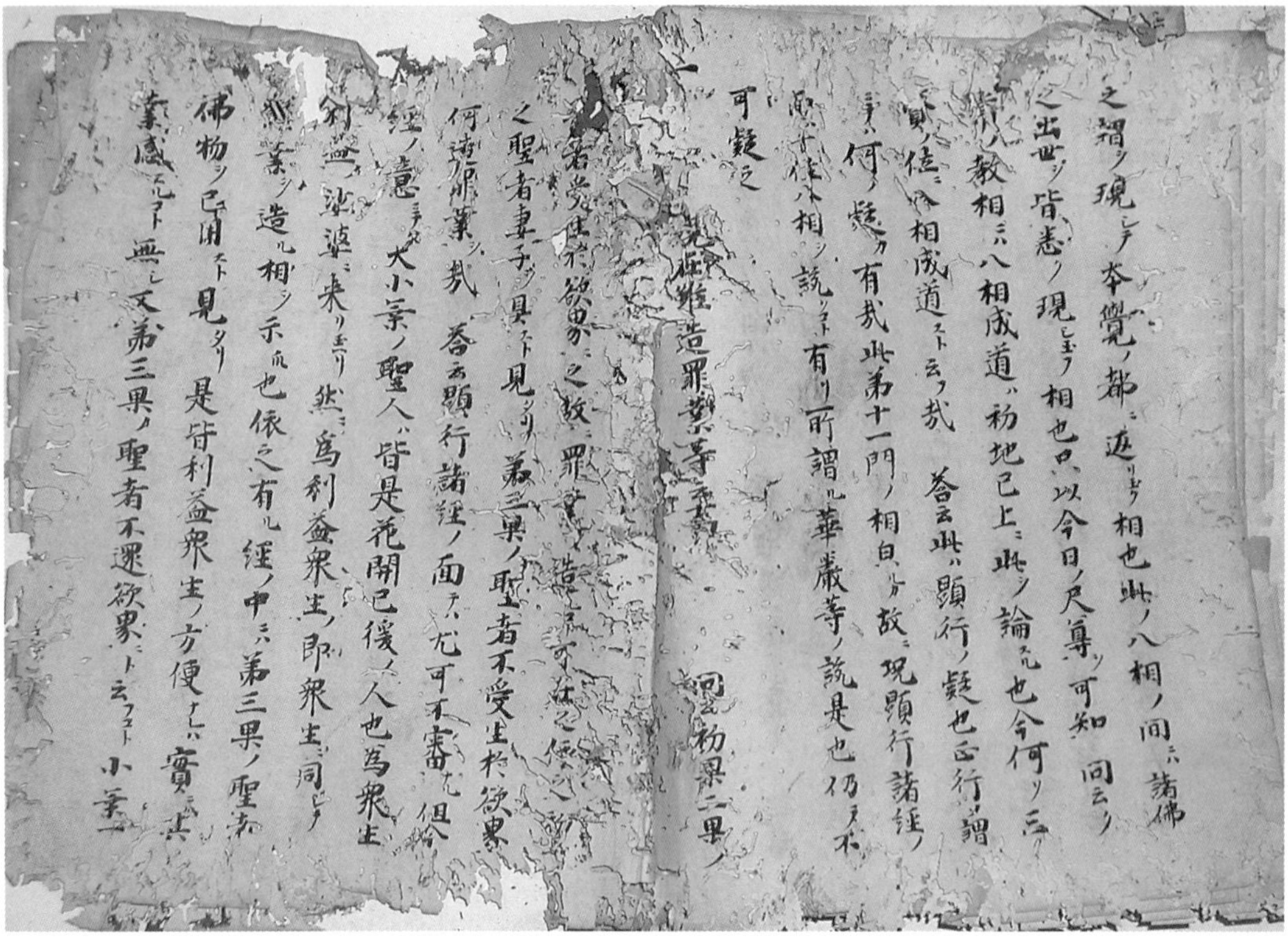

（九十三丁左）

之謂《ヲ》現《シテ》本覺《ノ》都《ニ》返《リ玉フ》相也此《ノ》八相《ノ》間《ニハ》諸佛
之出世《ヲ》皆悉《ク》現《シ玉フ》相也只以今日《ノ》尺尊《ヲ》㆓可知㆒問云《ク》
常《ノ》教相《ニハ》八相成道《ハ》初地已上《ニ》此《ヲ》論《スル》也今何《ソ》三
賢《ノ》位《ニ》八相成道《スト》云《フ》㦲　荅云此《ハ》顕行《ノ》疑也正行《ノ》謂《ニテハ》
何《ノ》疑《カ》有㦲此第十一門《ノ》相皃《ルカ》故《ニ》況顕行諸經《ノ》
面《ハ》十住八相《ヲ》説《クコト》有《リ》㆒所謂《ル》華嚴等《ノ》説是也仍《テ》不
可疑之

一　現在雖造罪業等云事　　問云初果二果《ノ》

（九十四丁右）

■者受生於欲界㆒《ニ》之故《ニ》罪業《ヲ》造《ルコト》可有之依之㆒初■
之聖者妻子《ヲ》具《スト》見《タリ》第三果《ノ》聖者不受生扵欲界㆒
何造罪業《ヲ》㆒㦲　荅云顕行諸經《ノ》面《テハ》尤可不審㆒《ナル》但今
經《ノ》意《ニテハ》大小乗《ノ》聖人《ハ》皆是花開已後《ノ》人也為衆生
利益《ノ》為《ニ》娑婆《ニ》来《リ玉ヘリ》然《ニ》為利益衆生㆒《ノ》即衆生《ニ》同《シテ》
■業《ヲ》造《ル》相《ヲ》示《爪》也依之㆒有《ル》經《ノ》中《ニハ》第三果《ノ》聖者
佛物《ヲ》已用《スト》見《タリ》是皆利益衆生《ノ》方便《ナレハ》實《ニハ》其
業感《スルコト》無《シ》又第三果《ノ》聖者不還欲界㆒《ニ》《ト》云《フコト》小乗一

【九十三丁左】

早く非滅の謂れを現じて本覚の都に返りたまう相なり。この八相の間には、諸佛の出世を皆悉く現じたまう相なり。ただ、今日の釈尊をもって知るべし。問いて云わく、常の教相には、八相成道は初地已上にこれを論ずるなり。今何ぞ三賢の位に八相成道すと云う。答えて云わく、これは顕行の疑なり。正行の謂れにては何の疑かあらん。これ第十一門の相貌なるが故に、況んや顕行諸経の面は、十住八相を説くことあり。いわゆる華厳等の説これなり。よって、これを疑うべからず。

一、「現在雖造罪業[*1]」等云う事。

【九十四丁右】

問いて云わく、初果・二果の聖者[*2]、生を欲界に受くるが故に罪業を造ること、これあるべし。これによって、初果の聖者[*3]妻子を具すと見えたり。第三果の聖者、生を欲界に受けず。何ぞ罪業を造らん。答えて云わく、顕行諸経の面はもっとも不審なるべし。ただし、今経の意にては、大・小乗の聖人は皆これ花開已後の人なり。衆生利益のために娑婆に来たりたまえり。しかるに、利益衆生のために、即ち衆生に同じて罪業[*4]を造る相を示すなり。これによって、ある経の中には第三果の聖者、佛物を己が用にすと見えたり。これ皆、利益衆生の方便なれば、実にはその業、感ずることなし。また、第三果の聖者、欲界に還らずと云うこと小乗一途の説なり。

＊1　「現在雖造罪業。必定不招來報。」(『大正蔵』三七・二四八頁上)
＊2　大谷大学蔵本より「聖」を補う
＊3　大谷大学蔵本より「果」を補う
＊4　大谷大学蔵本より「罪」を補う

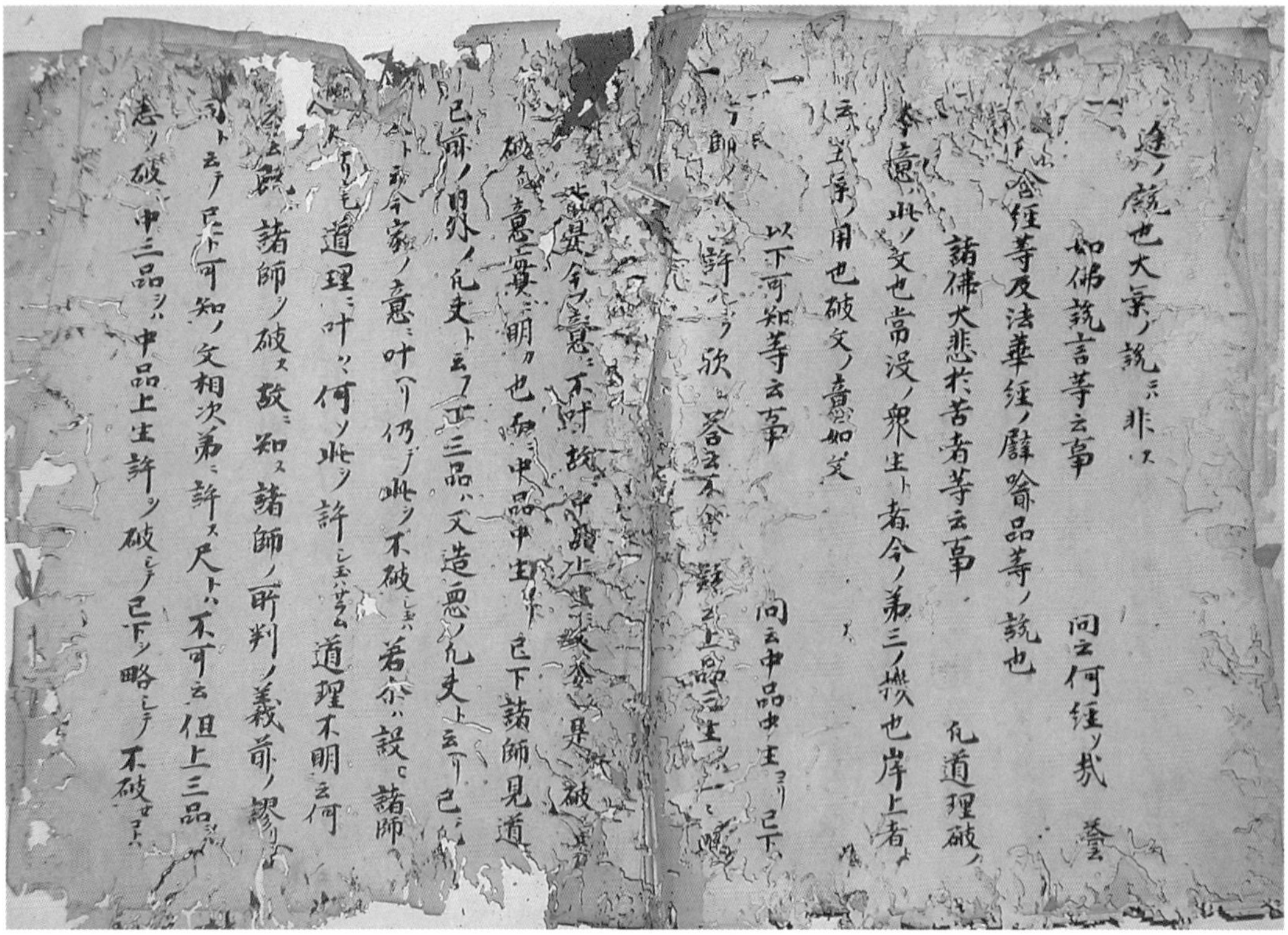

（九十四丁左）

途《ノ》説也大乗《ノ》説《ニハ》非《ス》

一　如佛説言等云事　問云何経《ソ》哉　荅云

■■含経等及法華経《ノ》譬喩品等《ノ》説也

一　諸佛大悲於苦者等云事　凡道理破《ノ》

本意《ハ》此《ノ》文也常没《ノ》衆生《ト》者今《ノ》第三《ノ》機也岸上者《ト》

云《ハ》五乗《ノ》用也破文《ノ》意如文

一　以下可知等云事　問云中品中生《ヨリ》已下《ハ》

■師《ノ》■許《シ玉フ》歟　荅云不尓　疑云上品三生《ヲハ》一〻■■

（九十五丁右）

■■■■■皆是今《ノ》意《ニ》不叶故《ニ》中品上生《ニ》又委《ク》是《ヲ》破《シ》■

■《ヘリ》破《スル》意實《ニ》明《カ》也而《ニ》中品中生《ヨリ》已下諸師見道

已前《ノ》内外《ノ》凡夫《ト》云《フ》下三品《ハ》又造悪《ノ》凡夫《ト》云《ヘリ》已《ニ》凡

■《ト》云今家《ノ》意《ニ》叶《ヘリ》仍《テ》此《ヲ》不破㆒《シ玉ハ》若尓《ハ》設《ヒ》諸師

■《ナリトモ》　道理《ニ》叶《ハ、》何《ソ》此《ヲ》許《シ玉ハサラム》　道理不明㆒云何

荅云既《ニ》諸師《ヲ》破《ス》故《ニ》知《ヌ》諸師《ノ》所判《ノ》義前《ノ》謬《リヲ》

同《ト》云《テ》已下可知㆒《ノ》文相次第《ニ》許《ス》尺《トハ》不可云㆒但上三品《ヲハ》

巻《ク》破《シ》中三品《ヲハ》中品上生許《ヲ》破《シテ》已下《ヲ》略《シテ》不破㆒《セコトハ》

【九十四丁左】

大乗の説にはあらず。

一、「如佛説言」[*1]等云う事。

問いて云わく、何の経ぞや。答えて云わく、四阿[*2]含経等、及び法華経の譬喩品等の説なり。

一、「諸佛大悲於苦者」[*3]等云う事。

およそ道理破の本意はこの文なり。「常没の衆生」[*4]とは、第三の機なり。「岸上者」[*5]と云うは、五乗の用なり。破文の意、文のごとし。

一、[*6]「以下可知」等云う事。

問いて云わく、中品中生より已下は、[*7]諸師の釈を[*8]許したまうか。答えて云わく、しからず。疑いて云わく、上品三生をば一々にこれを破したまう。[*9]

【九十五丁右】

皆これ今の意に叶わざる故に、中品上生にまた委しくこれを破したまえり。破する意、実に明らかなり。しかるに、中品中生より已下、諸師見道已前の内・外の凡夫と云う。下三品はまた造悪の凡夫と云えり。已に凡夫[*10]と云う。今家の意に叶えり。よって、これを破したまわず。もししからば、たとい諸師釈[*11]なりとも道理に叶わば、何ぞこれを許したまわざらん。道理明らかならず、いかん。答えて云わく、既に諸師を破す。故に知んぬ、諸師の所判の義、前の謬《あやま》りを同と云いて、已下知るべしの文相、次第に許す釈とは云うべからず。ただし、上三品をば悉く破し、中三品をば中品上生ばかりを破して已下を略して破せざることは、諸師の意、上三品は大乗の聖人、中三品は小乗の聖人と云えり。

＊1　「如佛説言。此四果人與我同坐解脱床。」（『大正蔵』三七・二四八頁上）
＊2　大谷大学蔵本より「四阿」を補う
＊3　「然諸佛大悲於苦者。心偏愍念常沒衆生。」（『大正蔵』三七・二四八頁中）
＊4　「然諸佛大悲於苦者。心偏愍念常沒衆生。」（『大正蔵』三七・二四八頁中）
＊5　「亦如溺水之人急須偏救。岸上之者何用濟爲。」（『大正蔵』三七・二四八頁中）
＊6　「以下可知」（『大正蔵』三七・二四八頁中）
＊7　大谷大学蔵本より「諸」を補う
＊8　大谷大学蔵本より「釈を」を補う
＊9　大谷大学蔵本より「に此を破したまう」を補う
＊10　大谷大学蔵本より「夫」を補う
＊11　大谷大学蔵本より「釈」を補う

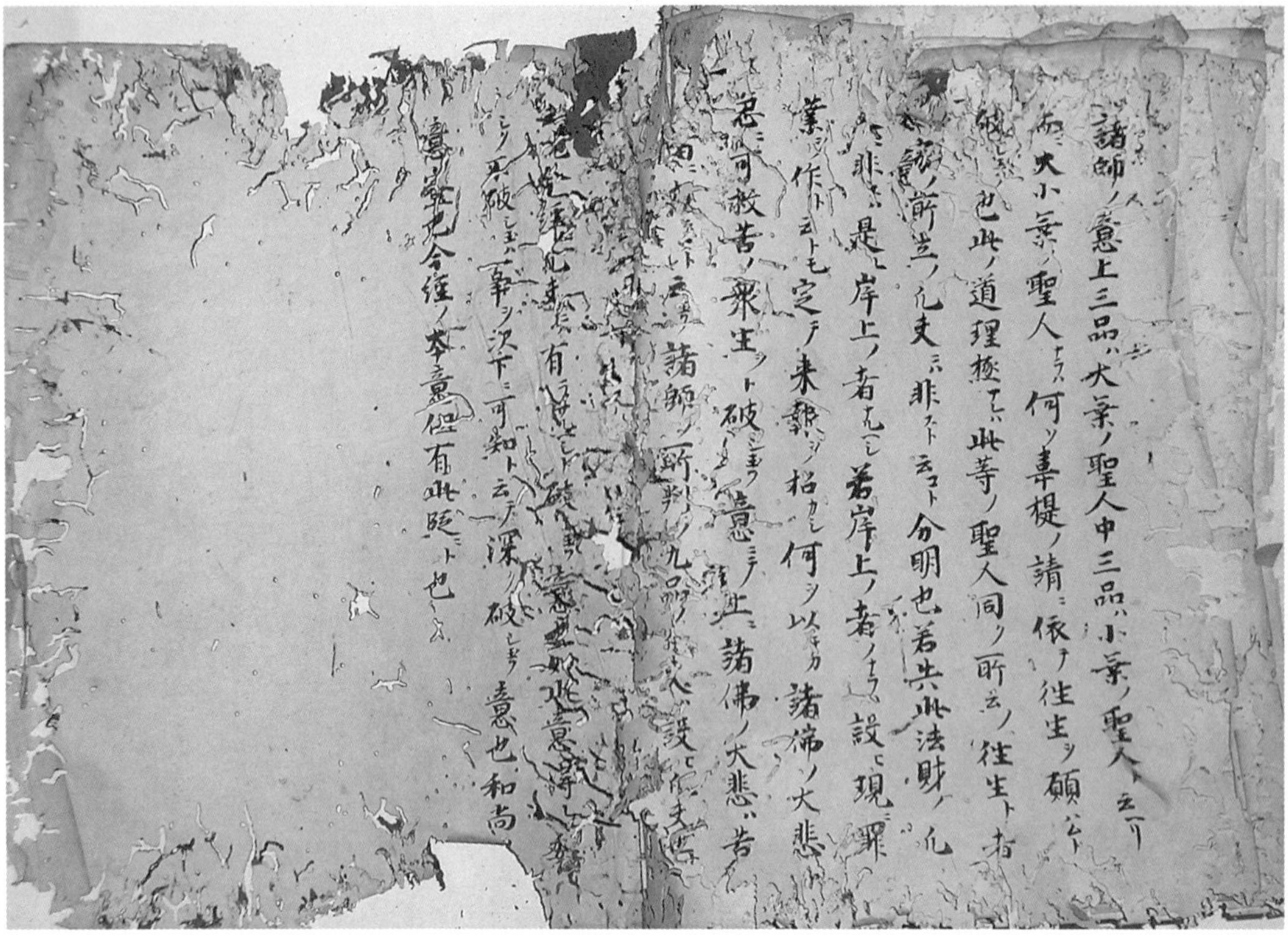

（九十五丁左）

諸師《ノ》意上三品《ハ》大乗《ノ》聖人中三品《ハ》小乗《ノ》聖人《ト》云《ヘリ》

而《ニ》大小乗《ノ》聖人《ナラハ》何《ソ》韋提《ノ》請《ニ》依《テ》往生《ヲ》願《ハムト》

破《シ玉フ》也此《ノ》道理㯕《マレハ》此等《ノ》聖人同《ク》所云《ノ》一往生《ト》者

■家《ノ》所立《ノ》一凡夫《ニハ》非《スト》云《コト》分明也若失此法財《ノ》凡

■非《ニ》是《スハ》岸《レ》上《ノ》者《ナルヘシ》若岸上《ノ》者《ノナラハ》設現《ヒ》罪《ニ》

業《ヲ》作《ト》云《トモ》乞《テ》来報《ヲ》招《カシ》何《ヲ》以《テカ》諸佛《ノ》大悲

急《ニ》可救苦《ノ》衆生《ヲ》一ト破《シ玉フ》意《ニテ》上《ニ》諸佛《ノ》大悲《ハ》苦

■■■■云《スト》諸《玉フ》師《ノ》所判《ノ》九品《ノ》■■設《ハ》凡《ヒ》夫也《ト》

（九十六丁右）

■■■今経《ノ》凡夫《ニハ》有《ラサルヘシト》破《シ玉フ》意也如此意淂《レハ》委

不《シク》破《シ玉ハ》事《ヲ》次下《ニ》可知一云《トテ》深《ク》破《シ玉フ》意也和尚《ノ》

意蜜也今経《ノ》本意但有此段《ニ》一ト也

【九十五丁左】

しかるに、大小乗の聖人ならば、何ぞ韋提の請によって往生を願わんと破したまうなり。この道理極まれば、これらの聖人、同じく云うところの往生とは、今[*1]家の立つるところの凡夫にはあらずと云うこと分明なり。もし、失此法財の凡夫[*2]にあらずば、これ岸上の者なるべし。もし、岸上の者ならば、たとい現に罪業を作ると云うとも、定んで来報を招かじ。何をもってか諸佛の大悲、急《すみやか》に苦の衆生を救うべきと破したまう意にて、上に諸佛の大悲は苦ある者においてす[*3]と云いたまう。諸師の所判の九品の凡夫[*4]は、たとい凡夫なりと云うとも[*5]、今経の凡夫にはあらざるべしと破したまう意なり。

【九十六丁右】

かくのごとく意得れば、委しく破したまわざる事を、次下に知るべしと云いて、深く破したまう意なり。和尚の意密なり。今経の本意ただこの段にあるとなり。

＊1　大谷大学蔵本より「今」を補う
＊2　大谷大学蔵本より「夫」を補う
＊3　大谷大学蔵本より「ある者においてす」を補う
＊4　大谷大学蔵本より「凡夫」を補う
＊5　大谷大学蔵本より「云うとも」を補う

解題

時宗宗学林学頭　長島尚道

このたび、遊行寺本『観経疏之抄』（他筆抄）が翻刻され、書き下し文、註が加えられ刊行されたことに、謹んで御同慶の意を表するものである。

時宗総本山・遊行寺（清浄光寺）に『観経疏之抄』（他筆抄）が所蔵されている。

周知のように、中国唐の善導が『観無量寿経』を註釈し『観無量寿経疏』を著した。この疏を浄土宗西山派の祖・證空が註釈を加え『観経疏他筆抄』十四巻を著した。これが『観経疏之抄』（以下『他筆抄』）である。

これまで『他筆抄』の最古の写本とされていたものが、大谷大学所蔵の『観経四帖疏抄』天文五年（一五三五）のものである。また、『西山全書』の第四・五巻に収録されている『他筆鈔』は文政九年（一八二六）の版本をもとにしている。

『西山全書』第四巻の『他筆鈔』解題には次のように記されている。

『他筆鈔』全十四巻には、證空上人の教相方面に属する選述中に於ても、特に上人己證の法門を記述したものと伝えられて居る。実に本鈔は巻頭の序文に誌されてある如く、『自筆鈔』即ち『観門要義鈔』が宗祖法然上人より口伝された法門を、其ま丶、筆録したものなるに対し、本鈔は更に切磋琢磨して、細かくその義理を述べたものである。……本鈔がいかに證空上人の教相鈔中に於て、重要なる位置を占むるかを知ることが出来よう、と述べている。

さて、遊行寺本『他筆抄』は九冊が現存している。『他筆抄』中、「観経玄義分抄」上巻だけが散佚してしまっている。もとは十冊本であったことが判る。この遊行寺本写本の中、「観経序分義抄」上巻、「観経散善義抄」上巻、また、同じ證空の『定散料簡義』（一部分）のそれぞれの見返しの右上に、「遊行第五上人御自筆」と記されている。「遊行第五上人」とは、遊行五代他阿安国のことを指しているのであろう。ただし、安国自身が署名したものであれば、「遊行五代他阿弥陀仏安国」と署名したと考えられる。したがって、「道行第五上人御自筆」とは安国ではなく他の時衆が署名をしたのではなかろうか。しかし、本文は安国が筆写したと伝えられている。

安国は、文保三年（一三一九）に四十歳で京都七条道場金光寺の第二世となる。そして、正中二年（一三二五）遊行四代呑海が遊行寺を創建した年に、四十六歳で遊行を相続し、嘉暦二年（一三二七）に遊行六代一鎮に遊行を譲り、遊行寺に藤沢上人として独住（遊行を止めて止住すること）し、延元三年（一三三八）五十九歳で入滅している。

安国は、この藤沢上人であった十二年の間に、『他筆抄』を筆写したと考えられる。そこで證空滅後九十年後の写本といえる。今まで最古の写本とされていた大谷大学所蔵のものより二百年ほど古い写本となる。

安国が活躍した時代は、ちょうど社会の激変期にあたる。また、時宗教団を見ると、遊行上人は一遍とその後継者である二祖真教、三祖智得、四代呑海、五代安国と続いていく。その中、当麻の無量光寺（神奈川県相模原市）を中心とした二祖、三祖から変って、遊行寺の開山、金光寺開山の四代呑海のいわゆる遊行派の流れになり、そのあとを継いだ遊行五代安国にとっては、遊行派の基礎を築くために時宗教学の確立が急務であったであろう。それには、西山の流れをくむ時宗教団にとっては證空の教学を時衆に伝えることが重要であったのであろう。そこで證空の著書である『他筆抄』『定散料簡義』が安国によって筆写され、遊行寺に所蔵されていたと考えられる。これだけでなく、證空の他の著書も筆写されたであろうと推察できるのである。

まことに、本書の発刊の意義はわれら念仏末流の時宗にとっても誠にありがたいことである。

合　掌

監修・編集委員一覧

【監　修】
西山禅林学会会長　豊田　元彦

【編集委員】
西山禅林学会評議員　富永　真光
西山禅林学会評議員　五十嵐　隆幸
西山禅林学会代表幹事　若園　善聡
西山禅林学会幹事　猪澤　良秀
西山禅林学会幹事　釋　真盛
西山禅林学会幹事　大関　英康
西山禅林学会幹事　近藤　玄隆

法然上人八百回大遠忌記念
『浄土宗叢書《じょうどしゅうそうしょ》』第一巻《だいいっかん》「観経疏之抄《かんぎょうしょのしょう》」玄義分《げんぎぶん》中《ちゅう》

平成23年10月５日　発行

定価：本体5,000円（税別）

編　者
発行所　西山禪林學會
〒606-8445 京都市左京区永観堂町48
浄土宗西山禅林寺派宗務所内

発　売　株式会社 思文閣出版
〒605-0089 京都市東山区元町355
電話 075-751-1781（代表）

印刷所　株式会社 図書印刷 同朋舎
京都市下京区中堂寺鍵田町２

ISBN978-4-7842-1593-5　C3015